高等院校电子商务专业系列教材

U0653218

电子商务案例分析

主　编　李陈华　杨以文　王红霞
副主编　姜启波　姚　娟　谢兆霞

微信扫码　查看更多资源

南京大学出版社

前　　言

随着计算机技术和网络技术的快速发展,电子商务应用已经渗透到社会经济生活的各个方面,并且日益深刻地影响着各行各业的发展。学习分析电子商务相关案例,是加强理论认识,增强分析问题、解决问题的有效途径。通过案例学习,学生能够对电子商务产生更为感性的认识,更加透彻地理解电子商务运营和管理的一般规律,更好地把握电子商务应用发展趋势,从而为将来从事电子商务运作、管理和策划打下坚实的基础。

本书紧密结合电子商务等相关专业的教学目标,精心挑选典型案例,对每一个案例由浅入深、图文结合,进行了全方位阐述。所选案例覆盖了电子商务应用的主要方面,所涉企业既有创办已久、实力雄厚的龙头企业,也有模式创新的新兴企业。全书共分6个专题,内容涵盖了在线旅游电商(1～5章)、在线出租电商(6～10章)、零售电商(11～15章)、生活服务电商(16～20章)、交通出行电商(21～25章)和在线医疗电商(26～29章)等主要领域。

本书结构严谨、条理清晰,具有定位准确、贴近实际、图文并茂、通俗易懂等特点。同时考虑到不同层次读者的需要,在每章末还设有讨论题,以便读者能够及时检测学习效果。因此本书既适用于高等院校电子商务类、工商管理类、经济贸易类等相关专业案例分析课程的教学,又适用于企业人员在职岗位培训,对于社会广大自学者也是一本极其有益的读物。

本书由李陈华进行总体方案的策划并组织编写,杨以文负责具体事项安排和方案执行,并进行统稿。参加编写的人员有:姜启波(1～6章),李陈华和王红霞(7～12章),谢兆霞(13～18章),姚娟(19～24章),李陈华和杨以文(25～29章)。

本书编者均是多年在教学一线从事电子商务教学与应用研究的教师,在编写过程中,将长期积累的教学经验和企业电子商务应用相融合,自始至终坚持理论与实践相结合,以突出其应用性和实用性。在本书编写过程中,参阅借鉴了大量文献资料,同时也广泛征集了高等院校电子商务主讲老师和有关电子商务企业负责人对本书的修改意见与建议,在此一并表示衷心的感谢。由于编写时间紧、编者水平有限,书中难免存在疏漏和不足之处,恳请专家和广大读者给予批评指正。

编　者

2022 年 11 月

目　录

第1章 马蜂窝

1.1 马蜂窝的概况

马蜂窝是中国领先的基于旅游社交和旅游大数据的新型自由行服务O2O平台,是数据驱动的新型旅行电商。马蜂窝通过AI技术与大数据技术,将个性化旅行信息与来自全球各地的旅游产品供应商实现连接,让复杂的旅游决策、预订和体验变得简单、高效和便捷,为用户提供与众不同的旅行体验。

从短视频平台到朋友圈,"种草"向旅游内容遍地开花。但被"种草"之后,更细致和实际的旅游信息,仍然是游客真正成行必需的内容。大到行程规划、防疫政策,小到哪里拍照更美、如何预约门票,所有信息都关乎旅行体验,都需要一一获取。自2010年公司化运营以来,经大量旅行者自主分享,马蜂窝用更加系统化、结构化的攻略内容,提供及时、新鲜的旅行玩乐信息。在资讯泛滥的时代,帮助游客节省时间、提升旅游消费决策的效率,为游客搭建从"发现"到"抵达"所需的一站式旅游信息岛成为年轻一代首选的"旅行神器"。

1.2 马蜂窝的前世今生

马蜂窝由陈罡和吕刚创立于2006年,2010年正式开始公司化运营。以"内容＋交易"模式,通过数千万真实用户的点评、攻略和问答的分享,为用户提供旅行资讯,帮助用户制定自由行方案,用户也可以自主选择价格优势的旅行产品。通过供求数据,进行精准对接,撮合用户与酒店、交通业、旅行社之间的交易,达成彼此三赢的局面。

1.2.1 马蜂窝的前世

2006年1月,重度旅行爱好者陈罡和吕刚研发了不以营利为目的的用户生成内容(User Generated Content,UGC)旅行社交平台——马蜂窝,为同样喜爱旅行的用户提供一个可以互相分享旅行游记、攻略以及提问解答的平台。从一开始,马蜂窝就希望把最美好的留给用户。

2006—2012年,在这六年时间里,没有宣传,没有运营,马蜂窝完全依靠用户口碑和丰富的分享内容,慢慢积累了用户,规模逐渐壮大。

2012—2014年,马蜂窝将积累的内容数据结构化,并提出了以目的地为中心,通过把社区氛围、旅行文化、产品功能、社交互动、旅游决策和交易等各种用户体验系统性地融合,获得了稳定的用户流量。截至 2014 年 10 月,马蜂窝激活用户达 5 500 万人,其中移动端用户占比较大,达 4 500 万人左右;游记总量达百万量级。

2015—2017 年,探索商业闭环,寻找盈利方向。起初只是做品牌的广告,后来又发布了自由行战略,尝试"内容＋交易"的商业闭环。但马蜂窝始终未做真的交易,只是促成交易,一方面通过内容数据提炼用户需求,为用户提供优质酒店等旅行服务;另一方面促成了 OTA 平台的精准交易。

2017 年 11 月马蜂窝完成 1.33 亿美元 D 轮融资,成为新旅游时代下的代表性企业。在过去两年,该公司取得快速发展,注册用户已超过 1.3 亿,提供覆盖全球 6 万多个目的地的旅游攻略及产品预订服务,探索出独有的"内容＋交易"商业模式,2017 年整体 GMV (Gross Merchandise Volume,商品交易总额)近百亿。

1.2.2　马蜂窝的今生

2018 年 2 月 5 日,马蜂窝旅行网发表声明,宣布"马蜂窝旅行网"正式更名为"马蜂窝旅游网",并启动新一轮品牌换新。马蜂窝将继续深耕以 90 后为主力军的新旅游市场,打造中国旅行者的全球旅游消费指南,成为在线旅游行业一流品牌,引领行业在新旅游、新消费趋势下实现产业升级。

2019 年 5 月 23 日,马蜂窝完成 2.5 亿美元新一轮融资。当年轻一代旅行者踏上旅途,他们的需求从"到达"升级为"体验",旅行需求也因此发生裂变。他们对旅游信息的获取能力和对旅游消费的品质要求都与上一代旅行者存在巨大的差异。马蜂窝旅游网的大数据为旅游行业提供了一种理解用户需求的新途径。马蜂窝旅游网的大数据更能捕捉到那些人们"想到"却未曾"买到"的旅行需求,基于用户内容的大数据成为连接供需两端的桥梁。

2020 年 12 月 4 日,马蜂窝旅游"2020 地球发现者大会"在北京举办,马蜂窝旅游联合创始人、CEO 陈罡在会上发布"北极星攻略"品牌。与现有的旅游内容形态不同,"北极星攻略"指向极致的旅游攻略,它用更加系统化、结构化的攻略内容,提供及时、新鲜的旅行玩乐信息。在资讯泛滥的时代,帮助游客节省时间、提升旅游消费决策的效率,为游客搭建从"发现"到"抵达"所需的一站式旅游信息岛。

2021 年 11 月,马蜂窝积极布局"旅游产业互联网"。作为中国最大的旅行社区的领航人,陈罡将 2021 年视为旅游产业互联网元年,分享了马蜂窝积极布局旅游产业互联网的有益探索:"旅游产业互联网已来,这是一个全新的周期。我们完全可以穿越疫情带来的影响,拥抱变革,抓住机会。"

1.3　马蜂窝的服务产品

马蜂窝是中国领先的旅游社交网站及自由行交易台,以"自由行"为核心,涵盖全球 60 000 个旅游目的地的资讯,提供全球各地最新、最潮的"玩法",以及酒店、交通、当地游等自由行产品及服务。马蜂窝的景点、餐饮、酒店等点评信息均来自数千万用户的真实分享,每年帮助过亿的旅行者制定自由行方案。

1.3.1　目的地

马蜂窝数据显示,自由行服务是马蜂窝的核心业务,以目的地为中心,围绕旅游攻略、游记、问答、酒店、票务服务以及商店开展相关业务。

自由行旅行者在确定旅游行程时首先确定目的地。很多旅行者对旅游目的地的了解都非常模糊,中间存在较大的信息鸿沟,而马蜂窝正是借助内容去打破信息不对称,让更多旅游目的地资讯传到消费者眼睛里,让旅行者主动地去获取更加全面的目的地信息,并且给旅行者明确的出行指南,也能够给毫无头绪的旅行者建议,进而激发旅行者去游玩的欲望。

当前,马蜂窝旅行网拥有 60 000 多个全球旅游目的地,600 000 个细分目的地新玩法。

1.3.2　旅游攻略

旅游攻略出自官方平台,也即 PGC,统一来自"马蜂窝攻略编辑部"。攻略图片唯美,文字专业,以图文并茂的形式介绍城市概况(最佳时间、天数、消费、旅游地图)、体验景点、行前准备(货币、穿衣、省钱、订票、电子产品)、出入境、景点路线、住宿、美食、购物、娱乐、使用信息(语言、医疗、电话)、常见问答以及当地风俗、交通、相关影视等。攻略内容全面、丰富、实用,基本对目的地情况做了全面的介绍,对旅行者的行程规划有很强的指导作用。马蜂窝的特点是将 UGC 内容和 PGC 内容紧密地结合。攻略里的酒店、美食等,都是通过统计 UGC 提及次数与评价,提炼出来为旅行者提供参考。

马蜂窝经过十几年的积累,平台上有大量的旅行攻略,现已被下载 7.6 亿余次。

1.3.3　社区服务

马蜂窝社区以"蜂蜂圈"为依托,用兴趣吸引更多的用户。大蜂窝社区从最早论坛的版聊、跟帖,到围绕游记、攻略、问答展开的互动交流,再到现在的主要基于短视频、短内容、热门话题等展开移动交互,基于兴趣和个性化旅行方式的大小圈层,以及"蜂首俱乐部""未知饭局""全球分舵""旅行大篷车"等一系列社区活动,马蜂窝的社区形态随着互联网时代的变迁不断升级。

马蜂窝不仅是中国旅行者的精神家园,更是用户旅途中忠实的伙伴和坚实的依靠,同时为他们提供社区的服务、内容的服务和交易的服务。2019 年,马蜂窝组建了以兴趣为基础的社区新产品"蜂蜂圈",为有着相同兴趣爱好的旅行者提供交流互动的聚合平台。"蜂蜂圈"由资深的玩家作为主理人运营,用户根据自己的兴趣加入相应的"蜂蜂圈",以获得帮助,找到同好,加强互动。同年 9 月,马蜂窝对"足迹"功能进行了改版,全面升级大数据可视化系统和用户使用体验,帮助广大旅行者轻松生成具有鲜明个人特色的旅游标签。

1.3.4　预订服务

预订服务包括酒店预订和机票预订。在酒店预订服务中,马蜂窝的预订方式除了合作平台代售外,还推出了自有平台马蜂窝优选,用户可以选择其合作平台跳转进行预订,也可以通过马蜂窝优选来预订房间。马蜂窝提供主题住宿、特价酒店以及民宿等多种预订服务。关于机票预订,马蜂窝提供代理平台预订和自营预订。用户可以根据机票信息,选择不同的方式,提前 21 天预订机票,以获取更为便宜的机票。

1.4　马蜂窝网站特色

1.4.1　信息涵盖范围广,内容全面

作为一个社交类旅游电子商务平台,马蜂窝旅行网提供的交通、酒店、景点、餐饮等信息和产品预订服务涉及全球 60 000 多个旅游目的地。除了旅游产品信息外,该网站还提供"问路人""旅行家""蜂首"等栏目人员招聘服务,用户通过向其他有需求的用户自主分享经验、提供帮助,即可获得可用于抵消下一次旅行部分费用的虚拟货币。与此同时,马蜂窝旅行网全面考量用户需求,在网站首页增设"出境游知识安全提示"栏目,内含"暂勿前往""谨慎前往""注意安全"等五个子列表,实时更新全球的最新动态。

在网站导航栏中,马蜂窝详细列出了每一级类目,且每一级类目下均设置下拉列表,提供热门景点、热门地区等不同选择。这一人性化设计的好处在于如果用户在浏览旅行网首页热门游记时,发现感兴趣的旅游目的地而又不清楚其所在的具体地址时,可以通过游记右侧的"相关目的地"链接直接进入,无须另外检索目的地所在的具体省区市,在页面的目录导航栏就可以直观了解。

1.4.2　信息呈现形式多样,满足用户场景化需求

用户在进行旅游产品预订前对目的地酒店、景点等场景化需求,要求马蜂窝旅行网的页面信息呈现形式必须多样化,这样才能有效避免因页面信息形式单一而影响用户体验。网站主要侧重于"视频＋图像"的表现形式,并辅之以音频、文本,通过产品和目的地价值介绍吸引用户。例如,首页"热门游记"栏目的呈现,就兼具文本、图像、音频、视频等多种形式,游记以剪辑短视频的形式给予用户视觉冲击,以经典图像强化用户兴趣,再辅之以详细的文字介绍,最大限度地满足了用户多元化信息需求,同时提升了用户的体验感。

1.4.3　顺应时代要求,产品种类更新及时

马蜂窝的定位是"中国年轻一代用得更多的旅游网站",因此其平台提供的特色产品充分体现了年轻一代热衷探索、勇于面对未知的精神。年轻一代"伴网而生",是在线旅游产业消费的主力军,因此马蜂窝旅行网针对年轻一代创立的特色服务对同行业其他平台发展存在一定借鉴意义。

1. 未知旅行实验室

未知旅行实验室是一家旨在探索"旅行与人性"奇妙关系的非常规理想主义实验室,由平台定期发起以"未知"为核心的旅行实验并在全球范围内召集旅行合伙人,旨在与全球旅行爱好者共同探索世界上与旅行相关的一切未知与可能。为了充分贯彻"未知"理念,在实验陈列馆中,除了往期实验海报外,没有任何关于活动的描述,因此只有亲自参与

该活动的用户才能知道活动的具体内容。这也迎合了年轻人热衷冒险、探索未知的理念，同时增加了趣味性，为用户逃离枯燥的日常生活提供了新思路。

2. 结伴

结伴是用来召集具有相同旅行目的地的驴友，有效避免部分人一人出行的孤独，同时也提供寻找志同道合的朋友的方式，从而提升旅行质量的一项特色服务。用户通过发布结伴计划，即出发地、目的地、出行时间及人数等主要信息，在线寻找旅行同伴，或者在他人发布的结伴计划中查找符合需求的信息并主动联系，最终完成结伴。而用户实名制登记以及在线交流记录为"结伴"这一行为提供了安全保障，这一服务也深受乐于接受新兴事物的年轻一代喜爱。

3. "云旅游"

疫情期间，"云旅游"成了国人为数不多的消遣方式之一，直播无疑是"云旅游"的最佳入口。马蜂窝从直播团队的搭建，到与商家、旅游达人、各视频平台广泛联动；从直播功能上线，到完成3次重要更迭；从每日3场至10场的站内直播，到每日接近100场的站内直播，马蜂窝均在不到一个月的时间内完成。

早在2019年，马蜂窝重点发力短内容。短视频以及其精简的内容，逐渐成了马蜂窝用户查询攻略、分享旅行心得的首选方式。据公开信息显示，2019年第三季度使用短视频的马蜂窝用户数量环比第二季度增长了3倍以上，短视频到货篇数（即通过短视频中的产品链接点击进入详情页的数量）季度环比超过109%。

此外，马蜂窝在旅游攻略方面的天然优势，使其能够最早看到用户"云旅游"的需求。在UGC旅游内容领域长达10年的积累，让马蜂窝始终对用户行为有着精准的洞察。相比泛娱乐和生活方式类的视频平台，马蜂窝直播拥有更高的旅游信息纯度，致力于解决游客"玩什么"和"怎么玩"的问题。

1.5　马蜂窝的商业模式

马蜂窝商业模式的本质是平台经济，左边是用户，右边是商家，马蜂窝居中，通过源源不断地生产内容，制造丰富的旅游消费场景（俗称"种草"），深度影响用户旅游消费决策，推动旅游产品销售（俗称"拔草"），最终实现供需两侧撮合交易。

1.5.1　"内容＋交易"模式

马蜂窝所特有的"内容＋交易"模式，在帮助用户打破信息不对等，解决出行难题，做出消费选择的同时，通过攻略的"内容入口"将庞大的流量与合作伙伴分享，帮助旅游企业获得精准的流量与订单，同时节省高昂的营销费用，共同为消费者提供最具性价比的旅行产品，实现用户、伙伴企业、马蜂窝平台三方共赢。

1.5.2　马蜂窝大数据引擎：DT时代的在线旅游代表

马蜂窝是互联网从IT时代发展到DT（Data Technology）时代的代表性移动互联网

公司。马蜂窝的大数据引擎助力用户、信息、产品的高效匹配。精准的用户画像及千人千面的个性化推荐,让每一位不同需求的消费者都能快速找到合适的旅游信息及产品。

1.5.3 率先构建"旅游产业互联网"

2021年是"旅游产业互联网"元年,其三大特征分别为新消费、新品牌和新定位。专业高效的内容与官方精选的供应链,是让旅游产业互联网形成闭环的关键。2020年年底,马蜂窝发布的全新的攻略品牌"北极星攻略",为用户提供从"发现"到"体验"所需的一站式服务。至此,马蜂窝以攻略为核心的"内容森林体系"已经形成。同时,马蜂窝通过广泛调研,精选合作伙伴,与供应端一同创造新的体验,实现产品和内容的双向互动。

1.6 未来面临的挑战

过去的两年多时间里,历经了对于旅游行业来说最严重且最持久的打击——新冠疫情危机。"至暗时刻"给旅游企业带来了致命性影响,订单退改潮、国内游停摆、出境游冰封,将旅游行业与旅游业者直接"锤"入谷底。

1.6.1 不确定性

随着疫情防控取得成效,国内出游逐步恢复,"变化"成为旅游市场最大的特征,疫情反复不间断出现、防疫政策随时在变,景区承载量、预约机制、酒店接待政策等与旅游息息相关的消息也随时在变。过去的国内游"说走就走",疫情后的出行却充满了"不确定"。

受疫情影响,马蜂窝虽然进行了很大程度的改版,与更强调目的地攻略的首页比起来,目前呈现形式已完全拥抱信息流,但新的内容策略并未带来更高的活跃度,评论区热度也明显不足,其本质危机是不确定性导致了社区真实的活跃度不足。

1.6.2 新势力加速行业竞争格局

马蜂窝疫情期间努力"自我革新",既有自身内部动力的驱动,也有外部环境的催化。疫情严重时旅游行业几乎陷入"瘫痪",给市场带来为数不多的积极改变就是让传统思维模式下的旅游业者和机构离"网"更近,开始主动接受直播、短视频等新鲜的线上营销渠道,来维持与消费者的互动与沟通。

多家平台以积极的姿态,高调进入旅游市场。抖音平台旅游相关的内容也开始快速增长,抖音官方数据显示,2021年抖音旅游相关视频增长65%,相关视频分享量增幅高达117%。2021年,在抖音旅游兴趣人数2.7亿人,相比2020年同比增长14%。虽然受疫情影响,但是在2021年,抖音发布旅行相关的打卡视频作者超过7 900万人,旅行打卡视频数超3.9亿次。新势力的"搅局",加剧了旅游行业的竞争格局。

讨论题

1. 简述马蜂窝的发展历程。

2. 马蜂窝的主要产品和服务有哪些?

3. 简要分析马蜂窝的商业模式及存在的问题。

4. 马蜂窝未来面临的机遇与挑战是什么?

参考文献

[1] 郭嘉颖.基于 UGC 的在线旅游攻略平台商业化的探究——对比穷游网、马蜂窝[J].南方论刊,2022(02):25-27.

[2] 张守卫,唐进秋.旅游电子商务平台信息服务优化研究——以马蜂窝旅行网为例[J].情报探索,2021(12):77-84.

[3] 符家铁.马蜂窝:从内容出发深耕旅游业[J].国际品牌观察,2021(19):51-52.

[4] 全飘,周洁如.基于用户参与的在线旅游社区品牌价值共创机制研究——以马蜂窝为例[J].管理现代化,2021(04):86-89.

[5] 李纯青,贺艳婷,刘伟."内容+交易"平台型企业商业模式的构建及其演化机制——基于马蜂窝的案例研究[J].广西财经学院学报,2020,33(06):105-117.

[6] 汪林.疫情期间首个国庆长假"内容+数据"助推旅游消费决策[J].计算机与网络,2020,46(19):7-8.

第 2 章 途家网

2.1 途家网的概况

途家网,全球领先的民宿短租预订平台,于 2011 年 12 月 1 日正式上线,致力于为客户提供丰富、优质、更个性的出行住宿体验,同时也为房东提供高收益且有保障的闲置房屋分享平台。

目前,途家已经覆盖国内 400 个城市地区和海外 1 037 个目的地,在线房源超过 230 万套,包含民宿、公寓、别墅等住宿产品及延展服务,可满足以"多人、多天、个性化、高覆盖"为特征的出行住宿需求。

随着国内分享经济的逐步升温和途家民宿预订业务的不断增长。2017 年 10 月 8 日,途家网线上平台完成 E 轮融资,总估值超过 15 亿美元。2015 年 8 月 3 日,途家网完成了 D 及 D+轮融资,总估值超 10 亿美元,正式进入互联网行业的 10 亿美元"独角兽"俱乐部。2016 年 6 月 6 日,途家网宣布战略并购蚂蚁短租,进一步强化了住宿分享市场的领导企业优势。2016 年 10 月 20 日,途家宣布战略并购携程、去哪儿公寓民宿业务。2018 年 1 月,大鱼自助游加入途家,正式形成"携程民宿、去哪儿民宿、途家、蚂蚁短租、大鱼自助游的民宿短租入口"五大平台的矩阵,形成新途家集团。

2.2 途家网的开始

创立不久,途家网为何有如此魔力? 这与途家的掌门人密不可分。途家网创始人罗军,是一位连续创业者,曾担任思科、甲骨文、Avaya 等公司的高级管理职位,在创立途家网之前曾任中房信集团联席执行总裁,在短短两年内助力企业在纳斯达克上市。用罗军自己的话来说:"我在开拓一个行业,是一次中国度假租赁行业的革命。"

度假租赁(Vacation Rental)的时代最初从海外兴起。以度假房屋租赁服务商 HomeAway 为例,它创立于 2005 年,现在已经是美国最大的度假租赁网站,2011 年在纳斯达克完成上市,竞争对手包括 Airbnb 等。根据 2013 年年底的数据,2013 年度 HomeAway 的股价暴涨 81%,最新市值为 34 亿美元,相当于其销售额的 10.3 倍,数倍于过去六年中任何一家被收购的互联网上市公司的价值,在全球有超过 70 万间租赁房屋。如今 HomeAway 已经成了途家网的投资方。

罗军最初发现度假租赁商机是在美国发生"9·11"事件时,当时他身在夏威夷,因为被管制出境,被迫在 170 美元/晚的希尔顿住了 4 天,而另两个朋友找到了 45 美元/晚的公寓合住,平均每人仅 20 美元左右。因此,罗军开始考虑在中国实现度假租赁模式的可能性。经过深入调研,罗军发现美国独有的社区"土壤"是度假租赁的雏形,多年来他们已经形成以社区为主的线下不动产管理者提供房屋维护的模式,进一步发展到提供代理租赁业务。

随着互联网浪潮的到来,线下模式通过线上渠道有了更大的发展平台,HomeAway等正是抓住了这个商机。根据 2011 年全球住宿业的盈利数据,度假租赁行业在美国和欧洲的整体营收是 850 亿美元,其中 37% 的住宿业的收入入账来自度假租赁行业。罗军称:"如果用简单数学算法,100 人中有 37 人不住在酒店里,而是选择了度假租赁。"

度假租赁在欧美市场发展得如火如荼的同时,中国人正在全球范围内超越德国人成为全球最喜爱旅游的游客,国内市场黄金周的旅游记录也逐年被刷新,其中家庭型自驾游和自由行也越来越流行。当时在新浪乐居工作的罗军也发现了中国大量的空置房资源,他介绍道:"国务院经济研究所有个统计,中国房地产的沉淀房有 2.2 亿套,空置房有 5 000万套。"

综合了多方面的因素,罗军下定决心辞职,进军度假租赁行业。2011 年 8 月,他辞去中国房产信息集团总裁职务,第二天背着背包、穿着拖鞋去了海南,为途家网招聘了第一位员工,正式开业。

2.3　途家网的基本思路

2.3.1　吸引四大投资商的"盒饭理论"

罗军在 2021 年 8 月于三亚举行的"博鳌·21 世纪房地产论坛"盛会上讲道:"我经常讲的一个例子就是盒饭的故事,比如你在路边买了盒饭吃不完,准备倒的时候,一个人过来说'不要倒,我帮你吃掉,之后给你把碗洗干净,还给你五块钱。'"虽然故事夸张,但却很清楚地解释了途家吸引个人用户的模式亮点:将业主的闲置房源放在途家网,可以产生收益分成。

21 世纪初,从全世界范围来看,旅游业在 GDP 中所占的比重持续提高,加快发展旅游业成为很多国家的战略决策,中国出台《旅游法》,把旅游业当成战略性的支柱产业和现代服务业加以培育。在经济全球化的带动下,旅游跨国界、跨领域、跨行业、跨产业、跨部门融合发展的趋势日益明显。中国旅游业的外部环境进一步优化,同时大众化的旅游发展趋势更加明显,旅游业成为产业投资的热点领域。

发展的风向标是市场,而近几年的市场表现,则说明了自由行的度假租赁因为其灵活性,高性价比,而受到了广大游客的欢迎。住宿,一向是旅游行业中最受人重视的组成部分。有需求就有市场,结合中国空置房资源众多的现状,不难看出度假租赁行业的巨大潜力。

2.3.2　线上线下同时进军

途家网的投资方之一光速中国创业投资基金总经理宓群透露,途家网创业初期罗军与另一位创始人 Meleisa 商量是否要主做 HomeAway 线上模式,宓群等投资人参与分析后认为,中国的诚信制度暂时达不到美国的水平,很多房子不能通过照片来确认信息。最终光速与途家团队经过讨论后决定将途家的模式做"重",同时进军线上与线下的部分。

1. 线上找流量

除了途家网自己搭建的平台外,在创立之初,途家网选择与行业巨头携程网进行战略合作,以此来获取流量。携程与途家网的合作,最初状态是前者为后者引流。得益于优质流量,途家网迅速步入了发展快车道,得到了丰满的订单。

2014 年 1 月 16 日,携程旅行网途家频道正式宣布开通线上运营,对于携程而言,途家使携程用户有了度假公寓新选择,途家网上有近三成度假公寓与携程独家合作或享受优惠价格,超四成度假公寓为携程预订用户提供独家礼盒优惠。整个频道正式开通后,相当于新建一个途家网,包括途家自营公寓、平台商户、海外房源在内的途家网所有在线房源都展示在携程上,携程用户在选择途家产品完成支付的阶段会被提示跳转到途家。在发布会中,罗军抛出要送预订途家公寓的用户两套商品房大奖的劲爆信息,这足够引来无数用户到携程和途家来撞大运抢房子。

实际上,途家不仅与携程达成合作,上线专门的频道,途家还入驻了 360 的旅游频道,并酝酿承包更多类似资源。

2. 线下找房源

在度假租赁的选址上,途家有一套科学的系统,根据周边的楼盘、房间的装修和布置等参数达标确定是否需要开拓市场。按照客群进行区域布局,可以参考航空公司布局城市数据、高铁站频繁发车的地点以及周边游相对发达的地区。有机场的地方就会有足够多的客源和房源,还要有符合途家理念的经营者。因此,选机场是最聪明的选法。

在房源的搜寻上,途家的主要途径有两种。一是与房地产开发商合作。如果开发商不出租,途家为业主提供管家服务和业主线上系统,随时查看房屋状况,代缴水电费等,就能打消准业主们的疑虑,能为地产商提高成交率。如果出租,途家会提供托管服务。途家与中国十大核心开发商都建立了合作关系,目前已经签约 300 多个项目,3 万多套房子,在谈的有 900 多个项目。二是与个人业主合作。根据不同需求经营,途家负责管理运营成本,业主提供房源及协调时间,双方五五分成。

途家合作的一些特色度假房源,如苏州东山的"普罗旺斯"度假地产,距离上海仅一个小时的车程,而其自然生态却是上海无法比拟的。濒临太湖和湿地公园,群山环绕,具有欧洲小镇般的建筑风格。苏州东山有最甜的琵琶,大闸蟹、醉龙虾、嫩菱角也闻名遐迩。而这样的套房一晚上只需要 200~300 元。类似这样的房源,途家在海南、四川等多个城市还有很多。

针对丽江、大理等特色旅游区的成熟客栈文化,途家也选择了一些特色客栈进行合作,将它们的房源放在途家的平台上,途家收取 10% 的通道佣金费用。现在有一些度假租赁模式存在的误解在于:或者复制 HomeAway 模式,全盘放在线上;或者全靠直营酒店。途家永远是做合作的,这样可以吸引更多平台的流量和订单,甚至有一部分客栈在与途家天琴湾合作的时候愿意冠以"途家"的品牌。这为途家避开了酒店的种种周期性的问题,如酒店的噩梦——淡季。由于途家采用的是与业主分成的模式,如果没有酒店入住,途家不需要担负由于房屋空置造成的资源和人员的浪费,仅是在淡季期间不需分成。

2.3.3　打通线上线下,着重用户体验

在人员方面,途家的特色是可以在全国范围内进行调配。例如,春节期间三亚是旺季,青岛是淡季,就可以将青岛 1/3 的服务人员派到三亚去。途家可以根据不同区域内旺季和淡季服务人员需求的整体情况进行调配,大大降低了人力资源支出。

与 HomeAway 和 Airbnb 最大的不同是,途家有很重的线下流程和团队。解决的是从业主到租客的闭环问题,实际上最难的是 O2O 环节中的所有细节。线下的具体操作细节更能让用户保持一致的体验感,感受到优质的服务。

途家网的核心模式为 O2O＋B2C 模式,这是途家网与其他的 C2C 租房网站的本质区别。当业主与途家签订托管协议后,途家会对房子进行统一布草(客房放置的毛巾、台布和床单、枕套)装修,提供打扫、接送等客房服务,对业主房间的保养力求细中求细。途家向业主提供清单确认房间用品,并开通用户后台系统,可通过 PC、移动等多个终端随时了解房子的匿名经营状况和保养情况,甚至周边新开了哪些超市等生活设施。在途家运营期间,如果房间的物品出现问题,途家会先行赔付,再与租户进行沟通协商,途家对业主房间的保养力求细中求细。若是特殊的房源,如三亚有一处房间都是使用竹子包起来的房源,途家会进行特殊的维护和保养。

在对待租客的服务上,途家的服务更加细致。除了线上所有的终端体验和业务流程要求一致外,呼叫中心的所有体验也必须是一致的。

线下的部分,途家在标准作业程序(Standard Operation Procedure,SOP)上向五星级酒店看齐,如工作人员的白手套及制服等,包括途家所有布草的纯棉度,床单面料都有统一的要求。另外,途家有很多个性化的 SOP。例如,打扫酒店的时候,厂车进入要关门,以防止蚊虫进入;打扫完房间后要将水池、浴室的塞子按下去,防止气味上溢。途家不一定在设施上比五星级酒店更好,但途家的性价比非常高,用户可以花费相对较少的金额住进套房,并享受优质的服务。

所有的标准化流程和高标准的要求:途家网专业的酒店管理人才可以有效提升途家公寓的用户体验与运营产出;经验丰富的业务发展团队在全国各地获取优质房源;用互联网基因的产品技术团队实现线上线下运营系统的优化与产品推广。

聚焦用户体验,三大产品升级:

第一项是尊重用户习惯,共享行业库存。通俗地理解就是途家平台将精选更多库存,通过途家、蚂蚁短租、携程、艺龙去哪儿等八个平台入口为消费者提供更丰富的房源,在保持原有习惯的基础上实现更便捷的预订、更优质的体验。

第二项是针对消费者,途家聚焦于完善用户入住前、中、后期的立体化服务上。在这个部分,途家针对公寓民宿消费者最关心的安全、清洁、搜索、支付等具体需求都给出了对应的产品更新及迭代说明。

第三项是针对旅行者最关心的用户保障升级,途家的战略举措是升级信用,无忧"安心住"。途家将通过房屋验真、途家优选、双向评价、携程信用、芝麻信用和先行赔付等立

体组合,确保消费者每一次都能放心预订和放心入住。

2.3.4　创新模式,扩大口碑

只有市场的量累积到一定程度之后,途家才能谈更丰富的盈利来源问题。途家网的竞争力其实并不来自价格,而是来自其会员机制和推荐系统。与携程网一样,一旦拥有了一定规模的会员和流量,就能够获得较大的市场份额。

2013年9月,途家网发出了商业模式第二弹。从当天开始,在途家网预订任何一套房源,交易成功后都可以获得对应金额的入住体验服务。对于途家而言,沉淀房资源积累了一定的规模,品牌口碑也到了新的层次点,产品和技术也都准备好了,体验房瓜熟蒂落。经过两年多的发展,途家网的用户体验一直有口皆碑。从一系列的数据可以看出:途家的自营公寓在携程上的平均评分在4.4以上,而国内五星级酒店的平均评分通常在4.1左右。与此同时,超过96%的用户在住过途家之后推荐给了身边的家人、朋友和同事,进一步扩大了潜在用户范围。

2.4　途家网融资情况

途家网在上线后获得了众多资本的青睐,分别于2012年5月和2013年2月完成了A、B轮融资,主要投资方携程网、HomeAway、CDHFund、lightspeedCP、GGV资本、启明创投和CBC宽带资本等国内知名风险投资公司加入投资,两轮融资总金额达到4亿人民币。2014年6月,途家完成了C轮融资,融资金额达到1亿美元,主要投资方仍为携程网、HomeAway。2015年8月,途家完成D和D+轮融资,融资金额达到3亿美元,由携程与Allstar Investment领投,雅诗阁、Glade Brook Capital、高街资本、华兴资本也进行了投资。其中Glade Brook Capital也是Airbnb的投资方,此外全球知名的公寓运营商凯德集团旗下的雅诗阁也加入了投资。2017年10月8日,途家网线上平台完成E轮融资,总估值超过15亿美金,成为互联网"独角兽"企业(具体融资历程详见表2-1)。

表2-1　途家网融资历程

时　间	轮　次	金　额	投　资　方
2012年5月	A轮	数千万美元	携程网、HomeAway、LSCP、CDHFund
2013年2月	B轮	A、B合计4亿人民币	携程网、HomeAway、CDH、LSCP、GGV资本、启明创投和CBC宽带资本
2014年6月	C轮	1亿美元	携程网、HomeAway
2015年8月	D及D+	3亿美元	携程与Allstar Investment领投,雅诗阁、Glade Brook Capital、高街资本、华兴资本
2017年10月	E轮	3亿美元	携程与全明星投资基金领投,华兴新经济基金、Glade Brook Capital资本、高街资本跟投

2.5　途家网运营特色

途家网通过国际领先的 O2O 模式,线上提供旅游地高端度假公寓和别墅的在线查询和预订服务;线中呼叫中心提供 7×24 小时客户服务;线下提供五星级酒店标准的分布式度假公寓服务。途家网在游客和业主之间搭起了一个诚信可靠、灵活透明的电子商务平台。通过实时管理房屋的系统,为业主提供房屋养护服务的在线实时查询;为游客提供了在线查询、预订度假公寓等其他旅行服务的平台。

2.5.1　特色服务

1. 途家·管家

途家·管家服务采用美国斯维登(Sweetome)酒店管理体系,由诸多来自五星级酒店客房管理经验的行政总管组成的专业团队现场运营,提供先进、高效、完善标准化的服务,为异地不动产持有者提供入户管家服务,并实现维护照片实时在线更新,成为业主贴心的房屋保姆,使身在异地的业主随时掌握房屋及周边环境动态。

同时,途家·管家为业主及其亲朋好友的入住提供了一系列贴心的定制服务,如房间特色布置、机场接送、保姆家政、物品代购、设备维修等。

途家·管家采用透明化管理模式,为业主提供基于互联网的个性化专属平台。此外,途家·管家秉承传统管家理念,绝对保护业主的私人信息不受侵犯。

2. 途家·托管

途家·托管服务是在不改变业主房屋产权的情况下,将房屋按照斯维登五星级酒店客房标准整理、优化,专业的管家服务,保持房屋最佳状态,常住常新,并凭借成熟稳定的电子商务平台大量专业的市场推广,将不动产价值发挥到最大,短期获得可观回报。同时,途家定期提供专业的市场监控、经营报告和增值营销建议,实现业主闲置的房屋灵活增值。途家网领先的技术平台,公开透明,业主可随时掌握房屋托管的最新状况,自住、出租,方便灵活,不受任何限制,可充分享受物业。房屋托管的业主,也可以通过途家在线平台交换其他旅游地的度假公寓的居住权,轻松出行。

2.5.2　品牌特色

1. 网站精选

途家网精选的高品质度假公寓由斯维登酒店管理集团统一管理,在机场即可办理入住和退房手续,并可享受尊贵免费的接机服务。五星级酒店式服务温馨、舒适、便捷、干净、安全。为身在异地的旅游度假客人提供了贴心专业的管家式服务,有效地填补了市场上的空白。

2. 品牌中高端

斯维登酒店管理集团精选了知名旅游城市的中高端公寓、海景楼房、精装别墅、特色房屋等。房间格局丰富,客厅、厨房、阳台一应俱全;配套设施高档齐全,方便洗衣、做饭;周边环境优雅,方便游览、购物;同时,居家式度假公寓环境又能给客人带来温馨的家的感觉,以及像当地人一样生活的独特体验,引领了旅游度假方式新潮流。途家精选中高端度假公寓别墅,注重安全和客户满意度,提高舒适度和便捷度。

2.6 展 望

途家网是全球公寓民宿预订平台,作为中国民宅分享的引领者,途家致力于为房客提供丰富优质的、更具家庭氛围的出行住宿体验,又为房东提供高收益且有保障的闲置房屋分享平台。随着长租公寓以及民宿市场的"井喷"式发展,大量新兴民宿品牌迎着风口出现。品牌多了,竞争也就更加激烈了。途家网要想在众多平台中脱颖而出,还有很多不足的地方需要改进,如需要在平台、服务、房源等方面进行优化升级,提高竞争力。

2.6.1 平台定位单一,需要平台多元化

途家网的平台定位仍以提供民宿住宿产品服务为主,基于市场的竞争环境、用户的需求以及业务收入多元化的需求,途家网在未来的发展过程中应将平台定位进行多元化,逐步从以提供住宿服务的单一定位向以住宿为核心的旅游综合服务平台转型,如向游客推出体验产品,向旅行者推出景点、活动、餐厅预订、机票预订、目的地活动、奢华度假租赁、精品酒店等业务。

2.6.2 产品服务单一,服务要多元化

途家网平台现阶段提供的服务的核心价值以房源服务为主,单一的服务内容满足不了未来竞争性发展和用户需求,应积极开拓和尝试产业链上下游关联服务,充分挖掘用户需求,围绕传统旅游六要素"吃、住、行、游、购、娱"以及新的旅游六要素"商、养、学、闲、情、其、奇",从而向旅游综合在线服务平台转型。

2.6.3 房源供给方式单一,可实行房源供给产业化

通过分析,途家网平台房源的主要供给来源于C端个人房东,根据调研数可知其平台房源的80%来自C端个人房东,而B端的房源供给只占20%。途家网商业模式的本质是基于闲置房屋和住宿需求通过互联网平台进行匹配,并为用户提供相应的产品及服务。从价值网产业相关性分析,共享住宿房源供给的上游产业是房地产开发,利益相关者不仅有个人房东,更有房地产开发企业、地方政府等。途家网关键业务未形成与关联产业的紧密合作,合作利益相关者单一,缺少与关联产业间的价值合作模式及收入模式。

1. 从房地产产业合作角度构建价值网模型

基于我国经济发展的模式,房地产产业作为国民经济的重要产业,在过去20年间得到了快速的发展。但发展的同时也导致了房地产市场大量的存量房、空置房,旅游地产等投资性房产空置情况更为突出,如海南地区房地产空置率高达80%,市场存量巨大,开发

商销售压力大,政府招商引资环境恶化。根据不完全统计,中国房地产市场的存量超过8 000万套。开发商通过与共享住宿平台的合作,推动房地产开发、销售为主向运营综合服务转型。

途家网商业模式的基本价值逻辑是通过互联网平台整合房屋闲置资源和旅游出行住宿需求,并进行高效匹配。途家网商业模式对房地产存量盘活的价值,一方面体现在通过平台需求导入及线下运营的方式,解决存量房屋空置问题,形成共享平台与开发企业联合运营的模式,助力房地产公司从开发销售向运营服务转型;另一方面,共享平台更能够通过产业环节的融合,共享平台介入到房地产行业的销售环节,促进房地产开发项目的销售。

在此逻辑下,途家网可以与开发商建立战略合作,通过为其目标购房客户提供房屋管家、房屋托管运营等服务,解决客户在居住时的房屋物业服务问题,以及在房屋空置期间的运营问题,为客户提供房屋投资收益,提升潜在购房客户的购买欲望,从而促进开发项目的销售,为房地产开发企业提供价值并收取品牌模式使用费用或房屋销售成交佣金。

2. 从旅游产业合作及政府合作角度构建价值网模型

在国家乡村振兴的大背景下,乡村旅游成为乡村振兴、精准扶贫的重要抓手。在旅游消费升级的趋势下,乡村旅游已经成为城乡居民的常态化消费方式。其中乡村民宿是促进乡村旅游发展的重要旅游要素之一。

途家网可以通过与各地政府、旅游主管部门的战略合作,在不改变农地产权的情况下,整合乡村大量的闲置房屋,通过筛选、设计、改造,形成具备本土乡村民俗风格、旅游吸引力、主客共享和可经营的乡村民宿。同时,向当地居民提供民俗经营培训,让当地居民成为乡村民宿的经营者,通过平台对接大量的乡村旅游住宿需求,从而带动当地的旅游,盘活乡村闲置房屋,为当地居民提供就业及增收机会。

在这个价值网关系模型中,政府、本地居民、途家网以及相关合作伙伴是价值网模型中的主要利益相关者,相互之间构成价值交易关系。政府通过途家网模式的引入,获得了通过乡村旅游民宿进行精准扶贫的方式,推广了当地旅游品牌,扩大当地居民就业并增加收入,同时大量游客的导入也带动了除住宿之外包括餐饮、农产品等相关产业的收入增长。乡村房屋的改造也美化了当地的环境,提升了居民生活的幸福感。村民通过途家网与政府的合作,提升了居住环境,增加了收入机会。途家网通过与政府的合作,拓展了乡村旅游的业务板块,获得了大量的经过改造的乡村民宿房源,这些房源都是具有当地特色的民宿产品,与民宿平台的价值主张高度匹配。其二,在项目改造的过程中,可能会获得设计、装修工程的业务机会及收入,丰富了收入来源渠道。此外,途家网还能够获得当地政府优惠的政策支持,甚至资金支持。

途家网为共享住宿方面的发展提供了很大的助力,在共享经济的发展上,途家要做的还有很多。

讨论题

1. 简要阐述途家网的发展历程。

2. 简述途家网的主要发展思路。

3. 途家网的商业模式主要有哪些?

4. 数字经济时代,途家网未来发展的对策与建议有哪些?

参考文献

[1] 蒋乾,刘莎,唐宏,刘云强.短租民宿在线评论语义网络及感知维度研究——基于途家网和 Airbnb 的文本挖掘[J].资源开发与市场,2022,38(02):239-248.

[2] 李昂.基于共享经济理论的途家网商业模式优化研究[D].西安:西北大学,2019.

[3] 吴伊欣,邹光勇.Airbnb 与途家商业模式的比较研究[J].上海商业,2016(06):27-29.

[4] 编辑部.途家网:盒饭理论做大旅游度假短租市场[J].现代营销(经营版),2012(09):36.

第3章　KLOOK 客路旅行

3.1　客路旅行的概况

KLOOK 客路旅行是当前全球搜索量最大的旅游活动预订平台,以"与您一起探索美好旅程,尽情享受欢乐点滴!"为使命,以"探索的乐趣、精选地道玩法和保持无限好奇"为信念,在令人眼花缭乱的旅游体验中,帮助热爱旅行的您找到"想要的"的一切,让每趟旅程都留下快乐回忆!

近年来,全球目的地旅游市场不断增长,并且在持续变化中萌发出新的出游习惯和全新需求。由此带来的商机已被紧随消费市场变化的旅游服务商和平台所瞄准。然而,全球目的地旅游活动预订板块的在线市场渗透率仅为 15%,成长空间依然巨大。2014 年于中国香港成立的旅行体验预订平台"KLOOK 客路旅行"(后文简称"客路")正是应运而生的行业新生代玩家之一。

3.2　客路的发展历程

随着旅游市场的日渐成熟、游客自主意识的增强、旅游者消费观念的改变,自由行已经成为一种趋势。与传统的团队旅游模式相比,自由行能够更大程度上满足消费者的个性化需求,有利于将旅游融入人们的日常生活中。

统计数据显示,欧美的自由行占据整个旅游市场规模的 82.5%,规模巨大且增长迅速。然而,自由行也存在诸多痛点,如目的地产品价格和品质不透明,服务商与外界存在信息差,用户根本无法在线上预订等。为了改变当时走马观花似的目的地旅游方式,从"目的地服务"切入深度游自由行市场,更好地满足个性化自由行需求,2014 年王志豪毅然辞去香港摩根士丹利的工作,卖掉自己在香港购买的房产,与合伙人林照围在香港联合创办了在线旅游全球预订平台 KLOOK 客路旅行。

对于一家以"改造目的地旅游"为初心的创业公司而言,"供应链资源"的准入和把控是创业初期绕不开的问题。客路给出的解决方案有两个:一是通过达人网络及第三方认证机构完成对供应商的筛选;二是通过与活动供应商直接对接,并与目的地供应商直接分成,将中间环节层层分薄的利润返还给供应商。2014 年 6 月,客路获得了微光创新基金 150 万美元的天使轮投资。2015 年 10 月,客路获得了经纬中国、华创资本 500 万美元的 A 轮投资。

2016 年,客路旅行共获 500 万次行程预订订单,已覆盖世界各地 80 多个热门目的地,为全球用户提供超过 1 万种景点门票与特色活动的选择,拥有来自 15 个国家及地区的 200 位员工,8 个亚洲区域办公室,包括中国香港、深圳、中国台北、新加坡、首尔、曼谷、吉隆坡和马尼拉。2017 年 3 月,获得 B 轮 3 000 万美元融资后,客路旅行重塑了亚太目的地旅游供应链,提升了上下游效率,并有效地把控了目的地资源。由此,无论是在业务上、团队上还是资本市场上,客路旅行均迎来了飞跃式发展。

2017 年 10 月 25 日,客路获得近 6 000 万美元的 C 轮融资。至此,客路旅行已拥有千万级用户,每月订单量超过 100 万单,上线超过 3 万种活动体验及服务,遍布全球 120 多个热门城市,有 7 种操作语言,5 个 24 小时客服中心。客路旅行在亚洲设有 13 个办公室,覆盖大中华区、东南亚、日韩及印度。团队成员超过 400 人,国籍来自 20 余个国家及地区。相比之下,短短 7 个月后,客路旅行订单量增幅超过 100%,实现了员工数翻倍,新增加了 5 个亚洲办公室,完成了 40 多个新热门目的地的覆盖。客路旅行实现高速增长的核心策略是"全球运营"。一方面,客路旅行在本地拓展时,充分依靠当地人团队,因此具有充沛的信息、业内人脉网络以及对本地市场的深入洞察,这使得客路旅行在商务拓展上能以"降维打击"的速度推进。另一方面,客路旅行"全球运营"也意味着"卖给全球"。客路旅行的多元化用户构成产生了协同效益,将低频的出境游场景转化为高频的生活场景,能分散单一区域单一用户群的风险与淡旺季波动。

2018 年 8 月,距离 C 轮融资还不到 10 个月,客路旅行再度完成新一轮 2 亿美元的 D 轮融资。与 10 个月前相比,客路旅行月访问量超 1 600 万,再次增加 80＋目的地覆盖,新增 3 个区域办公室,共拥有来自 20 余个国家 600 多名员工。

2019 年 4 月和 2021 年 1 月,客路再度受到资本的垂青,分别获得 2.25 亿美元 D＋轮融资和 2 亿美元 E 轮融资。至此,客路合计融资 9.21 亿美元。

3.3 "独角兽"养成之道

随着全球自由行兴起及旅游消费升级,客路实现了指数级增长,正式步入"独角兽"的行列,成为全球范围目的地旅游领域融资额最高的公司。

3.3.1 洞悉核心客群需求

互联网时代,对于目标用户需求的洞察和适配度是一个好产品的基本要求。中国的新一代旅行者正在快速崛起,他们有比上一代更好的语言能力,更丰富的出境游经验,希望玩得独特和深入当地,并且会将单个活动看成"元件",DIY 成更灵活个性的旅程。

根据客路的调查发现,超过 63% 的境外用户最先确定的是在目的地"玩什么",之后才规划交通和住宿。许多用户出行相当灵活和随性,也愿意在时间上留白给即兴的探索和体验。比如,他们会为特色活动或限时体验而启程,也会根据当地的天气甚至是当天的心情来决定玩乐项目。

针对这一新兴旅游需求,客路与超过 8 000 家商户合作伙伴紧密合作,为全球旅行者提供 8 万多种旅行体验预订服务,诸如在巴厘岛做一天"本地人"、乘坐直升机饱览香港美景、在曼谷跟随拳王学习泰拳或是在新西兰开挖掘机此类的有趣体验。除了为旅行者提供旅行灵感内容之外,客路也致力于一站式地满足大部分用户的出行需求,包括景点门票、一日游、特色体验、交通票券与地道美食等,覆盖全球 250 个国家及地区,支持 8 种语言和 41 种货币的支付系统。85% 的客路产品提供立即确认和即时使用,很大程度上满足了在途旅行者所需要的灵活性和自由度。

与此同时,客路在利用科技和平台的力量赋能全球合作伙伴。如客路专门为合作伙伴开发了商户端 App——商家能够管理预订、即时处理用户反馈,并可以现场兑换客路二维码凭证。客路提供简易的使用界面和持续升级的系统,便于商家从中快速做出商业分析、判断及决策,包括业务数据分析、兑换记录、预订报告、用户评论等,提升其运营效率。同时,客路团队也会为商家提供创意营销或是行业洞察,帮助他们更有效地吸引全球旅行者。

3.3.2　贯彻"全球—本地策略"

与市场上其他提供目的地玩乐产品的平台和服务商相比,客路的"全球—本地策略"使其更加深入资源端及需求端。在全球化的中心管理下,通过在目的地直接设立办公室,招聘当地优秀并具备一定国际背景的人才,负责商务拓展、营销、产品内容规划与客服等本地化服务,客路得以更好地了解当地旅客需求,同时也能够更加专注资源的深度合作,打造更为扎实的供应链,从而更加系统地优化整体服务。客路团队已遍布全球 20 个城市,团队成员人数达千人,分别来自超过 25 个国家及地区。

在市场推广方面,客路也贯彻了这种深入市场、因地制宜的策略。例如,在全球范围使用数字营销,高效获取精准用户,注重转化率;针对中国香港市场,因其地域小、人口集中,客路主要在线上投放以及出租车/地铁广告上着力;在中国台湾地区,联合旅游博主是重要的导流方式;而在数字化相对较弱的菲律宾,KLOOK 会举办 3 万人规模的线下旅游展。

3.4　竞争力来源

3.4.1　扎根本地,线下运营

自成立以来,客路的愿景是拉近世界的距离——更高效地连接目的地、全球商户和旅行者,打破信息、语言、地缘的障碍,让每个人享受自由丰富的旅程。我们正在通过变革与创新,与当地运营者一起改变目的地旅游的未来。

在稳扎亚太后向欧美拓展的同时,客路继续覆盖行业深度,全面布局上下游产业链,从景区到目的地服务,再到当地交通和铁路,深耕连线。将"全球—本地策略"深入资源端及需求端,在中心化的管理体系下,1 200 多名本地团队成员遍布在世界 20 个城市,当地供应商全面合作,搭建全球各景点的 VIP 通道、推出独家特色项目、打造"体验升级"的当地服务,提升目的地"最后一公里"的服务数量与质量,正在成为目的地生态与全球旅行者的联结桥梁。另外,客路通过垂直类目团队的中心化运营,全球客服的前线反馈,动态优化库存管理和服务细节。基于全球多元多渠道的市场洞察,客路本地营销团队更了解用户,结合市场分析与趋势预判,联合当地开发符合用户需求的新产品。

目前,客路在全球设有 20 个办公室,用户来自全世界超过 200 个国家与地区。借助深度的旅游市场与领域洞察,客路挖掘新生代的旅行需求和科技偏好,与香格里拉酒店集团携手开拓在线礼宾服务,提供更丰富优质的活动体验;客路联合享誉全球的实景娱乐引领者默林集团,全面提升商户和旅行者的用户体验;目的地交通方面,客路先后与欧洲铁路公司、西日本旅客铁道(JR West)达成战略合作,精准地匹配了用户对于旅行便捷性、科技偏好的需求,帮助旅行者更好地探索目的地,享受更顺畅安全的旅程。

3.4.2 持续革新,数字化升级

随着境内游的升温和未来跨境旅游的复苏,有着 E 轮融资的强大加持,客路持续变革和创新,通过调整核心战略优先级,加倍投入在线旅游预订领域的数字化升级,将重心由出境游向本地游转移,携手目的地运营方,围绕体验活动提高产品多样性,为全球旅游生态创造更大价值。

一是聚焦在亚太境内旅游和休闲消费领域,重新梳理产品和供应链体系,主推微度假业务,上线了轻极限活动、优质小团游、住宿＋体验等多个子品类。过去一年疫情最严峻时,客路新入驻的本地游活动数比 2019 年同期相比增加了 150％。

二是达成更多系统性的官方项目合作,比如与中国香港旅游发展局、日本国家旅游局、韩国旅游发展局、新加坡旅游局和泰国国家旅游局等建立更牢固的合作伙伴关系。在新加坡,客路成为新加坡旅游局的 Singapo Rediscovers Vouchers (SRV)消费券官方指定合作伙伴,帮助刺激消费需求,重振旅游经济。

三是供应链加速升级,进一步帮助商户做好在线化业务。客路推出了多项功能促进商户提升运营能力和营销转化,如商户联系跟踪系统、一键获取全方位信息服务的"景点＋"模块、在东南亚及港台地区快速推行的直播功能等。直播功能上线以来,客路的转化率平均提升了 4 倍。

此外,客路不断探索旅游业的技术创新,技术研发中心设于中国深圳与新加坡,把中国的移动互联网及移动支付的经验带到亚洲及全球。客路与全球科技公司建立合作,率先成为如 Google Instant App 等多个产品的首批合作伙伴,将硅谷的产品经验带到亚洲。服务 C 端用户之外,客路也致力为当地运营商提供免费的商户端 SaaS 系统,提升其运营效率,为全球旅行者提供更完善便捷的即时预订体验。

3.4.3 国际视野,全球化拓展

目前,客路的用户来自全球 200 余个国家和地区,其中 70％的访问来自移动端。用户可在客路旅行上预订全球 200 多个目的地,超过 50 000 项活动和服务,包括丰富的全球景区折扣门票和休闲活动,高性价比的一日游,"京都料理课堂""泰拳"等特色文化体验,跳伞、潜水等户外运动,以及一站式境外铁路交通预订,解决旅行者在当地的各式需求。

客路拥有国际化的产品团队与产品业务,这使得客路可以更好地整合国际资源;对目的地资源、国际客群以及 B 端商户都有更深的了解,可以更好地把控资源、赢得客源。客

路旅行在全球的迅速扩展,得益于其国际化基因,尤其体现在目的地资源和当地用户拓展上。客路旅行已在全球设有 20 个办公室,覆盖大中华区、东南亚、日韩、印度、中东及欧洲,600 多名员工来自 20 余个国家。

3.4.4　垂直细分,差异化经营

旅游市场已是一片红海,客路旅行属于偏垂直的类型,一方面满足了用户体验式旅游的个性化需求,更有利于寻找差别化需求;另一方面用户包含中国人在内的整个亚太地区。这两个方面都属于还未被过多挖掘的方向,客路准确地抓住了市场交叉点。

调查数据显示,用户对特色活动的关注愈发明显。客路组建了自己的旅行体验师,在知乎拥有最大的旅游类专栏"一群旅游体验师"。通过旅行体验师的体验经验,梳理出各地的特色活动产品,完美迎合了消费者对于特色活动的需求增长。并且体验师需要亲身尝试各项特色活动,一定程度上让活动品质更有保障,而相应的专栏建设和推广也使产品更具传播性。

客路的产品优势体现在两个方面,即头部产品和中长尾产品。首先,针对头部产品,基于品牌的全球化,客路的用户体量大,成本和定价更具竞争力。其次,中长尾产品的一个特征是在线化程度低,客路善于发现这类产品,并将它们安排上线。再次,客路协助中长尾产品的开发,与销售量大的商户协同创新。

3.5　客路面临的问题及展望

Travel Technology Europe 的研究报告显示:"经济不确定性"以 53% 的比例成为当今旅游行业面临的最大挑战,"可持续旅行"和"气候变化"分别以 45% 和 44% 的比例分居第二和第三,受访者认为这些是新冠肺炎疫情之后旅游业要面临的重要挑战。除此之外,客路还面临以下问题亟须解决。

3.5.1　核心资源的稀缺性

旅游产业中大 IP 资源往往是稀缺资源,不愁客源,而面临的最大问题是如何通过技术和管理手段,优化服务并提高接待能力。阿里巴巴、腾讯等公司通过智能化技术和手段提供综合性运营管理解决方案,由上而下地覆盖核心旅游资源,而客路更偏向于票务/分销的解决方案,短时间内很难成为大 IP 的首选。

3.5.2　市场化分销

旅行最大的成本是时间,大多数旅行服务长期处在"缺货"或"缺客"两个极端的动态变化之中。旺季溢价仍然供不应求,淡季即使低价游客也寥寥无几。由此而产生的结果就是旅行服务对于市场化分销的依赖:广泛而深入的分销才有可能在淡季提供足够的客源,弥补旺季疯狂扩张的库存成本。虽然客路通过国际化战略,能在更丰富的时间内提供客源,但多元化分销渠道是供应商的更佳选择。

3.5.3 高频逼低频

旅游平台在发展过程中,由低频服务向中频甚至高频服务渗透是建立自有流量的必经之路。消费频次直接影响品牌对消费者黏度,高频向中频、低频渗透往往更为容易,也即与消费者接触点越多,就具有更强的引流能力。阿里巴巴、美团这类拥有超多接触点的平台,往中低频的本地游、异地游渗透,就显得更加容易,获客成本也就更低。而客路主要提供低频旅行服务,需要解决如何提高自己的中频服务(城市生活、商旅、周边游等),否则可能失去成长为拥有独立客源、服务资源的行业巨头的机会。

寒冬即将过去,旅游产业即将迎来更大的商机、更明亮的未来,以及更好的日子。客路通过 E 轮融资并将持续投入,协助商家加快数字化脚步,扩大在全球的产品分销,以乐观、积极和热情的心态去体验所有美好的事情。在未来,客路将全新品牌形象,推动全球本地游业务活力发展。

讨论题

1. 简述 KLOOK 客路旅行的发展历程。
2. KLOOK 客路旅行的营销战略有哪些?
3. KLOOK 客路旅行是如何发展成为"独角兽"企业的?
4. KLOOK 客路旅行面临的挑战及对策有哪些?

参考文献

[1] 新浪旅游.KLOOK 客路旅行:携手至亲挚友,重新探索和发现美好[OL].http://travel.sina.com.cn/domestic/news/2020 - 04 - 07/detail-iimxxsth4036283.shtml,2020 - 04 - 07/2022 - 06 - 14.

[2] 陈若萌.获 2.25 亿美元融资 KLOOK 依托大湾区人才优势"搅局"旅游市场[J].区域治理,2019(18):27 - 30.

[3] 欧阳方子.KLOOK:目的地旅游市场独角兽"养成之道"[OL].https://www.travelweekly-china.com/73690,2019 - 03 - 08/2022 - 06 - 14.

[4] 品橙(上海)商务咨询有限公司.当今旅游业面临几大重大挑战[OL].http://www.pinchain.com/article/211408,2020 - 01 - 10/2022 - 06 - 14.

[5] 编辑部.让"独家旅程"触手可及客路[J].计算机应用文摘,2015(12):1.

第 4 章　联联周边游

4.1　联联周边游概况

联联周边游项目成立于 2017 年 10 月 8 日，是联联集团依托旗下旅游资源和自媒体优势重新构建的"本地生活服务"项目，旨在为用户提供热门的、特价定制的本地吃喝玩乐服务。

联联集团利用"爆品＋预售＋抢购"的模式飞速发展，是目前西部乃至全国正在崛起的一支移动互联网新兴力量。在"大众创业、万众创新"的时代背景下，采用先进的网络硬件和充足的技术储备，支撑全国百万商家及上亿用户的访问、交易等，保障信息的稳定和安全。

集团坚持以本地生活服务为核心，业务涵盖"到店服务—联联周边游""到家服务—联联优选"和"线上知识付费—联联微课"三大板块，也包含"格外享""亦鲜生"等多个品质生活服务品牌。

4.2　联联周边游的发展历程

"联联周边游"项目隶属于联联集团，成立于 2017 年 10 月 8 日，其母公司联联集团成立于 2014 年 11 月 28 日，最早名为"地方联科技成都有限公司"。

2015 年 2 月 1 日召开地方联第一次全国代表大会，同年 4 月 3 日开展"自媒体＋旅游"业务，基本确立了联联集团未来的主要业务方向。2015 年 6 月 17 日总裁孙健先生正式辞职中铁到杭州全职推进地方联。2015 年 7 月 31 日"联联旅游"品牌逐步打响，三个月内实现上百万盈利，为地方联发展打下基础。

2016 年 7 月 28 日在云南召开第一次全国站长大会，同年 9 月 28 日地方联全国分站覆盖全国 500 区县城市。

2017 年 1 月 9 日第二次全国站长大会在云南成功召开，同年 10 月 1 日地方自媒体全国联盟覆盖全国 1 500 个区县，拥有 4.5 亿粉丝。至此，"联联周边游"成长的土壤已然具备，一周后，"联联周边游"项目正式成立。

2018 年 3 月联联集团启动城市合伙人招募；8 月制定了分城市推动的发展战略，启动"百人百城"计划；10 月技术端界面突破，实现性能提升；11 月启动"长三角会战"计划。

2019 年 2 月联联集团启动"珠三角会战"计划，将集团的地方自媒体联盟开到全国各大城市。同年 12 月,"联联周边游"项目顺势而上,月度营业额创新高,年度营业额超过 30 亿元。

2020 年 2 月,总部开始推进集团化管理体系建设,并于同年 4 月将总部从北京迁至成都高新区,与此同时开展全国重点城市分公司建设;9 月 28 日,联联周边游 App 正式上线。

2021 年年初,联联周边游信息技术有限公司基本完成主要城市控股管理模式,布局已覆盖全国各大中小城市,成立数百家分子公司,服务商家累积百万余家,旗下员工 5 000 余人。2021 年 12 月,联联周边游上海分公司单月流水突破 5 000 万元、客单价达 235 元,均做到了全国与全行业第一。联联周边游总部自运营至今仅 4 年,已经成为分享型社交电商的"领头羊",市场遍布国内 30 余个省市,年度商品交易总额(Gross Merchandise Volume,GMV)高达十亿元。

4.3 联联周边游运营分析

4.3.1 联联周边游

以本地生活服务为切入点,基于社交电商的属性,以技术为驱动力、注重消费场景、服务下沉市场。通过分享将私域流量进行裂变,利用平台优势让产品得到大量曝光,人们通过联联购买高品低价的产品,从而将线上流量转变为线下客源。

1. 模式优势

专注于"爆品＋预售＋抢购"模式,通过分享经济,不断将私域流量进行裂变,做到引流、留存、转化、裂变,打造完整闭环。而从众多线下商家的角度看来,相比于传统电商越来越高的营销成本,成本更低的社交电商无疑是个更好的选择。只要建立好良好的用户体验和把控产品质量,就能保证一定的粉丝复购率。

联联周边游创立的达人模式,拥有三级达人制度,达人通过分享联联的产品至自己的社交圈子,只要有人购买,达人就能获得相应的佣金。除此之外,该达人手下发展的达人有人购买产品也能获得一定的佣金。该模式能有效引导消费者实现以老达人带动新用户,实现用户自发式的裂变增长。

虽然长链条的裂变不能再给最初的达人带来收益,但只要裂变的机制存在,联联周边游的平台影响力就在不断扩大。达人机制的应用,突破了时间与频次限制,让商品信息的传播自由度大大提高。在既能"省"又能"赚"的双向驱动之下,联联周边游已有较多用户兼具使用与推广属性,这让用户与平台的黏性越发增强,留存率也较高。

2. 技术优势

拥有专门的商家服务系统,为商家提供更透明、更便捷、更优质的服务。保障商家合作期间的权益,避免同质化竞争,全力助推商家保管与销量。

联联周边游平台采用先进的网络硬件和充足的技术储备,并开发了多种营销工具,在满足用户消费的同时,增加用户的活跃度,让用户自发地去进行转发产品,实现裂变营销。

此外,联联周边游拥有强劲的大数据分析技术,能够快速精准地掌握目标人群的画像,并为商家提供准确的消费者的具体需求,为商家打造"爆品"提供科学的指导方向。

联联周边游经过多年发展,已经在全国本地生活服务领域占有一席之地,并延展出了更多的业务板块,伴随而来的是更多的、更高质量的、更符合时代脚步与公司发展情况的技术需求,联联周边游技术中心对现有的系统再次升级,构建了一体化以及数字化的供应链体系,实现了人际网、互联网以及门店网之间的相互联系。

3. 产品优势

联联周边游平台上的商品种类繁多,吃喝玩乐应有尽有。联联周边游的产品多为本地知名品牌商家,"应季+优选"质量有保障,同时价格比 OTA 平台更加优惠。联联周边游为人们提供到店服务的同时,也提供到家服务,如日用品、水果、生鲜、零食、衣物等,从地方特产到生活起居等方面产品应有尽有。

联联周边游主要对线本地的线下实体商家,在与商家进行合作之前,都会对商家及产品进行严格的审核,坚决保障产品质量和价格同步在线,在给消费者带去优惠的同时,品质绝不下降,还可以分享赚钱。

联联周边游平台上的产品更为注重商家的特色。例如,在餐饮产品的展示中会体现对于高级食材的选择,以及高超的制作工艺;民宿产品中则对一些特色客栈的构造与设计理念进行详细的解读;在烘焙套餐中介绍最佳原料配比等。相关信息让用户可以更深层次地了解产品特性,以及商家的突出特点,同时结合实惠套餐,促使用户达成购买意向。商家可以通过与联联周边游平台的深度合作,运用此种营销手段,带动访客流量与营业额的增长,实现品牌营销。

4. 渠道优势

销售渠道包含本地自媒体、官方媒体、亲子教育机构、分享达人、网红大咖等,粉丝受众广,精准营销,做到订单的高效转化。

联联周边游一直紧跟互联网发展的步伐,陆续开发了 App、小程序,并和微信、支付宝、快手、抖音进行了长期的合作,开展了图文、视频、直播等多形式的销售模式,真正实现了多渠道开发工具,并通过高质量的内容形式沉淀客户。

联联周边游作为一个价格指向性较强的平台,在早期面临被同类竞品替代的风险。因此,除了利用达人制度"固本",还利用多类型媒体平台进行造势,并及时调整营销方法。

出于对消费者心理的把控,联联周边游上架的团购套餐经常采用限时预售的方法,且预售商品价格都被压得很低,并放在靠前的推广位,提高宣传力度,让低价与短时相结合,很容易让人产生不买就会错过的错觉,促成交易,并制造出相当具有爆发力的增长额。

私域运营是联联周边游的"杀手锏",也是其开枝散叶的强大动力。联联周边游自诞生起,几乎都依附于微信生态而发展。在 2020 年联联周边游独立 App 上线之前,联联周边游的商品展示、消费者的支付行为都在微信小程序中完成;前期的推广则高效利用社群及朋友圈的流量,压缩宣传成本、扩大传播圈层。基于达人佣金制度,即使无须平台的系统组织,达人也会自发地使群活跃起来。

联联周边游的社群数量多、层次多,内容也很丰富。最基础的私域做法就是平台将优惠套餐推送到达人微信群中,再由达人们自行生成推广二维码海报、推广链接等,并转发到自己的朋友圈。在这个由平台组建的微信群中,除了推荐优质产品供达人挑选外,还有抽奖活动、霸王餐活动、晒单奖励、佣金评比等多项内容。

5. 服务优势

联联周边游依托集团多年的旅游服务经验、强大的客服团队,7 天×24 小时全年无休,提供有力的售后保障,让消费者放心消费,让达人快乐赚钱。

目前,联联周边游拥有一支专业的团队,从产品到包装再到销售,通过个性化定制,专人专项服务每个商家,通过大数据把握消费者需求,实现精准的亮点提炼。同时,联联周边游专业的客服团队,无论是售前咨询还是售后服务,都有专人答疑解惑。联联周边游创新利用"爆品+预售+抢购"的方式进行售卖,助力每个合作商家转换思路,转型升级,进行强有力的线上宣传推广,突破瓶颈,实现合作共赢。

另外,联联周边游与中移在线服务有限公司四川分公司达成战略合作。当前,联联处于飞速发展的阶段,通过客服外包可以在短期内快速解决联联的售后环节和客服问题,并与联联的发展速度进行匹配。对于联联周边游而言,服务好消费者,保障消费者利益,塑造平台良好口碑形象是当前发展过程中的重中之重。

4.3.2 联联优选

2019 年 10 月 10 日联联优选成立,以"极致的产品和服务"和"超低的价位"为核心,强调服务、信息以及内容的整合输出,现在已覆盖全国 34 个省市区。

联联优选商城是新一代综合型线上购物平台,依托联联集团品牌优势和流量优势,主打以地方产品特产为主,逐步延伸到用户的生活起居。联联优选商城以精选优良产品和提供优质服务为宗旨,为消费者发现值得信赖的商家和高性价比的产品,同时也为商家提供广阔的销售和推广渠道。

1. 运营模式

联联集团目前总用户人数达 1.2 亿人,联联优选仅激活 600 万人,之后将深度挖掘电商达人,以优质的产品和服务与用户建立更高效直接的连接,拓宽消费边界,唤醒更多"沉默"的消费力量。

联联优选拥有极强的选品思维、运营以及供应链管理团队来实现标准化的服务,通过"爆品+预售+抢购"的社区团购模式,一方面可以经营更宽广的商品线,另一方面帮助商家更好地控制门店损耗,减少库存。线下经营根据线上订单情况配货,帮助商家实现更好的精准度。

2. 优选特色

1) 选品更严格,货源有保障

联联优选电商平台的目标是为广大消费者提供最好用、最畅销的商品。只有"爆品"才能带来如潮的好评及高成交量。而用户的好评和高成交量,离不开一场又一场的"选品会"。联联优选电商平台选品会高标准严要求,以产品背调和优惠方案搭配为主,审核部真实试用样品并对产品资质和供应链资质审核为辅,保证了每一款产品被市场真正认可。联联优选电商平台构建了一个与品牌方和供应链的近距离接洽的"桥梁",破除了以往"平台没有最合适的源头好货"的壁垒,为优质品牌方和供应链搭建面对面的沟通机会。

2)互利双赢,物美价廉

当今是一个产品"大爆炸"的时代,且同质化竞争激烈,消费者的选择也越来越多,这对于品牌来说,就会出现滞销、库存积压的压力。而联联优选的"低价限时抢购"方式,通过品牌商或优质供应链与平台的合作,以"工厂直供"的模式,大大减少中间环节及中间费用,使商品有效回归价值定价模式,让用户买到真正"低价"的高品质商品,也让商家能在短期内快速清理库存和资金变现。

3)公益助农,感恩互助

大多数乡村地区的商业基础条件相对薄弱,农业种植与生产处于生产环节,大多并不直接参与产品流通,这便导致大多数乡村地区人们务农意识很强,但农商意识较弱。联联优选电商平台除了自身发展外,还坚持帮助果农菜农发展,通过前端的多元化布局和平台的大数据分析,总结更有市场前景的产品定位、包装、规格和营销方式,同果农们一起探讨种植端、养殖端的优化,帮助农产品的标准化和品牌化建设,不仅从根本上解决产品的销售问题,还让用户在家就可享受最新鲜的蔬菜瓜果。

4.3.3　联联微课

联联微课用丰富且优质的教育产品陪伴孩子成长。联联集团旗下教育平台联联微课,围绕亲子教育,严选行业内高品质、高性价比、高益智性的教育产品,涵盖精品课程、图书、益智玩具,助力父母和孩子快乐学习,健康成长!

联联微课与国内众多一线亲子品牌、在线教育平台、出版社等机构达成合作,打破地域和时间限制,让优秀的教育产品触达更多用户。

联联微课基于微信生态,沉淀精准亲子用户;通过付费内容,对用户进行分层运营,并针对不同用户画像,有效推荐高品质、高性价比产品。

4.3.4　亦鲜生

亦鲜生是联联集团旗下优质生鲜电商品牌,专注于全国核心产区优质农产品和地方特色食品源头直采直供,严选源头产区,把控匠心品质,直采"珍鲜果,珍美味"上好食材,为客户带来"真新鲜,更好吃"的健康食材。作为源头好果直采专家,亦鲜生让客户住在城里,吃在山里。

春耕、夏耘、秋收、冬藏,哪里有最真实的人间美味,哪里就有亦鲜生,一直在路上,步履不停,只为那种纯真的新鲜。

1. 全国快递模式

全国核心产区优质农产品和地方特色食品源头直采直供,通过周边游、亦鲜生小程序商城、社群、抖音、视频号直播带货等方式为客户提供原生态水果,全国快递到家,让客户住在城里,吃在山里。

2. 社区团购模式

亦鲜生作为专业化的生鲜垂直供应链平台,商业模式是通过社区团购方式为客户提供源头直采。通过扶持培育完善的社区代理体系,提供完善的培训服务、晋升通道和售后服务等让代理轻松成就自我事业。

4.3.5 竞争力来源

1. 对用户需求的深度洞察

全国经济的发展使得大家对于出去"看世界"满足精神层面的需求日益增多,旅游行业的前景较好。相较于出国游和长途游,周边游显然更能迎合当下大家的假期安排和"说走就走"的态度,这也能看出周边游绝对是一块亟待开发且潜力巨大的市场。联联周边游紧紧围绕目标用户的需求,站在用户的角度再与之匹配最佳的资源,为用户提供了高质量和高性价比的周边游产品以及本地吃喝玩乐生活类服务产品。

2. "社交电商＋本地生活"革新模式

近年来,周边游市场虽然火热,但也有无法解决的痛点。对于商家来说,淡旺季的销售不均匀;对于用户而言,不知道选择什么地方。联联周边游通过推送优惠的产品套餐给用户,帮助用户节约了选择时间同时还提供了丰富多样的产品;同时,联联周边游还通过限定时间使用套餐,帮助商家均衡了淡旺季的销量。

4.4 存在问题与未来展望

4.4.1 存在问题

1. 投诉居高不下,消费榜口碑较差

2018 年成都市高新区市场监管局、消协收到关于"联联周边游"的消费投诉 220 余件,2019 年猛增至 6 857 件,2020 年增长 4 倍,达到了 34 855 件,2021 年一季度上升势头不减,投诉量达 12 336 件。重庆方面,2019 年 1 月至 2021 年 4 月,重庆 12315 热线和全市消委会系统共登记处理涉及"联联周边游"投诉举报 1 094 件,其中投诉 1 069 件、举报 25 件。被投诉问题主要集中在退货退款、从事虚假宣传、侵犯了消费者合法权益以及售后服务无保障等方面。

2. 平台消费与线下直接到店消费差异明显

消费者从平台购买消费与直接到店消费存在明显差异,甚至有的店铺对购买套餐的顾客服务态度恶劣。原因可能有两个方面:一是可能由于店铺不赚钱或亏本,因此将成本转嫁到消费者一侧而偷工减料;二是联联周边游对商家的把控不足。因为是限时抢购,卖完就下架,没有商家评价体系,缺乏对商家的评价与控制。即使到店消费产品与描述不一致,消费者也没有反馈通道,只能默默接受,毕竟低价,消费者经过多次差异化对待后就不会在该平台消费了。

3. 商家难以在平台上产生盈利

联联周边游内部有一个风控部门,该部门以材料采购市场价最低价评估成本,并将商家的结算价压在评估成本的9折左右;如果商家的结算价超过风控成本价,在线商品的审核就不允许通过。联联现在对商家的商品的压价是非常厉害的,联联和商家有个结算价,而销售价是在商家的结算价格上加20~40元。在这种情况下,商家赚不到钱,必然导致消费者消费的产品大打折扣。长期来看,这不是一个多方共赢的模式。

4.4.2　未来展望

1. 直播电商

当前,电子商务消费增速减缓并趋于饱和,直播电商逐渐成为电商平台维持增长的重要环节。从用户的增长速度来看,我国网络购物用户规模已经达到了8.12亿,比2020年年末增长2 965万;直播电商行业的消费群体的增长尤为迅速,截至2021年6月份已经达到3.84亿,较去年同期增长了7 524万,成为用户增长速度最亮眼的行业之一。

联联周边游在这样的用户增长环境下,不再拘泥于现有粉丝群,而是选择与更多的直播平台进行合作,并在2021年年初就和快手开始了战略合作计划,并在期间完成了多次直播活动,大获好评。

2. 大型线下活动

"幸福城·都Ｉ购"成都520购物节在2022年5月20日—6月30日举办,通过举办具有成都特色的品牌消费节会,惠民兴商提振消费,提升"幸福城"质感。

本次购物节策划"十大平台千店万券给你'亿点点'优惠"活动,联合各大电商平台、品牌企业等共同发起全城促销,参与单位使用"幸福城·都Ｉ购"成都520购物节统一文案及Logo标志。各平台企业结合自身属性及资源优势,以多种方式积极参与。其中参与的企业包括美团、快手、京东、文选在线、联联周边游等知名平台或企业。联联周边游围绕吃喝玩乐本地生活服务领域,以"幸福城·都Ｉ购"为主题推荐一批性价高、价格实惠的线下体验店,联动商家发起"爆品"特价抢购活动,推出酒店、网红民宿及主要景区门票减免活动。

3. 互联网新星

联联周边游利用社交电商"我喜欢,我消费,我分享,我赚钱"的概念,利用"爆品+预售+抢购"模式,整合当地吃喝玩乐游等产品,迅速开拓市场,在全国范围内掀起一波联联抢购的高潮。

微信月活跃用户已经突破12亿,已经触达到传统电商未能覆盖的用户群体。联联周边游积极地依托微信进行战略布局,通过微信群、小程序、公众号、朋友圈等,打造出自己的微信社交生态圈。高品质、低价格的商品满足所有用户的产品使用需求和社交分享需求,利用大数据分析,精确地将产品分享到消费者手中。

近年来,传统电商的获客成本和竞争压力饱受吐槽,而联联周边游利用微信生态,做"熟人的生意"实现低成本、高效率的裂变推广,给消费者带来更低的价格、更好的体验。

店面再小,也是品牌。联联踊跃助力中小商家,无数商家通过联联庞大的私域流量基础,成功地在互联网上打造出属于自己的品牌,轻松地实现了流量的沉淀和裂变。

现如今,联联周边游业务已经遍及全国 34 个省,超 5 亿用户,建立起创新模式的社交电商平台。发挥联联自身优势,最低成本地整合当地资源,以最便宜的价格给客户最优质的用户体验为宗旨,持续服务客户,逐渐成为西部乃至全国不容忽视的移动互联网新兴力量。

讨论题

1. 简述联联周边游的产品服务及特点。
2. 简述联联周边游的经营模式。
3. 联联周边游的竞争优势有哪些?
4. 简述联联周边游的未来发展趋势。

参考文献

[1] 陶廷洁.联联周边游团购赋能新法则[J].知识经济,2022(8):3.

[2] 玩转社交电商＋私域流量联联周边游成行业标杆[OL].https://www.163.com/dy/article/GQ9KRKI80535AAIU.html,2021 - 12 - 03/2022 - 06 - 14.

[3] 在分享经济盛行的今天,联联周边游发挥自身优势立于不败之地[OL].https://www.sohu.com/a/497289700_121007479,2021 - 10 - 26/2022 - 06 - 14.

[4] 通过"联联周边游"分销模式,看"上瘾"法则的运用[OL].https://zhuanlan.zhihu.com/p/90555094,2019 - 10 - 28/2022 - 06 - 14.

第5章　同程旅行

5.1　同程旅行概况

同程旅行是中国在线旅行行业的创新者和领先者,创立于2004年,总部设在中国苏州。2018年,同程集团旗下同程网络与艺龙旅行网合并成同程艺龙;2018年同程艺龙成功在香港联交所主板挂牌上市;2020年4月22日,同程艺龙推出了全新的服务品牌"同程旅行",启用了新的品牌标志和品牌口号"再出发,就同程",希望用更年轻的方式服务更多的用户。

同程旅行致力于打造多元化在线旅游电子商务平台,业务涵盖交通票务预订(机票、火车票、汽车票、船票等)、在线住宿预订、景点门票预订,以及多个出行场景的增值服务,用户规模超过2亿,是中国两大出行平台之一。

同程旅行的使命是"让旅行更简单、更快乐",持续运用创新科技,为用户创造简单、快捷、智能的出行服务。

5.2　同程旅行的优势

5.2.1　企业价值观

1. 客户第一

客户是我们存在的理由。

从客户的角度看问题,以客户利益为先。

建立健康可持续的客户关系。

2. 创新执行

大胆创新,集思广益,打样试错,使命必达。

复杂的事情简单做,简单的事情重复做,重复做的事情创造性地做。

变化是一切机会的来源,拥抱变化,实现梦想。

3. 正直进取

清正廉洁,公平公正,不为个人利益牺牲公司与团队利益。

垃圾向上传,信心向下传,不散播流言,不歪曲事实。

再难,别忘了梦想和坚持;再好,别忘了危机和奋斗;再忙,别忘了读书和锻炼。

4. 合作共赢

大局为重,互信合作,结果导向。

坦诚沟通,对事不对人。

成就他人,成就自己。

5.2.2 网站优势

1. 同程网

中国一流的一站式旅游预订平台之一,网站拥有国内齐全的旅游产品线,提供国内 20 000 余家及海外 100 000 余家酒店预订,覆盖全国所有航线的机票预订,8 000 余家景区门票预订,全球热门演出门票预订,200 多个城市租车预订,境内外品质旅游度假预订。提供互联网预订、手机无线预订和 365×24 小时电话预订,网站秉持"有保障的低价"原则,在行业内首创"先行赔付"和"点评返奖金"等特色增值服务,成为中国增长速度极快的旅游预订平台。

2. 一起游

中国一流的旅游资讯类门户网站,为超过 1 000 万会员提供真实可信的出行指南和旅游资讯。网站形成了以旅游攻略、点评、问答、博客为特色的旅游社区,为旅游者提供全球上千个热门目的地官方旅游攻略。100 万篇驴友原创游记攻略,超过 300 万条高质量旅游点评与问答,正在成为国内旅游者安排旅游行程及分享游后体验的首选网站。

3. 旅交汇

中国一流的旅游 B2B 交易平台,为包括旅行社、酒店、景区、交通、票务代理等在内的旅游企业提供专业的交易、交流和信息化管理服务,拥有注册旅游企业会员 14 万余家,其中 VIP 会员 10 000 余家,被誉为永不落幕的旅游交易会。基于 SaaS 平台的旅行社、酒店、航空软件用户遍布全国,市场占有率超过 70%,正在成为国内旅游信息化的标准软件。

5.2.3 开放平台优势

开放平台用户可随时随地通过平台上的合作方式进行推广、查看账户报表及接收来自平台各类最新信息。按交付佣金的效果推广,注重用户体验,服务商家站外全场景营销需求,助力流量与生意持续增长。

① 资源丰富。同程旅行拥有旅游行业全面的旅游产品,加入开放平台与我们共享丰富优质的旅游资源。

② 用户体验。用户在享受网站本身功能体验的同时可以享受到旅游产品一站式预订的体验。

③ 高额利润。按照开放平台获得的订单给予合作伙伴相应的佣金,使网站增加了新的获利途径。

④ 方式灵活。提供多种合作方式,由合作伙伴自由选择符合自己的合作方式,方便灵活。

⑤ 节约成本。不需花钱,就可以搭建属于自己的旅游产品预订频道。

⑥ 技术支持。提供整站程序,开放平台功能自动升级,数据终身免费维护。

5.3　同程旅行商业模式

在线旅游平台及其产品,并不是技术、产品或服务本身创新,而是商业模式的创新。该模式基于互联网很好地解决了传统模式的弊端,旅行者可以一键规划旅游行程,随时随刻预订酒店和出行票务,以及在不同团队游产品间进行横向比较等;此外,通过在线社区,人人都可以成为旅游资讯与攻略的创作者。这种新的商业模式为旅行者、上游供应商、旅游管理机构等客户创造了价值,从而成为许多在线旅游企业创造持续性经济和利润的方式与途径。在线旅游模式主要有三种:一是提供资讯、生产内容为主的"工具＋社群＋电商"的商业模式(OTC 商业模式);二是只为上下游搭建桥梁"平台"的"电子商务平台模式"(OTP 商业模式);三是结合线下体验与线上预订服务"O2O 模式"(OTA 商业模式)。

同程旅行属于 O2O 模式,即满足用户线上购买或预订服务,线下消费与享受服务的需求。这类 OTA 商业模式也称为"线上旅行社",其在线下有较多的联盟店或直营店。O2O 商业模式是将传统旅行社行业与互联网思维相结合,利用高效率、低成本的互联网信息技术改造传统产业的价值创造过程。

同程旅行是唯一拥有 B2B 和 B2C 两个平台的 OTA 公司。同程旅行 B2B 是指在同程旅行的开放平台上,同程与上游供应商合作或供应商加盟同程的模式,将酒店、机票、景区门票等销售给旅行社,因此,同程旅行的供应链管理能力相对较强。同程旅行 B2C 是指同程把单一旅游产品和综合旅游产品直接销售给旅游者,并且瞄准的是"同城玩乐"业务。同程旅行主要依靠目的地景区等玩乐项目对旅游者的吸引,然后再通过交通、住宿等行业生态链其他产品创造更多的价值增值。同程旅行的商业模式如图 5-1 所示。

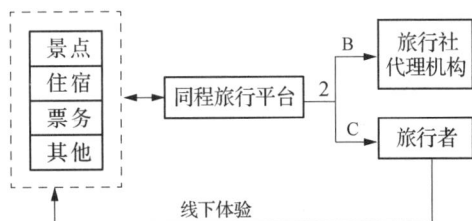

图 5-1　同程旅行商业模式(O2O)

由上图 5-1 可以看出,OTA 商业模式是一种以特定需求倒逼供给升级的典型模式,可以发展为 Priceline 的"反向定价法"。反向定价的原理是"产品越接近保质期使用价值越小",客户心理会给不同时期"产品"以不同价值,对于供应商来讲可以选择是否接受并交易。相对于物质产品较长的"保质期"来讲,旅游服务商品不仅容易受到外界影响使得商品"变质",同时保质期也非常"短",如飞机起飞或空房闲置时"旅游商品"价值瞬间为零。所以,C2B 的定价模式对于价值处于变动的商品来讲非常适合,它能够使得 C 端和 B 端实现双赢。"团购"这种特惠平台是一种接近于 C2B 的模式,其中 C 端由"团长"来搜集、传达与整理好旅游者与供应商的意愿。未来,反向定价与私人定制都会成为非标准旅游产品的最终产物,因为高品质的旅游不是为了"复制"别人的体验,而是能够"创造"属于自己的体验。

5.3.1 B2B 让同程旅行活下来

随着国内旅游业的飞速发展,旅行社、旅游景点和星级酒店对信息和交易的需求也将日益强烈,而互联网将是实现这一需求的最佳平台。

同程旅行的目标是打造一个旅游行业内的资讯交流平台,用户主要是旅行社、景区、酒店等。同程旅游是希望成为一个不落幕在线的旅游交易会。

同程旅行成立时,旅游行业内并没有出现 B2B 模式。成立后,同程旅行很快就成为一个 B2B 旅游电商平台,聚集了上万家企业会员,而且交易十分活跃。不过在同程旅行平台上,企业之间的交易模式大多是资讯的对接,没有任何商业收费。没有收入来源,同程旅行面临生存问题。

经过反复调研和设计,同程旅行推出了国内旅游网站的第一个诚信档案"网上名片",会员可以把名片、头像贴到网上,方便业务交流和寻找合作伙伴,后来"网上名片"更名为"同程诚信录会员",增加了评价系统和旅游网店。

"同程诚信录会员"推出后,同程旅行的企业用户有 13 万左右,收费会员已经达到 1 万名左右,成长为国内最大的 B2B 旅游交易平台。同程旅行的"网上名片"使同程得到了第一桶金。

5.3.2 B2C 让同程旅行盈利

B2B 模式面临容量规模的天花板,即便所有企业用户都成为付费会员,全部的年费收入也不会很高。此外,国内旅游企业的电子商务水平总体不高,同程旅行在市场培育上花费了大量的时间和成本,对供应商的控制还不能挖掘更多的盈利空间。

B2B 模式为同程旅行聚集了大量旅游企业资源,为打造 B2C 旅游平台奠定了坚实的基础,有数万家旅游供应商资源,普通游客可以直接与旅行社、旅游景点、酒店等这些供应商沟通,得到及时、准确的来自供应商的信息反馈,同时降低旅游者的采购成本。在此基础上,同程旅行开始转型,同时运营 B2C、B2B 双平台。

在 B2C 平台上,同程旅行提供的服务主要是机票、酒店、景点门票等的预订。同程旅行聚集了上万家酒店、数千家景区,以及机票、租车、度假、演出等产品,消费者通过互联网,根据自己的需求即时在线购买即可。

随着国内旅游业的飞速发展,旅行社、旅游景点和星级酒店对信息和交易的需求日益强烈,而互联网将是实现这一需求的最佳平台。同程旅行从"同城玩乐"入手,通过销售"景区"门票及增值服务这一大众消费者的"刚需"来引导旅游者对交通、住宿其他业务的关注。

同程旅行有 90% 的客户来自互联网,而且 50% 以上的用户是年轻的旅游者。同程旅行在细分领域里抓住年轻用户的胃口,通过点评返奖金、验客大赛等形式吸引了大量 C 端年轻消费者,同程旅行盈利持续增长。

5.4　同程旅行经营思维创新

5.4.1　从"流量为王"到"体验为王"

1. 理论基础——体验经济

随着人口红利和互联网红利的逐步见顶,过去"流量为主"的品牌开始遭遇反噬。而新消费从过去两年的极度繁荣到如今的退潮降温,也让人看到了新消费的泡沫开始浮现。

在流量增长制造的陷阱里,品牌如何才能实现内生增长呢? 在"以用户为中心"的战略底层驱动下,需要从"流量为王"到"体验为王"的策略转换。

1993 年,著名的设计界泰斗当·诺曼(Don Norman),受聘出任苹果公司的首席"用户体验架构师"(User Experience Architect),负责苹果公司的产品设计。当时,诺曼首次使用了"用户体验"(User Experience,UX)这一概念,但诺曼并没有对其进行明确的定义。1998 年,约瑟夫·派恩(Joseph Pine)和詹姆斯·吉尔摩(James Gilmore)在著名的商业杂志《哈佛商业评论》(*Harvard Business Review*,HBR)上发表了《欢迎进入体验经济》(*Welcome to the Experience Economy*)一文,正式提出了"体验经济"的概念。

派恩和吉尔摩提出:在一个时间段内,为每一个个体需求提供准确和及时服务,让他们情不自禁地发出"Wow"的惊叹,让这段时间变成一段难以忘怀的记忆,这就是体验! 如果事实如此,那么"体验"就是一种不同的经济供应——一种像"服务"区别于"商品"一样,区别于"服务"的供应。这也意味着发达世界的经济将向体验经济转型,如同 20 世纪后期服务经济逐步替代工业经济,再往前一百年工业经济替代农业经济一样,体验经济将逐步替代服务经济。

由此可见,体验经济,是以服务为舞台,以商品为道具,从生活与情境出发,塑造感官体验及思维认同,以此抓住消费者的注意力,改变消费行为,并为商品找到新的生存价值与空间。换而言之,如果只聚焦在商品和服务自身,将不可避免地陷入同质化的竞争。但若基于生活和情境打造感官体验,让消费者在消费中感受到巨大的愉悦感,将有望帮助企业摆脱同质化竞争格局,继而寻找到新的利润增长点,实现存量里寻找增量的愿景。

体验经济下,品牌更加注重用户的感受,同时扮演的角色只是用户体验的"氛围营造者",交付的是用户的愉快体验。因而,其战略意义包含两个层面:

第一,"体验经济"可以化存量为增量,创造新的利润空间。

根据麦肯锡研究报告,将客户体验做到业内顶尖的企业往往有更出色的客户洞察力和客户黏性,在两到三年的时间里,企业营收能提高 5%～10%,而成本却将减少15%～25%。

第二,体验经济产生的双向互动,比单向输出更有利于占领用户的心智。

在互联网时代,品牌要争取的不是消费者的单向购买行为,而是需要通过交互和互动,让消费者逐渐对品牌产生信赖感,然后通过用户旅程的构建和优化,让用户主动参与品牌建设,多次产生复购行为。也就是说,在打造业务体验的同时,也需要注重升级客户体验系统,从而实现双轮驱动,帮助品牌从"流量池"的增长困境中解脱出来,并朝着"留量池"健康运转。

2. 具体做法——斯金纳箱随机激励

2021年1月12日,Quest Mobile发布了《2020年Z世代洞察报告》。报告显示,截至2020年11月,中国移动互联网Z世代活跃设备数近3.25亿,已成长为移动互联网网民中不折不扣的新势力。Z世代年轻用户在追求高品质、高性价比的同时,也更为注重消费体验,乐意为体验乐趣买单。

为了切中年轻人的消费体验偏好,抓住"斯金纳箱随机激励"的奥秘来打破增长困境,变"流量为王"为"体验为王",同程旅行通过"机票盲盒"的创新形式,使用高度随机性未知奖赏刺激旅行消费者产生更多的多巴胺,为用户创造超越预期的"Wow Moment"(惊叹时刻),使得购买过程成为有趣的体验,进而产生依赖感。

从供给端来看,受疫情影响,国内外游封闭长达一年,OTA(在线旅游)行业遭受重创,各大航空公司有大量剩余票源。此时同程旅行看见了商机,以低成本获得了航空公司大量机票。

从需求端来看,尽管短途旅游和自驾游开始复苏,但OTA行业依然疲软。为了把大量票源销售出去,同程旅行采用"机票盲盒"的创新形式,激发出年轻人被疫情压制的飞行旅游需求。

事实上,打折、特价机票酒店一直有,且营销广告铺天盖地。但是为什么变成"机票盲盒"就会火爆,引起年轻人的"怦然心动"呢? 答案就是"机票盲盒"符合斯金纳箱(Skinner Box)游戏化为用户随机性奖励所创造超越预期的"惊叹时刻"(Wow Moment)。

同程旅行"机票盲盒"创新可以分为四个阶段。

第一阶段:注意力阶段(Attention)

同程旅行采用线上朋友圈＋线下户外广告/地标建筑两种广告投放方式,并在同程旅行的私域社群中进行同步推广。

2021年3月4日,"同程机票"公众号发布推文"98元拆机票盲盒,不喜欢? 全额退!",标志着"机票盲盒"正式上线。产品上线后,但效果并不理想。当时,机票盲盒采取的是"好友助力"的裂变机制,但年轻人反感"被迫社交"。发现这一问题后,同程旅行取消了裂变推广模式,对盲盒机票奖励机制进行升级。在盲盒中,新加入了用户呼声最高的双人机票、往返机票、公务舱等"隐藏款",加大刺激力度。

产品升级后,4月2日,一条"别人98买到三亚青岛上海 我成都到稻城!"的短视频引爆抖音。这条视频看似是吐槽,实则是"凡尔赛式"的炫耀。随后,更多年轻人开始在社交网络上分享"开盒体验",甚至还有人出了盲盒教程。至此,机票盲盒开始火爆全网。

第二阶段:搜索阶段(Search)

在搜索阶段(Search),同程旅行充分利用微信"搜一搜"来承接各曝光渠道带来的流量,并沉淀到小程序中。

在线下,同程旅行户外广告中,专门放置小程序二维码,期待用户直接扫码关注;此外,还特别突出了"搜一搜"的VI,有意识地引导用户进行搜索。

在线上,各品牌方精心设置了 Top Bar,在运营卡片核心位置大幅突出活动信息,醒目的按钮一键直达小程序,并标注了参与人数刺激用户点击。

数据显示,在整个机票盲盒活动期间,搜一搜官方区 UV 点击转化率超过 90%,高出行业均值 3 成;运营卡片外显数据显示,有超过 35 万人点击"去了解"进入活动页面,相较第一期增长 75%。

第三阶段:行动阶段(Action)

在行动阶段,同程旅行将活动的链路简化到极致。

首先,用户打开微信,搜索"同程旅行"小程序进入相关界面;在小程序的首页进行滑动,找到"目的地盲盒"点击进入,填写盲盒信息,付款后就可以等待盲盒结果。

其次,同程旅行消除了用户的所有顾虑。如果用户对盲盒开出来的目标城市结果不满意,用户无须顾虑,可以直接申请全额退款。若用户满意随机结果,可以选择直接锁票,并可去各大社交平台分享炫耀了。

第四阶段:分享阶段(Share)

在此阶段,同程旅行充分利用 UGC 内容,在公域流量平台进行自发性传播。

由于"盲盒经济"本身就带有新奇、好玩的自然社交属性,随机奖励兑现的瞬间,会引发用户的攀比分享心理。抽到飞同省的血亏,抽到飞天涯海角、九寨沟等大 IP 的血赚,都会引发用户吐槽或者炫耀的情绪。这种情绪会驱动用户群体在私密的朋友圈或社交平台上分享自己的看法,自发地为"机票盲盒"做宣传;短时间内,同程旅行的"机票盲盒"成功破圈。

从效果上来看,此次 Campaign 全网曝光 10 亿次,微信指数近亿级,同比提高 450 倍;微信搜一搜精准搜索词活动峰值单日搜索量超 100 万,搜索结果页点击转化率 UV 高达 92.5%。

5.4.2　率先打造"社区＋乡村"模式,赋能乡村旅游产业升级

乡村旅游是中国旅游业中最具活力的消费热点和增长点之一。为进一步推动乡村旅游发展,发挥乡村旅游在乡村振兴中的新引擎作用,全国各地以及旅游业正在全力完善乡村旅游产业链。2021 年 5 月,同程旅行率先打造"社区＋乡村"旅游形式,联合万科物业推出"寻味太湖,打卡太湖美"的"乡村趣游"活动。

在此背景下,同程旅行自 2020 年起针对乡村旅游精准布局,已与全国 100 多座村落建立了全年旅行开发合作计划,并整合了 1 000 多家资源商户,通过乡村旅游与产业融合方式,持续推进"千村计划",全年采购并推出乡村优质农商品,助力乡村振兴真正落地实现。

随着后疫情时代的到来,近郊乡村游已成为新形势下群众外出游玩的首选方式,同程"乡村趣游"主题产品因此应运而生,并相继推出了特色村寨、亲子游、研学游等极具特色的周边主题趣游产品。

此外,乡村旅游的前景利好,与社区旅游相辅相成、并驾齐驱。在"千村计划"快速成长的基础上,同程旅游推动产品新升级,凭借强大的旅游资源优势和产品打造能力,在社区旅游板块进行长期布局。旗下精心打造的"蓝鲸社区"项目,目前已联合多家物业公司

构建了完善的社区旅游模式,致力于为社区业主提供优质的沉浸式旅游体验与服务,未来同程旅游还将推出邻里团、乡村游、主题游等大型社区旅游活动。

同程"乡村趣游"产品自推出以来,广受好评,"寻味太湖,打卡太湖美"也体现了"社区＋乡村"旅游有机结合的创新,同程旅游将探索更多乡村旅游商业模式的可能性,积极发挥旅游产业优势,全面推进乡村振兴。

5.5 同程旅行未来发展引擎

2021年财报数据显示,同程旅行年度付费用户规模较2020年同期增长28.2%,达到2亿,创历史新高。随着服务用户规模的提升,2021年同程旅行营收75.4亿元,同比增长27.1%。这意味着成长为国民旅游出行平台的同程旅行,将承担更多的社会使命。

面对疫情冲击,同程旅行持续助力旅游产业数字化发展和文旅经济复苏。如今,"社会价值"已成为同程旅行稳步前行的"新引擎"。

5.5.1 与产业链上下游携手共进,为旅游业未来赋能

自疫情逐渐成为常态化,疫情的反复抑制了国内旅游复苏势头。面对旅游产业链面临的巨大困难,2021年,同程旅行开始投入更多力量帮助产业链定制全新的解决方案,并不断将自身数据、技术、创新和研发能力向行业倾斜,帮助合作伙伴共同实现数智化产业升级,应对疫情危机。

1. 帮助酒店产业链数智化转型

同程旅行旗下旅智科技的PMS品牌"住哲"和"金天鹅"发挥了重要的作用。针对酒店面临的运营难题,两大PMS品牌为中小酒店集团和单体酒店提供SaaS解决方案,既缓解了产业链面临的危机,也为更多的酒店企业筹谋疫后旅游市场打下了基础。北京米高酒店管理有限公司就是旅智科技旗下PMS品牌金天鹅服务的酒店管理公司之一。截至目前,金天鹅已陪伴其旗下的25家门店长达8年,在移动管理、开放平台、系统稳定等技术上给予了相应的帮助。

2. 智慧机场建设

同程旅行先后与北京大兴国际机场、西安咸阳国际机场、甘肃民航机场集团达成合作,帮助机场不断完善航空产业数智化建设。

3. 目的地数字平台建设

同程旅行的"全域通"产品已先后为内蒙古、江苏、安徽、山东、江西、福建等全国15个省区市的30多个目的地搭建了定制化数字平台。同程旅行以"科技＋创意"的思维模式,有效地整合线上平台与线下资源,帮助目的地旅游实现数智化发展。

为了给目的地文旅市场带去新活力,同程旅行在2021年年初推出了年度现象级产品"机票盲盒"——该产品通过创新的产品交互,激活年轻态客群的旅行消费需求。

为了促进旅游消费购买力提升,同程旅行先后与湖北、青岛、宜昌、苏州、湖州等省市联合发放文旅消费券,加速了各目的地文旅消费复苏。2021年9月18日至2021年12月

15 日,同程旅行依托其平台优势,助力湖北省文旅厅和湖北省宜昌市文旅局同时段发放消费券。活动期间,共计发放百万元文旅消费券,有效助推旅游市场复苏和市场潜力释放。

5.5.2　坚持"客户第一",服务惠及广泛人群

随着"十四五"规划的提出,民营企业应积极履行社会责任,发挥企业的社会价值。为了更好地担负社会责任,同程旅行于 2021 年成立了 ESG 和数据安全委员会,从公司层面整合业务资源,促进企业的可持续发展。2021 年,同程旅行平均月活用户达到 2.6 亿人,同比增长 34.2%。同程旅行的年度付费用户更达到了创新高的 2 亿。同程旅行已成长为一个国民级的旅行平台,相关旅行服务和创新产品覆盖了各年龄段的用户群体,尤其在非一线城市拥有较好的用户品牌认知。

1. 以客户为中心,优化 App

面对如此庞大的平台活跃用户,如何将服务惠及每一个细分人群是同程旅行开始思考的问题——唯有尊重不同人群的需求,才能在更广泛人群中留下服务的好口碑。

2015 年起,国务院多次印发推动智慧养老事业的相关文件,互联网养老项目也因此成为热点。同程旅行作为首批企业单位积极响应工信部提升互联网应用适老化水平及无障碍普及率的要求,充分考虑老年人的出行特点,进行了网站无障碍设计改造,助力"银发族"搭上数字化的列车。

同程旅行对 App 进行了无障碍优化,视障人群可通过简单的手机设置和操作,在同程旅行 App 上获得无障碍出行服务。同程旅行还对专属客服进行持续迭代,截至 2022 年 3 月份,累计服务听障用户超过 10 000 人次。

2. 保障消费者权益,承担社会责任

为了更好地贯彻落实环境、社会治理方面的管理措施和产业实践,日前,同程旅行正式成立 ESG 和数据安全委员会。委员会下设公共政策和监管事务分会、企业社会责任分会、数据安全分会三大板块。这意味着,同程旅行不仅关注用户隐私数据、信息等安全保护,强化并完善信息安全机制,还关注用户、公司员工、供应商及社区等社会各界相关方及公司内部对环境的影响。

在疫情防控反复的情况下,同程旅行作为一家肩负社会责任的企业,迅速反应,为用户提供智能化疫情防控信息查询方案,以保护用户的健康与安全。在火车票、机票、景区参观以及住宿服务流程中,同程旅行敏锐捕捉用户疫情查询意图,根据用户的出行需求,为用户提供疫情查询、推送以及健康码一键跳转服务,帮助用户更安心便利地出行。

2021 年 7 月,河南省特大暴雨牵动了全国人民的心,同程旅行快速联动各部门发布退改签政策,保证用户的权益。在灾后救助上,同程旅行联合腾讯地图上线了爱心救助酒店地图。面对局地的疫情,同程旅行推出免费的退改签政策,为用户提供疫情防控信息查询。同程旅行还先后在苏州、深圳等地推行"逆行者护航计划",为需要帮助的医护工作者及志愿者提供住宿保障。

讨论题

1. 对比其他旅游平台,同程旅行商业模式有哪些鲜明的特点?
2. 简述同程旅行经营的创新思维。
3. 简述同程旅行采用"机票盲盒"的理论依据。
4. 简述后疫情时代,同程旅行的发展前景和展望。

参考文献

[1] 杨德林.基于微信支付能力的跨界合作营销探究——以"同程旅行"为例[J].经营与管理,2020(9):4.

[2] 张悦.基于战略选择视角的疫情下在线旅游企业攻守道——以同程艺龙为例[J].经济与社会发展研究,2020(12):2.

[3] 陈晨.浅谈我国旅游电子商务的发展及趋势——以同程旅游为例[J].市场调查信息:综合版,2019(1):3.

[4] 张梓淇.同程旅游CEO吴志祥解析同程模式:精分市场 深耕细作[J].湖北画报:湖北旅游,2015(5):1.

第6章　自如网

6.1　自如网概述

自如是一家提供高品质居住产品与生活服务的科技公司,成立于 2011 年 10 月 18 日。截至 2021 年 9 月,自如已在北京、上海、深圳、杭州、南京、广州、成都、天津、武汉九座城市布局,累计服务了 50 万业主和 400 万自如客,共计完成 6 200 万次服务,包括内部服务工单 640 万次交付、客服 1 100 万次响应、家服订单 4 500 万次交付,自如平均每天都要为租客和业主提供 17 000 多次服务。

自如旗下拥有自如友家、自如整租、业主直租、自如豪宅、自如寓、自如驿、自如 ZSPACE 等产品,为用户提供保洁、搬家、维修等服务。自如通过现代科技的广泛应用,为人们提供了更美好的居住体验,引领居住消费市场向高质量发展。

6.2　自如网的经营现状

6.2.1　自如网简介

自如网全称是北京自如生活企业管理有限公司,其前身是链家旗下的资产管理业务——链家自如,自如事业部成立于 2011 年。随着事业部的不断壮大,产品线不断丰富,自如事业部成为资产管理业务领域的佼佼者,2016 年自如事业部独立运营,成为链家集团旗下的独立运营子公司。

2018 年,自如网完成 40 亿元 A 轮融资,开通北京、上海、深圳、杭州、南京、成都、武汉、广州、天津 9 个城市,成功上线小程序"自如 ziroom"。同年 11 月自如"深呼吸 1.0 房源"全面上线,从板材、辅料、施工及室内空气四个方面对租住产品进行升级。截至 11 月份,自如管理房屋资产超 80 万间,业主超 35 万人,服务自如客超过 200 万人,管理资产价值超过 8 000 亿元,是中国规模最大、品类最全、客户口碑最佳的长租公寓品牌及青年居住社区。

2019 年,自如网推出友家 6.0 和整租 4.0 等新品,并着重对产品品质和专业服务做了全面解读;荣获"2019 全球独角兽企业 500 强"称号。12 月,举办"向上生活"2020 新品发布会,发布 10 款更美、更环保、更科技的新产品,全线产品进入全屋智能家具时代,并正式开启中国租房信用免押金时代。

2020年,自如网武汉大陆坊暂停对外营业,免费接待抗疫的医护工作者;首推"0押金"举措,打破租房押一付三的行业惯例,降低因疫情受到影响的返城年轻人的经济压力。11月30日,正式并购贝客青年精品公寓,布局北京、上海、广州、深圳、南京等城市,运营53个整栋式公寓项目,落地多品牌策略。

目前,自如已经在PC端、App和微信等渠道实现租房、服务和社区的O2O闭环,相比传统租房模式具有更透明、更方便、更省心的特点。自如在获得业主资产的委托后,通过O2O模式实现线上预订、签约、交租、预约,线下看房、维修、保洁、搬家等,打破了传统的居住市场格局。旗下产品已经由原来的租住类产品发展至旅游、服务、家居等,自如打造出了一个巨大的O2O青年居住社区。

6.2.2　自如网的产品与服务

一直以来,自如网都是把客户的需求放在首位,通过提供多样化的产品和高品质的服务,满足了各种不同目标用户的需求。在产品线方面,自如网持续地推出一系列新产品,业务范围涵盖长租、短租市场和相应产业链的服务市场。

1. 自如友家

自如友家是O2O长租公寓品牌,成立于2011年5月。自如友家是自如旗下中高端合租产品,即从业主端承接房屋,经过装修配置家具家电之后,以房间为单位对外出租。

自如友家历经4次产品迭代,始终最用心地为客户打造多彩风格。将所有复杂略去,只保留质感非凡、色彩自然的木棉风格;冷暖色默默交融,最适合自拍的拿铁风格;时而奔放灿烂时而静谧沉静的布丁风格;将阳光的色彩蔓延到室内,美丽优雅的米苏风格。如果说门外是人声喧闹、其乐融融的俗世生活图景,关上自家的门就进入了幽静清爽的独享世界。

2. 自如整租

高品质的整租产品一直是城市住房租赁市场上的"抢手货"。为满足年轻租客的整租需求,自如推出了全新升级后的整租产品"自如心舍",主打"古着、唯思、清语、优格"四种风格。

"自如心舍"的每一个角落无不体现质感细节,为租客提供更美更贴心的家居体验。法兰绒软包床头给租客更好的温柔体验,开放式衣柜设计方便租客灵活使用,金属细节包边和踢脚线保护地面和墙体更安全。匠心入微的设计,重新定义以人为本的家居服务理念。让人用色彩去赞美每一天的优格风格;尽情体验清风拂面、低语浅吟的清语风格。

3. 自如寓

自如寓是自如网在2012年推出的高品质服务式青年公寓。自如网在北京、上海共打造了7栋别具一格的高端公寓产品,即艺术部落充满活力的酒仙桥将府公园自如寓、双线相约设计感十足的亚运村15自如寓、最具特色的Loft之寓欢乐谷7号工场自如寓、极客凌云饱含科技元素的上地凌云自如寓、梧桐倚栏学院派的西直门梧桐自如寓、阳光满屋的望京阳光自如寓、置身星辰大海的上海七宝星空自如寓。

自如寓为租客的公共服务配套设施,包括健身房、影音区、书吧、DIY餐吧、自如驿站等服务,集休闲健身、洗衣、会客等功能为一体。同时,物业管理等功能一应俱全。

4. 自如驿

自如驿是自如旗下的世界青年欢乐旅行驿栈,旨在为全世界年轻人提供打破国界、亲密交流的旅行居住空间。独创 3Q 睡眠系统、五星级卫浴及娱乐公区。

自如驿精选每个城市核心区域,将人文元素融入空间设计。严格把控隔音设施及床品材质,配置透气遮光帘,最大限度地满足舒适性和私密性;软硬双面床垫及枕头,满足不同睡眠习惯;采用五星级酒店标准卫浴系统,配有洗衣房、烘干机;全密码门锁设计,无须钥匙和门卡;30 秒自如 App 下单,一分钟自主办理入住;与来自全世界 224 个国家和地区的青年从诗词歌赋聊到人生哲学。

5. 自如保洁

自如拥有 2 000 名保洁员,经过三轮培训考核,100％持证上岗,专业有保障;接到需求后 30 分钟内回应,不满意质量 3 天内无条件返工。

自如日常保洁执行 6 区 40 项打扫 115 项标准,保洁人员服务前清洁双手,对保洁工具进行消毒,全程穿戴符合标准的口罩、手套和鞋套;保洁完成后,工作人员会对室内地面、物品表面进行两遍药剂擦拭,对垃圾桶、地漏、下水道进行药剂喷洒,对厨卫、洗衣机内部进行高温熏蒸,360°全方位无死角保障租客安全与健康。

6. 自如家修

自如家修是由居住服务领导品牌自如推出的专业维修服务,其主打“透明、专业、安全、便捷”的核心理念,针对房屋维修、家电维修、家电清洗、安装服务、疏通服务开发出一站式供应链解决方案,自 2011 年成立以来已累计提供超过 800 万次的上门维修服务,维护房源量达 100 万间,已具备年交付 300 万单的能力,并在持续提升中。

在服务标准化方面,自如家修会定期对专业维修工程师进行服务标准、实操规范的培训考核。根据绩效考核成绩,自如家修会将服务者划分为 E5—E9 五大职级,以激励服务者不断提升业务能力,保证为用户提供全项目、更高标准的服务。

在服务可视化方面,自如家修支持用户通过自如 App 在线报修,一键下单后,10 分钟之内就会有响应。家修师傅会远程判断故障,在报修 2 小时内便会上门。且自如 App 上会显示价格明细,师傅入户前会展示工作证,做到人员透明、价格透明、作业流程透明。

在规模化方面,自 2011 年自如家修部成立以来,团队不断发展壮大,除了组建起超过 2 000 名的专业维修师团队外,还搭建起专业的管理体系及 IT 服务团队,获得了市场与口碑的双赢。

7. 自如搬家

随着城市居民对品质生活服务的需求不断增加,家政服务市场规模持续扩大。其中,搬家作为居住服务重要的组成板块,具备庞大的市场需求和发展潜力。数据显示,国内搬家服务年均增长在 40％甚至 50％以上,整体市场规模在千亿以上。然而,一直以来,“乱收费、坐地起价、搬运粗暴、打包烦琐、从业人员服务无标准”等搬家乱象占据着大众认知,要挑选到安全有保障、省心省事又实惠的搬家产品和服务并非易事。

自如全面升级了旗下搬家服务,以"零负担一键搬"的全新理念,从服务流程、服务内容等方面进行了全面优化,推出单人轻享套餐、上班族套餐等各类服务组合及"姐姐搬家"等全新产品,满足不同人群需求,为城市居民提供更贴心的一站式搬家服务。

6.2.3 自如网经营规模

自如网成立以来,现已布局北京、上海、深圳、杭州、南京、广州、成都、天津、武汉、苏州等 10 座城市,目前累计服务了 400 万自如客和 50 万业主,共计完成 6 200 万次服务,包括内部服务工单 640 万次交付、客服 1 100 万次响应、家服订单 4 500 万次交付,平均每天都要为租客和业主提供 17 000 多次服务。

自如网 2022 年 Q1 的多项业务数据显示:增益租新模式的业主委托量比去年同期增长超过 400%,其中"友家""心舍"新增房源分别同比增长近 360%、600%;豪宅线"曼舍"新增房源同比增长近 56%;集中式"自如寓""自如里"新增房源同比增长 56%;自如智能家装年装修房源 7.5 万套,供应商超 300 家;自如家服年销售额突破 10 亿元。

6.3 自如网运营模式

自如网是典型的轻资产型长租公寓运营商,以低价从不同的业主手中获取零散的房源,然后对原有的房屋结构进行精细化的改造,并按照不同风格重新设计装修,同时配置生活所必要的生活家电家具,再出租给承租人,从中赚取差价。

自如网在主营住房租赁业务的同时还积极布局租后服务领域,建立一批专业化的服务团队,为自如租客提供多种优质便捷的租后配套服务。

自如网目前的主要布局是国内一线和新一线城市,自如产品主要的出租对象是 22~30 岁的人群,以毕业生、白领等年轻人为主,这些群体收入相对稳定,对租住品质有一定的要求。

6.3.1 自如网布局策略

自如网成立 10 年来,目前已经进入北京、上海、深圳、杭州、南京、广州、成都、天津、武汉、苏州等 10 座城市。从进入的城市来看,自如主要布局在一线和新一线城市,重点关注城市的整体经济发展水平、人口以及住宅租赁市场的规模、价格等。在已经布局的城市中,自如并没有全产品线覆盖,部分产品的推广还需要结合当地市场整体情况而定。自如布局城市具体考虑以下三个方面的指标。

1. 城市整体发展水平

在布局目标市场时,自如网会首先考虑目标城市的整体发展水平,包括经济发展水平、人口规模等方面因素。目前,自如主要布局在一线城市和强二线城市;在人口方面,主要考虑流入人口;目标城市经济发展水平较高,有活力等。

2. 城市租赁市场

自如在布局目标城市时,也会重点考虑目标城市的住宅租赁市场的规模,租房租赁市场的价格,是否有溢价空间等。

3. 链家品牌资源

自如在发展时重点依托链家的资源。因此,自如在布局目标城市时也将考虑链家在当地市场的占有率情况、链家的品牌传播情况以及消费者对链家品牌的认可度。

6.3.2 自如网选址策略

自如寓和自如驿分别是自如网的长租和短租产品的典型代表,其运作模式基本一致,都是从第三方获取资源,经过装修再推向市场。在这两类产品中,最为关键的就是地址的选择,产品不同,选址策略也略有不同。

1. 自如寓选址策略

交通便利永远是长租公寓的首选,自如寓要求离地铁站 10~15 分钟路程;周边配套齐全,餐饮娱乐等有利于便捷生活的配套;物业自身品质要求较高,尽量减少二次改造;物业产权清晰,无法律纠纷、质押等,且可以获得消防批文。

2. 自如驿选址策略

交通便利是首选;周边有大型商超及办公区域;物业要便于改造;物业产权清晰,无法律纠纷、质押等,且可以获得消防批文。

6.3.3 自如网房源获取渠道

自如网房源获取渠道主要有三个:一是链家资源的直接导入;二是自我开拓市场;三是与第三方合作。

1. 链家资源导入

依靠链家的经纪业务及网点门店优势,可以获取大量的房源。

2. 自我开拓市场

通过自身的品牌优势,线上和线下大量拓展市场业务。此外,业主转介也占自如市场开拓相当大的比例。

3. 与第三方合作

在规模、经营和品牌影响不断增强的基础上,第三方委托管理业务也成为房源的重要来源之一。

6.3.4 自如网目标群体

1. 长租目标群体

长租产品的目标群体主要是在城市中有中长期居住、稳定生活需求的群体,针对不同产品有不同的细分目标受众。

自如友家的目标群体是工作两三年的城市白领或刚毕业的学生。他们收入较高,对租住品质有一定要求,工作较忙,出于安全、舒适、省心和交通方便等因素的考虑,并且由于工作不久出于价格考虑,对价格也就格外关注,所以多考虑合租。

自如整租的目标受众主要是工作三年以上,有较好的经济能力,大多有伴侣或已成家。他们除了考虑房子的安全、舒适和生活便利之外,主要想有家的感觉,有私密空间,因而考虑整租。

自如寓的目标群体主要是高端行业从业人员。他们收入较高,社会活跃度高,社交需求强,喜欢泡圈子,对租住环境主要关注品质和氛围,因此首先自如寓。

业主直租是对自如整租的一个补充,满足多样化需求。业主直租的目标受众是对居住环境要求不高,经济能力中上,以及特定需求人群等。

2. 短租目标群体

随着各地旅游市场的火爆,为了满足不同类型的需求,自如推出了短期租住产品,包括自如驿和自如民宿,两种产品的目标群体大有不同。

自如驿主要面向到目的地城市旅游的年轻人,或是仓促到目标城市寻求工作机会、面试的人群。

自如民宿目标受众显然是有意体验特色民居的群体,其体验的目标和内涵要更深刻一些。

6.3.5 自如网获利模式

自如网获利模式主要包括以下几个方面。

1. 租金收益

自如网的租赁业务包括自如友家、自如寓和自如驿三大块业务。通过租赁业务自如网获得租金收入的差价。在自如友家和自如驿业务中,自如和业主一般都是签 3~5 年的长期固定合同,而与租户的合同均为年签,这也为自如提供涨价的可能性。相关数据显示,租户的房租年增长率大约为 10%,甚至有的是 20%。

2. 增值服务收益

提供一系列增值服务。自如 App 平台推出民宿产品,民宿客栈运营者通过平台获得推广、宣传及订单,自如在平台运营中收取管理费用;向自如客提供保洁、维修和搬家等增值服务,这些服务团队均为自如自己的团队,目前部分城市除向自如客提供服务,也向外部提供服务。

3. 融资收益

融资收益方面,自如网通过资产证券化的方式获得了资本市场的支持,从而实现了前期投资到资本市场融资的转变,从资本市场获取的资金可再次利用到后期的投资当中,提前将未来的资金拿来当前使用。

4. 资源池共享收益

自如网通过租房业务获得大量的客户,这些客户将成为未来二手房交易的潜在客户,形成自如的租房业务和链家二手房交易业务在客户资源上的互动。

5.现代信息技术降本增效

自如网运用现代信息技术,采用 O2O 运营模式,将线下资源标准化,在线上进行展示给需要租房的客户,并通过互联网来简化和优化运营流程,提高运营效率的同时降低了人力成本和时间成本。

6.4　自如网面临的挑战与应对

当前,面对疫情反复带来的不确定性,以及 95 后、00 后新消费群体涌入,对于租房品质、服务和体验要求的提升,都成为当前住宅房屋租赁行业发展的挑战。面对挑战,住宅房屋租赁行业应保持对未来发展的信心,并改变传统的粗放式增长,在未来只有注重"模式、产品服务、科技和管理"四大创新,方能赢得更多的发展机会。

首先,模式的创新已成为所有租赁企业都无法逃避的核心问题。通过多年发展经验的积累,自如网提出"增益租"模式,为其行业模式创新的一次尝试。"增益租"模式具有"无差价、无空置期、收益不封顶"的三大核心特点。在增益租之前,传统普租模式与省心租模式曾作为租赁市场的主流模式存在,增益租新模式从根本上保障了业主收益,分担了房屋租赁过程中的风险,也能够更好地满足用户的高品质租住需求。相关数据显示,凭借"增益租"模式,自如在 2022 年一季度实现了较去年业主委托量超 400% 的增长。

其次,在模式转变的基础上,面对新的更年轻的消费者和更高品质的需求,住宅房屋租赁企业还应进行产品、服务以及科技层面的创新。前两者能够保证行业始终与用户的品质需求、审美习惯升级同步,后者则将有效提升长租行业的产品品质与服务体验。

自如网将旗下高端曼舍产品和自如寓进行了全面的迭代升级,同时还推出了新品牌 Z-Link 全屋智能家居,更加贴合 95 后用户群体的需求。此外,自疫情暴发以来,自如早已实现租客网上签约入住、业主网上委托出租的全流程线上化,并通过服务融入社区,有效地保障了疫情防控期间的服务效率与用户体验。

第三,在模式、产品服务、科技等创新的基础上,企业自身的管理创新更是不可或缺。中国租赁行业还需向各行各业学习借鉴更专业的人力资源管理、财务管理、品质管理和服务管理经验,才能使长租行业的未来发展行稳致远。

讨论题

1.简述自如网的产品和服务。

2.简述自如网的经营模式。

3.简述自如网的目标群体和选址策略。

4.自如网未来发展面临的挑战有哪些?请提出对策和建议。

参考文献

[1] 晁方铃.国际短租平台商业模式研究[D].武汉:中南财经政法大学,2020.

［2］自如 CEO 熊林谈长租未来发展：散集并重、品质为先、模式创新［OL］.https：//bj.house.163.com/21/0507/14/G9DCN19H000782A6.html,2021－05－07/2022－06－14.

［3］上海自如新品"增益租",长租行业经营模式的创新之作［OL］.https：//k.sina.com.cn/article_6567879004_18779e15c00100vp40.html,2021－04－15/2022－06－14.

［4］张晓兰.长租公寓发力,如何才能更好满足青年人的品质需求？［OL］.http：//house.people.com.cn/n1/2019/0128/c164220－30592920.html,2019－01－28/2022－06－14.

第 7 章　小猪短租

目前,越来越多的人在外出旅行时,住宿的选择不再局限于标准化酒店,而是依靠互联网来搜索符合自身需求的房屋来解决短期住宿的问题。在这样的背景下,充分利用闲置房源的在线房屋短租模式就受到了旅行者的欢迎。

国内的在线短租行业虽然起步较晚,但发展迅速,日渐成熟。数据显示,2017 年中国在线短租市场规模为 131.46 亿元,同比增长 42.8%,行业呈现高速发展的态势。伴随国家政策鼓励和资本的持续入场,未来市场前景广阔,一方面是因为人口众多、基数大,另一方面是新一代消费者观念的变化。在国内众多的短租平台中,小猪短租采用 C2C 经营模式,由房东将闲置房通过互联网平台直接销售给房客,创造了以社交为纽带的住宿分享文化,为用户提供更具人文情怀、更有家庭气氛、更高性价比的短租住宿服务。目前,小猪短租已有丰富的房源和较大的融资规模,成为我国在线短租的代表性企业。

7.1　小猪短租的发展历程与现状

小猪短租成立于 2012 年,于 2012 年 8 月正式上线,是国内依托于分享经济,为用户提供特色住宿服务的互联网平台。小猪短租以实践共享经济为使命,致力于挖掘潜力巨大的房屋闲置资源,搭建一个诚信、安全的在线沟通和交易平台,并通过保洁、智能家居等服务网络,建立绿色的住宿平台大生态系统。

7.1.1　小猪短租的发展历程

小猪短租在上线的 7 年之内一共进行了 7 轮的融资,并且融资的金额巨大。为了在在线短租行业中脱颖而出,小猪短租平台不断进行改进与创新,成为我国在线短租行业的代表。小猪短租的主要发展历程如图 7 - 1 所示。

2012 年 8 月 2 日:小猪短租网站正式上线运营;

2012 年 8 月 20 日:58 同城引入首家短租网站与小猪短租达成战略合作;

2012 年 10 月 9 日:小猪短租发布《十一黄金周出行短租报告》;

2013 年 1 月 6 日:小猪短租网完成近千万美元 A 轮融资;

2013 年 4 月 3 日:小猪短租牵手百度 LBS 平台;

2013 年 5 月 27 日:让陌生人住进家——小猪短租全国启动沙发招募计划;

2013 年 7 月 1 日:短租平台小猪掏腰包推财险;

2015 年 7 月 8 日:完成 6000 万美元的 C 轮融资,本轮融资由愉悦资本领投,晨兴资本、中信资本、和玉资本跟投,以太资本作为财务顾问全程参与。

2016 年 6 月,小猪短租宣布更名为小猪,并推出新 Slogan"居住自由主义"。

图 7-1　小猪短租的主要发展历程

7.1.2　小猪短租的现状

数据显示,截至 2019 年,小猪全球房源突破 80 万套,包括公寓、民宿、家庭旅馆等各种类型,覆盖逾国内 400 多座城市,以及海外 252 个目的地,在全国超过 20 座城市设有运营中心。越来越多的年轻人开始体验分享经济,住进陌生人家中体验富有人情味的短租,小猪短租平台上已累计超 5 000 万活跃用户。

除了开展个人短租业务外,小猪短租还积极与企业合作,抢占商旅市场。自 2017 年 4 月成立商旅业务以来,小猪短租建立了一套完善的商旅服务体系,商旅业务维持高速增长,已有包括红牛在内的近 200 家企业先后与小猪短租进行商旅方面的合作。

7.2　小猪短租的商业模式

小猪短租是目前国内短租平台的代表企业,为业主和房客提供了交流与交易的平台。房主通过平台免费发布闲置的房源信息,房客在平台上搜寻符合自身需求的房源作为出行住宿的选择。小猪短租商业运作模式是 O2O 与共享经济的产物。下面从六要素商业模式模型出发,对小猪短租的商业模式进行分析。

7.2.1　定位

小猪短租定位于共享经济实践者、有人情味的在线社交短租平台。平台采用的是 C2C 运营模式,为旅行和有过渡性住宿需要的青年群体提供个性化、具有家庭氛围和人情味的住宿选择。总体而言,小猪短租目标用户群体呈现以下特征:热爱新事物,互联网是他们生活的重要组成部分;年轻用户为主,追求高性价比的住宿条件;有需要不定期外出的职业或者爱好。

7.2.2　业务系统

个人房东通过小猪短租在线平台展示价格、位置、房屋图片等信息。期间,小猪短租专业团队为房东提供摄影、培训等个性化服务。用户可以从各旅游网站、旅游发现社区、小猪短租手机App等进入小猪短租网站,查找适合的房源,与房东在线交流,通过第三方支付平台等方式完成线上预订交易。线下入住结束后房东与房客进行网上互评。整个过程中,小猪短租平台提供针对房东和房客的相应保险服务。

7.2.3 关键资源能力

1. 房源

广度方面,小猪短租房源覆盖国内130多个城市,沙发、公寓等任何闲置房产资源都可以在线展示出租。深度方面,小猪短租团队进行实地拍照确保房源真实可靠。小猪短租以民宿为主体的房源更具个性化、性价比更高,能提供无处不在的家庭温馨氛围。

2. 社交化平台

C2C信息撮合平台生产优质的内容,让平台两端的用户都能够自发地参与到这件事情中来,且在线平台可以优化内容呈现,节约交易成本,产生竞争优势。基于平台培养社交关系,通过在线交流、社区构建等形式让房东和房客自由分享自己的经历和体验,很好地加强了平台两端用户黏性。

3. 安全及保障机制

小猪短租平台具体保障措施包括以下几点:其一,完善的验证机制。人工审核房东的真实姓名、身份证等信息,来确保房客的真实性。其二,人身财产安全保障。虚假房源可获赔,乱收费用赔双倍,取消订单无损失,采用第三方担保支付系统。其三,在线点评体系。房客与房东互评的真实可靠的点评机制有利于优质用户的累积。

4. 资本及团队

2018年10月,小猪短租完成近3亿美元的第七轮融资。本轮融资由云锋基金、尚城资本领投,新加坡政府投资公司(GIC)、愉悦资本、晨兴资本、今日资本跟投,较为充足的资金供给为企业可持续发展提供了保障。团队方面,摄影团队、培训团队、管理团队和法律团队的高效合作促使企业稳步发展。

5. 用户体验

多种针对房东和房客的保障计划让平台用户拥有更安全可靠的住宿体验。分布在各地的民宿风格各异,满足用户个性化需求。在住宿过程中,房东与房客的距离拉近,满足双方社交需求。以民宿为主体的房源让用户在出行时也能享受家的温馨。独特的用户体验是小猪短租极为重要的竞争优势。

7.2.4 盈利模式

小猪短租目前的模式是基于效果收费,交易后向房东收取10%的佣金,房东信息发布不需要缴纳费用。未来不排除会增加其他的盈利模式。小猪短租平台的成本方面,由于是房主提供房源,所以小猪短租并不需要在装修和房屋租赁方面支出费用,成本主要包括三个部分:平台的运营成本、房屋管理成本以及劳动力成本。

7.2.5　现金流结构

从 2012 年成立至今，小猪短租一共进行了 7 轮融资，运营资金充足。日常有服务费的收入，以及管理费用、资产折旧、员工工资等支出。

7.2.6　企业价值

小猪短租平台的模式是 C2C，可以让房主和房客自主自发地参与到这件事当中。iMedia Research（艾媒咨询）数据显示，2018 年上半年各在线短租 App 用户认知度排名中，小猪短租位居首位，认知度为 5.58。从供给端来看，在线短租模式盘活了大量的房屋存量资产；从消费端看，在线短租提供的非标准化的房源，满足了多元、个性的住宿需求，受到了消费者的青睐。在各种国家政策的支持之下，未来在线短租市场将持续升温，前景广阔。小猪短租作为短租行业的领先者，发展前景一片良好。

小猪短租的商业模式很好地锁定了客户需求，定位精准，其核心商业逻辑是闲置房源及配套设施盘活。小猪短租在资源分配和商业模式上具有颠覆传统市场格局的价值，集住宿、社交、互联网、共享理念为一体：撬动短租消费市场和资源共享市场，打造社交平台，塑造一体化流程，建立绿色平台生态系统。小猪短租在同类平台中 C2C 特征最为明显，是共享经济实践效果较好的、年轻的、富有活力的企业。

然而这种商业模式也面临许多挑战。首先，消费习惯方面，国内分享消费习惯尚未完全形成，对此企业应加强引导。其次，房源管控方面，随着市场规模和业务范围的逐步扩大，相对复杂的房源管控机制运行效率有待观察，企业需进一步合理规范房源管控机制。最后，信用成本方面，国人对分享住宅的信用问题仍存在较多担忧，企业需进一步完善安全保障机制。

7.3　小猪短租的营销策略

7.3.1　营销方式

1. 微博营销

小猪短租的主要目标用户是年轻人，在 2018 年携首位代言人黄子韬借助微博引爆粉丝的热情，期间相关博文阅读量达到了 2 349 万＋，品牌认知度得到提升。艾媒咨询数据显示，69％的中国网民通过微博、微信等社交平台获知在线短租 App。一条好的微博内容一旦引发大家的兴趣，它将会被大量地转载，迅速地传播，微博的病毒式营销效果十分显著。在线短租平台依靠消费者自发式的传播容易被大众接受，热度话题对于塑造企业形象也有很大帮助，有利于品牌忠诚度的提升。

2. 跨界营销

随着市场竞争的日益激烈，为了拓展发展范围和深化品牌印象，一些行业界限正在慢慢被突破，跨界营销深受重视。"城市之光"是小猪联合十家书店开展的书店住宿计划，属于一次跨界营销。实体书店与线上短租平台的结合让用户体验得到了互补。小猪短租通过"城市之光"计划再一次满足人们的个性化住宿需求,让热爱阅读的年轻人与阅读空间得到了更深入的交互。同时实体书店可以通过床位收入抵销房租成本,借此焕发新生机。跨界营销的成功得到了完美诠释。

3. 品牌整合营销

综艺节目《向往的生活》播出以来,收视率大家有目共睹。这档综艺如名字一样,通过记录明星嘉宾体验乡野的日常生活,向大家展示了理想的生活的状态。在快节奏的现代化社会生活中,人们极其向往这种回归本真的田园生活体验。小猪短租同样是通过多样式民宿来满足人们多样化的生活体验,两者拥有高度重合的受众群体。所以小猪与《向往的生活 2》的深入合作,成功地延伸了企业品牌的影响力,增强了经济效益。在节目中当众明星嘉宾面对生活经费问题时,想到可以将所住的蘑菇屋上线到小猪短租平台上,大力向在线观众们推荐住宿以此获得生活经费。这种剧情式植入,将小猪短租这一品牌毫无违和感地带到了大众视野当中。随后小猪借势又打造了创意 H5,再一次成功提升传播效果,获得了更多流量。此次整合营销策略极大限度地体现了小猪的品牌价值,增加了平台用户数量,提高企业收益额。

7.3.2 营销策略

1. 社交化平台策略

分享住宿业务增长的重要条件之一是个性化体验的分享。如果在线短租平台只是单纯地为房东与租户之间搭建交易平台是无法在市场上立足的,将平台社交化,拉近房东与房客之间的距离才能促进企业的持续发展。小猪短租主要强调房主的故事,当房主日记发出来,平台会给予推荐,房客可以留言点评,促进双方的交流,体现了小猪极具"人情味"的特点。同时充分发挥平台社交功能,营造良好的社区氛围,便于拉动平台业务增长。

2. 品牌信任度策略

现如今在线短租平台逐渐增多,面对共同的消费群体,越来越多同质化短租产品出现。企业想要突破发展瓶颈主要依靠品牌核心价值以及平台用户的信任度。小猪短租的口号是让分享和信赖悄然发生。2018 年小猪短租宣布推出"揽租公社"品牌,措施包括在房源内安装一些智能设备以及服务链的延伸,如报警器、智能门锁、设计、保洁等,其次通过建立用户黑名单维护房东的权益。建立用户黑名单的举措看似是将客户往外推,实则保护了品牌声誉,提升了用户信任度。切实保护房东的利益将帮助短租企业更好地抢占房源,拥有优质房源也就不愁无法吸引租户。及时止损重要,而这样的信用机制对于房东和租户来说更重要。

3. 房屋智能化策略

随着人工智能的普及,诸多企业凭借智能化产品发展到市场的一个新高度。巧用人工智能,让企业发展焕发新生机,以小猪为例,其面向民宿推出的人脸识别智能门锁现已覆盖国内 40 多个城市和目的地。像智能报警、房间清洁和房屋摄影等设施的出现,必定会使线上平台和房间的管理更加规范、智能。房屋智能化的策略进一步提升人们安全住宿的体验,随之也会提升市场竞争力。

7.4 小猪短租用户的评价分析

利用网络爬虫技术,抓取小猪短租 App 上民宿用户的在线评论数据,根据不同价格区间、地段、房屋类型等标准,采用文本挖掘技术对数据进行分析,生成如图 7-2 所示的个性化词云图像和词频表。

图 7-2 文本挖掘处理后获得的个性化词云图像和词频表

7.4.1 看重房源质量

由图 7-2 可知,关键词"房间""房子""房东"在图中字体最大、位置最显眼且出现多次,这表明小猪短租平台用户最关注的是房源本身的质量。房源新旧、房型、卫生间、寝室、家具质量(尤其是床具质量)、公共区域(合租模式)等,是房客在选择房源时首要的关注点。

7.4.2 偏好优越的地理位置

关键词"交通""地理位置""位置"字体较大、位置居中,其次是"地铁站""便利""楼下""距离""出行""景点""商场"等,说明交通与生活便捷是用户较为关心的因素。其中,地铁、公交站是用户最关心的地理位置要素之一。短租住宿与传统的标准化酒店住宿(配套服务齐全)有较大区别。小猪短租提倡居住自由主义,打造有人情味、更具家庭氛围、更高性价比的住宿体验,因此大多数短租房位于城市小区内。用户更关注能否满足饮食、娱乐和其他生活服务需求,对生活是否便捷关注度高,反映了短租房的多样性和优越性。

7.4.3　注重住宿体验

评价中出现的"干净""温馨""漂亮""整洁""齐全""装修"等特征词,很好地说明了用户更倾向于拥有良好的卫生及安全居住环境,关注住宿保障性类目,装修风格多样化受到用户追捧。标准化住宿的酒店缺乏生活和家庭气氛,而短租房则有着许多房东用心布置的鱼缸、绿植、可爱茶杯等细节,塑造了不拘束的轻松环境,给用户营造出温馨舒适的感觉。短租房源具有多样性,拥有地中海风、乡村田园风、欧式简约风、中式风格等多种风格,甚至还有吊脚楼式、火烈鸟式、峨眉山星空泡泡屋等主题房源。用户能够体验到多元化的人文场景,是短租住宿迅速发展的重要原因之一。此外,与住宿价格有关的词以"性价比""实惠""值得"为代表,表明用户期望在享用较好硬件设施和软件服务的同时,能够获得高性价比的服务。

7.4.4　享受交友式住房体验

"房东""小姐姐""热情""热心""贴心"等关键词,体现出用户对房东服务态度的关注。在住房过程中不同于传统酒店的交友体验,房东与房客接触互动开启了社交方式的新篇章。分享住宿成为一种新的社交手段,短租房成为体验当地生活和文化的最佳平台。人与人之间面对面深入交往,更加具有人情味。小猪短租创造了一种独特的社交场景,激发了用户转化为房东的意愿,提高了人们对房屋分享的认知度和接受度。

7.5　发展建议

7.5.1　实现渠道整合

在线短租市场环境十分复杂,单一渠道运营无法适应多变的市场环境,不利于企业的可持续发展。在线短租企业应注重经营模式的多元化发展,依据企业自身的核心竞争力与发展目标,选取合适的环节、渠道进行科学整合,避免同质化竞争。

7.5.2　精准细分市场

根据消费者需求,提供个性化推荐。通过评论等数据反馈,掌握用户住宿和使用需求,以优质核心服务为前提、以用户需求为出发点,开发特色服务,实现用户消费价值的增值。满足用户多元化、个性化要求,增加针对小群体出游、高端出行或针对学生的短租项目,开展针对性的垂直服务。

7.5.3　提供延伸服务

目前,在线短租行业以提供房源服务为核心,单一的服务内容无法适应消费者多变的消费需求和行业间的竞争发展。服务范围延伸是在线短租行业未来发展的主要趋势。应组建租车、餐饮、旅游向导等短租市场延伸服务，积极开拓关联性强的产业链上下游，以促进在线短租行业发展。

7.5.4 加强诚信建设

在诚信体系方面，在线短租平台的核心理念是共享，诚信是共享经济中必不可少的要素，因此平台可以引入个人征信以及赔付来完善诚信体系，确保房东和房客能够安全放心地进行交易。在安全体系方面，房屋短租平台应高度重视并且积极投入安全体系建设，包括线上线下两个方面。在线上，加强房主身份信息审核，引入身份证验证机制，实地拍摄房源，确保房源的真实可靠；在线下，随着人工智能的普及，平台可以通过智能设备提高入住安全性，一方面可以使用智能门锁，将房主与房客信息输入云端，当房客入住时进行刷脸，这样就确保了预订人与入住人的一致，并且在房间内可以安装智能烟感器等设备来保障房客的人身安全。

讨论题

1. 结合商业模式画布分析小猪短租的商业模式。
2. 简述小猪短租的营销策略。
3. 从用户角度为小猪短租提出一些发展建议。

参考文献

［1］邹怡.在线短租行业发展存在问题与对策研究——以小猪短租为例［J］.山西农经,2019(15):11-12.

［2］隋婷婷.从用户体验角度探析在线短租的发展情况及对策［J］.时代金融,2014(02):71-72.

［3］潘月杰,张圆圆.分享型经济:在线短租商业模式初探［J］.科技与企业,2014(05):74-75.

［4］凌超,张赞."分享经济"在中国的发展路径研究——以在线短租为例［J］.现代管理科学,2014(10):36-38.

第 8 章 Airbnb

在"互联网＋"浪潮的推动下,在线短租住宿旅行模式应运而生,以 Airbnb 为代表的共享经济运营模式日趋成熟,为社会经济的发展、国民就业等注入了新的活力和价值取向,在将来很长一段时间都将是经济发展的主流方向。作为短租住宿行业的翘楚,Airbnb 成功的运营模式对于我国整体而言还处在成长探索期的短租住宿行业具有现实借鉴意义,对指明共享经济未来发展的方向也有重要的研究意义。

8.1 Airbnb 的兴起与发展

Airbnb 又名爱彼迎,于 2008 年 8 月成立于美国加利福尼亚州旧金山市,其通过为消费者提供在线的共享平台,既利用了闲置房源,又创造出了新的消费模式。它拥有用户数 6 000 多万,房源 200 多万,遍及全球 192 个国家、34 000 多个城市,房东房客皆是实名认证,具有完善的服务和支付机制。其宣传语为"Belong Anywhere"(无处不在),顾名思义,它仅仅通过手机和电脑就能够让消费者随时随地地浏览和预订世界各地各具特色的房源。

在 2015 年,完成了近 15 亿元的融资后,Airbnb 的估值已超过 250 亿美元,这使得它跃居全球三大创业公司之列,仅次于 Uber 和小米。作为共享行业的"领头羊"和创新者,Airbnb 不断扩展地域和战略,在世界各地获得了众多支持,让人们体验到新的生活方式。2015 年,Airbnb 进军中国市场,积极出台各类鼓励性营销方案,不遗余力地推进 Airbnb 本土化进程。2021 年,Airbnb 的营业收入达到 60 亿美元,成为共享短租行业里的遥遥领先者。

Airbnb 非常注重用户体验,力图建立更安全可靠的消费模式,不断完善技术与用户体验。在实行中国市场策略后,也十分重视本地化需求,按照本土消费者的特性来开拓市场,并且创造出"社交型"的住宿体验,这无疑适应当今时代的发展需求,也具备极大的发展潜力。

8.2 Airbnb 的 SWOT 分析

通过使用特定商业分析模型,能够帮助我们更好地理解 Airbnb 的经营模式和竞争力来源。下面使用 SWOT 分析模型对 Airbnb 的竞争态势进行战略分析。Airbnb 的 SWOT 分析如图 8-1 所示。

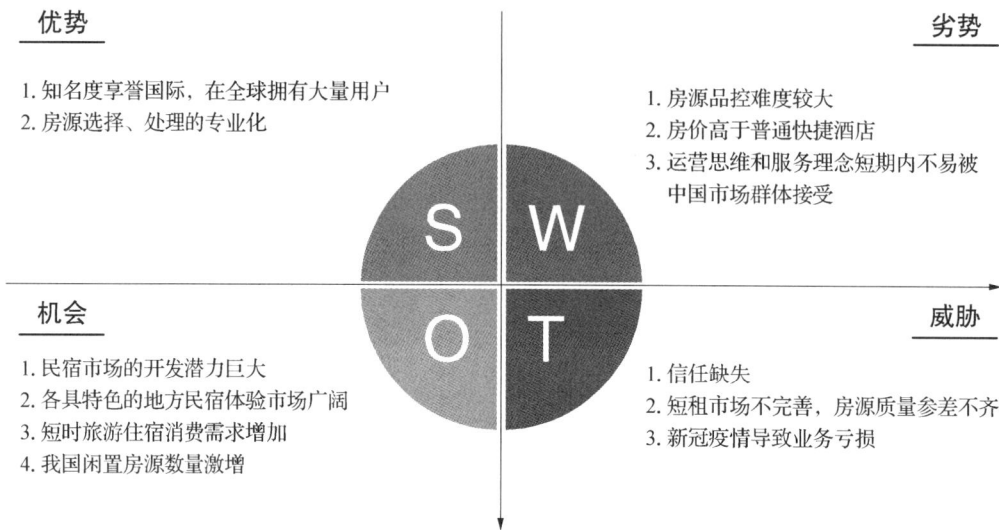

图 8 - 1　Airbnb 的 SWOT 分析

优势

1. 知名度享誉国际，在全球拥有大量用户
2. 房源选择、处理的专业化

劣势

1. 房源品控难度较大
2. 房价高于普通快捷酒店
3. 运营思维和服务理念短期内不易被中国市场群体接受

机会

1. 民宿市场的开发潜力巨大
2. 各具特色的地方民宿体验市场广阔
3. 短时旅游住宿消费需求增加
4. 我国闲置房源数量激增

威胁

1. 信任缺失
2. 短租市场不完善，房源质量参差不齐
3. 新冠疫情导致业务亏损

8.2.1　优势分析

首先，Airbnb 作为共享经济的先行者，知名度享誉国际；在全球拥有大量用户。中国的旅游市场开发前景巨大，如果能够将中国的民宿行业开发起来，相信是值得让人期待的。其次，房源选择处理的专业化。Airbnb 在选择房源的问题上一向是专业的，所有网站上的房源照片都是请专业摄影师来拍摄的。对于房源的审核，Airbnb 也会派专人进行调研。

8.2.2　劣势分析

第一，房源品控难度较大。我国房源地域跨度较大，Airbnb 本质上合作的对象是每一位房东，如此巨大数量的合作对象让监督成本不断增加。第二，房价高于普通快捷酒店，价格竞争方面与普通快捷酒店相比没有明显优势。由于中国的快捷酒店行业发展特别迅猛，使得高房价的 Airbnb 在刚刚进入中国市场就遭到了一阵冷落。第三，Airbnb 欧美式的运营思维和服务理念可能无法短时间内让思想相对传统的中国市场群体接受。

8.2.3　机会分析

从需求角度来看，主要有三个方面：第一，共享经济大背景的全球化，民宿市场的开发潜力巨大。第二，我国少数民族众多，各具特色的地方民宿体验具有广阔的市场。Airbnb 正是一个主打体验民宿的平台，而中国无疑是最具潜力的市场，每个民族都有其自己的文化习俗，如果将其同民宿相融合，对旅游用户极具吸引力。第三，生活节奏的加快，人们对短时旅游住宿消费需求增加。

从供给角度来看，我国的闲置房源的数量激增，以短租的方式来出租房屋更加安全灵活。

8.2.4　挑战分析

第一,信任缺失。房东可能会担心由于租住时间短,房客身份太杂而引起一系列对其房屋进行破坏甚至盗窃行为的发生。第二,短租市场不完善,房源质量参差不齐。由于当前我国在短租行业出台的政策尚不完善,因此民宿在发展中遇到的很多突发状况都让人难以界定。第三,新冠疫情的暴发导致的业务亏损,使 Airbnb 的 IPO 进程面临更多的不确定性。

8.3　Airbnb 的发展战略

8.3.1　运营模式

1. 商业模式

Airbnb 商业模式的核心是通过网络信息服务平台,连接租客和租户,实现对闲置房屋空间的再创造和利用。这是一种极为典型的共享短租模式,在充分利用空置房源的基础上,一方面为租户提供源源不断的收入,另一方面也让租客体验到了独特的人文风情,通过与当地居民的沟通和交流,能够对风俗人情有更深刻的体验,这是非常具有吸引力的。

Airbnb 模式的成功之处就在于,构建安全的交易环境、注重独特的用户体验、打造个性化的消费,从而在短期内风靡全球,掀起了共享短租经济的新浪潮。

目前,Airbnb 的市值和每日房屋入住数均已跃居全球第一,被《时代》周刊誉为"住房中的 eBay"——颠覆传统酒店行业的创新者。

2. 盈利模式

Airbnb 的主要盈利来源是向租赁双方收取服务费及第三方广告费用,据官方数据显示,Airbnb 在租户方收取约租金 3％的服务费,对租客收取租金 6％～12％的服务费。相较其竞争者而言,这个收费比率获益凸显。Airbnb 能够在市场占有一席之地,获得高利润的原因在于两点:重品牌、轻资产。

Airbnb 并不需要像传统酒店一样,花费大量投入建造房屋并管理出租,它只是提供一个便捷的平台,将消费双方联系起来,这种轻资产让它更有灵活性,也更能实现业务的扩增从而获利。另一方面,它对于品牌的重视度也显而易见,通过给住宿定义独特的人文价值、提供优质的服务和视觉体验、个性化的标签、高科技等不断地吸引来自世界各地的旅行者,为他们的出行打造了更具有特色的住宿服务,比如在 2014 年推出的 Local Companion,让旅客能够获得本地人的全方位服务。Neighborhood Matching 则能让人们更好地选择与谁毗邻。这种差异化的产品和服务让消费者获得更优质的体验,也让 Airbnb 在消费者心中获得独一无二的地位。

8.3.2 品牌策略与使命

1. 品牌愿景和使命

Airbnb 提倡 Belong Everywhere（属于任何地方），通过将旅游与内容结合的形式，吸引用户主动订阅和预订，多样化的信息也为旅行者提供了更多的参考。Airbnb 一直努力创造个性化并充满包容的文化，让每一位入住的旅客都能体验到归属感。相较于传统的酒店，Airbnb 的产品理念一开始便更具有艺术性，它想要达到的是人与人之间的信任与亲近，是为了人而存在，不单单只是提供一个冰冷的住所。这种产品理念需要不断地从消费者和出租方进行沟通与理解，将用户体验作为认知模式，以更视觉化的方式表达出来，让用户能够感觉到产品的人性化。在这个提倡个性化、定制化的互联网时代，Airbnb 的做法无疑是成功的，这种模式也得到了消费者的认可。

2. 用内容输出品牌价值

互联网时代优秀产品层出不穷，如果 Airbnb 仅仅满足于做一个功能优越、技术创新的平台是远远不够的。在竞争如此激烈的住宿行业里，内容和品牌才是争夺消费者真正的关键点，而 Airbnb 利用充满人情和吸引力的故事，传达着它的独特品牌含义。Airbnb 设计了多种多样的功能，让用户除了简单地浏览和预订房屋之外，还可以进行"项目体验"，参与当地的相关活动，来学习和体验更独特的旅行生活，比如可以参与手工制作坊，从当地人那里学习到相关的手艺。

此外，Airbnb 用图片、视频、文章等能够简易传播的模式，鼓励消费者分享他们的故事，从而提升用户黏性。比如 Travel Stories 这个功能就是让消费者通过发布简短的视频，以简单记录或 Vlog 的形式，分享他们在旅途中的故事。用户可上传大约几秒钟的视频或者照片集合，加上相关的信息、感悟和故事，这些统统都会被标记到相关的住宿地点上。

3. 利用社交媒体创造口碑

Airbnb 一开始在消费者中很难被接受，因为没有人愿意把自己的家分享给其他人，旅游者也会对住在陌生人的家里心怀不安，这是一个很大的瓶颈，也是区别于连锁化酒店的地方。但是 Airbnb 另辟蹊径，通过使用媒体和互联网，传递正能量，消除了消费者的不安与恐惧，同时也不断地挖掘丰富多彩的用户体验，重新定义旅行，创造一个更有归属感的世界，打造了一个有温度的品牌。

在中国市场，Airbnb 也延续了 Story-telling 的沟通策略，积极活跃在不同的社交媒体上，比如微博、微信公众号等，将优秀的故事翻译成中文展示给中国消费者，通过互动和各种活动提高用户黏性。官方微博在短短一年内，积累了约 80 万的粉丝，话题阅读量超过 1 亿，通过不断地介绍房屋资源、房东故事、旅游游记等让中国消费者接受住进其他人的家里，利用生动的图片和文字来提高传播力。

除此之外，Airbnb 还利用具有影响力的人来进一步提升宣传效果，从而建立更具有立体感的形象：从某些穷游达人入手，对其进行采访，撰写相关文章，采用大量篇幅描述这些达人遇到的形形色色的房东和旅行故事，比如游记《环球旅居，归属世界的故事》的阅读量达到了近万次。除了文字、图片外,还利用爱奇艺、腾讯等视频网站发布视频来表现这些达人与 Airbnb 的渊源。

Airbnb 一直把用户放在最重要的位置,致力于与客户共同打造品牌,鼓励用户成为品牌内容的创造者和分享者,让他们有更深刻的品牌归属感。对于任何一个品牌主来说,要持续地维持平台优质性的内容是非常困难的,而 Airbnb 则从一开始的产品环节就对用户抱有一颗开放的心,邀请用户与品牌共创,无论是在前期的产品开发还是最后的宣传中用户都可以成为品牌资产的一部分。

4. 数据化运营放大口碑效果

为了获取更多用户,Airbnb 利用各种手段放大口碑传播效果,"用户推荐"至今都被业界津津乐道,被国内外的各类产品效仿,而"用户推荐"之所以这么成功,离不开 Airbnb 科学严谨的数据运营机制。

1) 定义项目关键指标

设置每月邀请活跃人数、单人邀请次数、新用户转化率、新租客转化率、新房东转化率等关键指标。对于每个关键目标,设置三档预测:好、很好、最好,以便让大家积极达成目标。

2) 持续数据追踪

针对推荐功能,Airbnb 开发了一套数据追踪系统。利用这套数据体系,Airbnb 得以监控到每个推荐发生的路径和效果。

3) 个性化

用户对个性定制化的页面和 URL 具有更强的归属感,所以工程师对推荐系统做了个性化改造。首先基于数据,监控用户是否是从推荐系统进入网站的,如果是从推荐系统进入的,那么针对用户打开的链接、打开的 App 都会展示不同的信息,这些信息都是基于用户之前的前序行为,从而更好地满足用户预期。

4) 建立目标和举措之间的关联度

通过对数据的监控,Airbnb 清楚地知道,每一个举措是如何影响目标的,想要提升单人邀请次数,举措是输入更多的电子邮件地址或推荐更多的电子服务;想要提升活跃用户的推荐率,举措是优化推荐系统的显著度;想要提升新客转化率,举措是允许推荐人给被推荐人发通知,或者引导已经有信用卡的用户注册。

8.3.3　市场战略

1. 不断拓展新用户,提升影响力

在品牌传播的初期,通过不同类型的影响者去接触、辐射不同的小圈子的潜在受众,聚拢一定数量的社会化媒体用户,对于品牌而言非常重要。Airbnb 的官方微博利用了两类影响者:品牌、机构官方微博和个人账号。品牌、机构官方账号包括"英国那些事儿""穷游网""玩转 Instagram""蝉游记"等涵盖不同种类的官微,使得 Airbnb 在微博上的品牌曝光度得到了大幅提升。

而在个人账号推荐方面,品牌的转发覆盖了作家、漫画家、有影响力的名师、新浪名博、摄影师、插画家等各类不同的行业,并且这些影响者本身也都是 Airbnb 的用户。除了延伸行业广度之外,从品牌对于影响者选择的结果来看,影响者的影响力和内容产出能力都在 Airbnb 的考量范围内,品牌选择的大部分影响者都具有较高的影响力或是能生产出有价值的内容。

2. 强有力的技术支撑

目前,Airbnb 在市场定价、搜索排序、反欺诈、房源质量评估及自然语言理解方面都已有广泛的应用。此外,Airbnb 也在其他领域通过技术带动业务的发展。例如,Airbnb 因为支持 190 多个国家,40 多个币种,以及外接了几十种不同的支付方式,所以在支付系统上面临整个业界独一无二的挑战。针对此,Airbnb 在面向服务型架构的设计理念之下进行了新支付网关的设计,并在付款状态追踪、支付一致性测量等方面做了技术提升;针对安全和信任问题,Airbnb 通过对每一次预订进行实时的分析和追踪,提升了平台上人与人的信任;针对客服团队的工作效率,Airbnb 研发自动问答等技术,从而改善了服务用户的能力。

3. 缩短交易时效,改善用户体验

2014 年,Airbnb 深入分析了负面预订体验数据,最终发现:对于用户而言,最糟糕的体验,莫过于预订时得不到及时回应,这大大降低了再次预订概率;更严重的是,这会给用户形成一种错误印象,即平台上没有适合他们的可租房屋。由此开始,Airbnb 大力推广"即时预订"模式。但这种模式对房主而言,其实是有顾虑的,因为这相当于陌生人不经过自己同意就可以租用自己的房间,安全得不到保障,为了降低房主的担心,Airbnb 双管齐下:首先,开发了一个身份认证系统,用来确认房客的真实身份信息,采用的具体措施包括证件扫描、用户线上信息与线下信息的匹配、欺诈监测机器学习模型等。通过这些方式在平台上建立更多信任,让房主相信,通过 Airbnb 预订自己房屋的用户都是规规矩矩、能够信任的人。其次,重新设计了移动端日历体验,启动了通知功能,提醒房主实时更新房源可出租日期。借力于以上改善策略,Airbnb 成功说服了房主,越来越多的房主开始采用即时预订模式,使用"即时预订"功能的房主从几个百分点快速增至 50% 以上。两年半之后,超 200 万挂牌房源都使用了"即时预订"功能,整体预订转化率提高了 60% 以上。

4. 全球化、本土化并行发展

Airbnb 在中国成功的关键之一在于兼顾全球化和本土化,两者相结合才能做到有的放矢。一方面,全球化和本土化在 Airbnb 相辅相成。Airbnb 是一家具有全球视野的国际化企业,Airbnb 深知每个国家、地区的游客旅行爱好、产品习惯存在差异,其所处的社会环境和网络环境也有所不同,因此 Airbnb 的全球化策略并不是简单地把某一个城市的成功经验复制到另一个城市,而是需要投入时间和精力来研究如何把本地化做好。另一方面,Airbnb 内部多方面提供支持全球化的团队和工具,让 Airbnb 能够快速扩张到世界的每一个角落。

8.4　Airbnb 未来发展建议

8.4.1　加强对房东和住客双方的风险监管

Airbnb 应建立健全个人信用体系,推行对房东及住客的实名制管理。此外,可以学习国内外卖平台使用"虚拟号码",保证旅客隐私安全的同时,可以增强房东对平台的黏性。除了保护旅客的利益之外,房东的财产也应当受到保护。目前存在商业摄影团队租借民宿进行拍摄的情况,这类拍摄不但会对民宿设施造成损害,而且存在版权归属等商业纠纷问题。为了解决这类问题,可以增加房东报告机制,一旦不同房东多次报告某一旅客有损坏设施、商业摄影等行为,可以在后台对该旅客进行标记,后续预定中,房东可以自行决定是否要接受来自标记旅客的预定。

8.4.2　推动标准化的住宿服务

受到疫情影响,民宿的消杀工作要求更加严格,个人房东难以提供此类服务。因此,可以考虑在民宿较为密集的城市进行卫生服务统一采购,即由 Airbnb 平台方面为民宿提供保洁服务。此外,民宿的消防等设施也需要更加严格的统一标准,并进行经常性的检查以保证安全设施的良好运行。虽然集中化地提供服务会增加平台方面的负担,但是通过与上下游企业合作,Airbnb 可以形成更加稳固的垂直生态链,且服务水准的提升有利于吸引旅游市场中的主流客户。

8.4.3　建立与地区政府良好的沟通渠道

Airbnb 所在的短租行业在不少地区都处在法律灰色地带。由于部分短租房位于居民区,使得本地居民生活受到影响;短租房的利润更客观,部分房东将房源转为短租用途后,希望长租的本地居民更难找到合适的房源,因此不少地区都在限制短租业务的开展。比如自 2016 年起,伦敦的短租房每年只能出租 90 晚;2017 年起,巴黎市区的短租房出租日期不能超过每年 120 晚等。Airbnb 在这类情况下难以说服地方政府做出有利于平台但不利于地方发展的决策,因而应当采用建立良好的沟通渠道的策略,在已有的市场中密切了解政策动向,在新开拓市场中做好政策背景调查,以减少不必要的损失。

讨论题

1. 采用 SWOT 分析方法对 Airbnb 在中国市场的发展情况进行分析。
2. 请分析 Airbnb 在中国的推行所面临的问题。
3. 简述 Airbnb 的运营模式。
4. 简述 Airbnb 的市场战略。

参考文献

[1] 刘欲巧.从 Airbnb 浅析共享经济以及在中国的适应性研究[J].现代商业,2016(19):151-153.

[2] 赵春芳.分享经济:基于波特五力模型的中国在线短租行业竞争结构分析[J].经济研究导刊,2016(18):35.

[3] 李甲岚.分享经济背景下我国在线短租商业模式探析[J].中国商论 2016(18):130-131.

[4] 段永利.在线短租:创新"本土化"分享模式[J].中国信息界,2016(02).

[5] 徐辉.分享经济3.0:正在席卷全球的颠覆性商业变革[M].北京:中国铁道出版社,2016.

[6] 戈志辉.共享革命[M].北京:中国发展出版社,2017.

第 9 章　蚂蚁短租

随着世界经济的飞速发展及人民生活水平的提高,人们的出行需求日益多元化与个性化,而家庭游与自助游的逐年兴起使得个性化需求越来越受到重视,人们开始关注旅游过程中的住房体验度,对旅游住宿的需要已不再是简简单单的"一张床位",由此相较于价格昂贵且日益同质化的酒店模式,而能住出"家的感觉"的在线短租已经成为现在许多人出行住宿的新选择。蚂蚁短租作为在线短租行业的先行者,采用 O2O 模式,其房屋短租服务平台有效整合了看房、订房、在线支付及点评等各个环节,营造了线上线下良好的互动氛围,促进了线下闲置资源的深入利用,并以其低廉的价格为自己赢得了更为广阔的发展空间。

9.1　蚂蚁短租的兴起与发展

9.1.1　蚂蚁短租概况

蚂蚁短租脱胎于分类信息网站赶集网,是国内短租领域的开拓者,也是赶集网首次运用 O2O 模式尝试二次创业的一个典型项目。蚂蚁短租专注于家庭旅游、结伴出游、商务差旅的短租房在线交易,满足了旅游、度假、差旅、探亲访友、考试求学等各类中短期住宿需求,提供了有别于传统住宿的新选择。蚂蚁短租的房源具有高性价比和短租特点,注册用户可以通过蚂蚁短租频道查找并预订、租赁全国各地不同类型的短租房,如商业核心区高品质公寓、高校周边民居或宿舍、海景楼房、花园别墅、林间小屋等。而对于用户而言,这个网站还提供在线支付功能,无疑是一个在线租房交易平台,同时也是对业界 O2O 模式的一个实践。除住宿服务外,该平台还提供旅游增值服务,是一个领先的分享经济时代的优质服务平台。

9.1.2　蚂蚁短租的发展历程

2011 年,赶集网从麦田手中收购 mayi.com 拼音域名,并正式推出赶集短租服务。11 月 1 日正式更名为蚂蚁短租,网站于 2011 年 11 月 8 号正式上线。

2013 年获得优点资本融资,此轮融资是短租行业最大金额融资,蚂蚁短租正式从赶集网分拆,完成新公司注册及相关事宜并开始独立运营。两年内蚂蚁短租迅速发展,为国民旅游生活提供全新的体验感。

2014 年 2 月,蚂蚁短租全新定位"家庭出游新选择",为家庭出游用户提供整套精装短租民宿。首创的旅游短租新模式获得行业认可。

2015 年 7 月,蚂蚁短租占据中国在线短租市场 43.5％的市场份额。

2016 年 1 月,蚂蚁短租推出包括预订、入住、客服三大环节在内的"房客安心计划",旨在中国建立短租行业服务保障新标准。

2016 年 2 月,蚂蚁短租推出"优质住宿计划",创立中国短租民宿市场行业标准,涉及房源品质、房屋设施、房东服务三大维度。

2016 年 6 月 22 日,平台与途家合并,国内领先住宿分享平台从此成立,这一平台再获旅游网站流量支持。

2017 年 2 月,艾瑞发布在线短租行业报告,报告显示 C2C 领域蚂蚁短租品牌认知度超 70％。

2017 年 5 月,蚂蚁短租提出"未来民宿"概念,宣布推出四大新产品,并依托 8in1 大流量聚合平台开拓乡村民宿市场。

2017 年 10 月,蚂蚁短租摘得"中国劲旅奖 2017"两项大奖,分别为"年度最佳分享经济平台"及"年度创新劲旅奖"。

2018 年 1 月,蚂蚁短租旗下的精品民宿连锁品牌——有家民宿成立,着力为各个短租平台提供优质房源,针对习惯消费中高端酒店的人群市场。

2020 年 3 月,蚂蚁短租推出房东体验及城市玩法特色旅游产品,深度剖析目的地风土人情,结合当地房东服务为用户带来特色体验及玩法攻略。

目前,蚂蚁短租在中国 300 多个城市及旅游目的地拥有 30 多万套房源,发展越来越壮大,市场占有量及服务质量均连年提升,成为行业内有代表性的领军平台。

9.2 蚂蚁短租的优势与不足

9.2.1 蚂蚁短租的优势

传统住宿产品的服务止步不前,无法满足旅客多元化的住宿需求,让短租民宿有了生长契机,而民宿近年来如此之火,也少不了各平台的推波助澜。背靠流量巨头,蚂蚁短租趁势而起。迈点研究院在 2017 年 10 月所统计的在线短租品牌风云榜中,蚂蚁短租排名仅次于 Airbnb。众多平台中蚂蚁短租能有如此影响力,说明其在行业中有领先于其他平台之处。

1. 优越的流量入口优势

蚂蚁短租出身于赶集网,有赶集网和 58 同城两大 O2O 平台的流量支持;后又与途家整合,并获得了携程的融资,等于又增加了两大平台的流量入口,在流量上相比其他短租平台具有无可比拟的优势,这也是蚂蚁短租能够占据市场主导地位的重要原因之一。

2. 领先的行业标准保障用户利益

短租民宿交易建立在信用的基础之上,但是短租行业由于缺少行业标准,行业内出现了不少信用缺失的情况,而蚂蚁短租推出了"优质住宿计划"和"房客安心计划",创立了短租民宿市场行业标准和行业服务保障新标准,对促进行业的规范化有一定推动作用。同时,蚂蚁短租还引入了芝麻信用,积分超过 600 的用户可免押金入住,也在较大程度上保障了租住双方的利益,提高短租民宿的服务效率。

3. 智能民宿吸引年轻受众

迎合智能家居的风口,蚂蚁短租上线了"扫脸入住"功能,并与小米合作上线了 AI 民宿,在北京和上海两个城市引入了智米等十多款小米的智能家居产品,试图通过引入前瞻技术来解决行业的服务和安全问题。数据显示,民宿的消费人群年龄范围主要在 40 岁以下,其中 25 岁以下的消费者占比 42%,AI 与民宿一样,主要受众也是对新潮科技与新兴事物具有极高兴趣的年轻群体,智能民宿的概念也是迎合了这部分受众的消费兴趣。

9.2.2 蚂蚁短租的不足

制定服务标准,与时俱进,使用前瞻技术解决行业问题等表现让蚂蚁短租获得了 2017 劲旅峰会的"年度最佳分享经济平台"及"年度创新劲旅奖"两个奖项。但阳光之下总有阴影,蚂蚁平台在快速成长的同时,也存在许多问题。

1. 部分房源质量不过关

相关机构调查表明,蚂蚁短租对房源审核不够严格,且审核程序不够完善,对房源质量的把控力度较为薄弱,单纯地依靠租客消费过后的评价来约束房东过于片面,而且对于房东在网上发布的房屋信息也没有进行严格的验证,造成在线短租平台上对房屋的描述与真实的房屋情况不一致的现象时有发生,加剧了租客对于在线短租平台的不信任。

2. 售后体系不够完善

一方面,蚂蚁短租缺少交易方面的保险服务,若交易过程中发生了财产损失、家居损坏的情况,房东只能联系租客协商赔偿事宜,蚂蚁短租等平台作为担保交易方,并未在其中起到相关作用。

尽管蚂蚁短租也引入了芝麻信用,但芝麻信用在蚂蚁短租上所起的担保作用值得考究,如果不具备与现金押金同等的效用,一旦交易过程中住客造成了家居损坏或财产损失,房东的权益将可能得不到保障。

尽管安装摄像头可能是最好的保护措施,但是由于侵犯住客隐私也不可取。在平台售后保障不到位的情况之下,租住双方若是协商不一致,双方利益不仅得不到保障,还会不断激化矛盾。比如,租客毁坏房东的东西因无法证明可免于赔偿,房东只能自己承受损失;而别有用心的房东也可以利用房屋中原有物品的损伤私下追逼用户赔偿。

3. 管理和经营水平参差不齐

部分房东没有住宿业的从业经验,或缺乏管理能力,而蚂蚁短租只是提供了交易平台,所以在协同管理上存在待完善的地方。当然,个中缘由可能在于蚂蚁短租并非酒店等住宿服务行业出身,企业本身也缺乏协同管理的能力。如此一来,很多房东单纯是在信任的基础上提供服务,个人力量有限,没有控制风险的能力,利益也就得不到保障。虽然蚂蚁短租在多年发展中推出了不少利于行业发展的计划,但小猪、木鸟等其他民宿平台正通过精细化管理以及优质的服务逐渐拉近与蚂蚁短租的差距,蚂蚁短租欲想在未来发展中继续保持优势地位,仍需要更精细化的运营来支撑。

9.3 蚂蚁短租的商业模式

蚂蚁短租最具特色的地方就是 O2O 的运营模式,即把闲置的房屋发布到蚂蚁短租在线预订平台上,提供线上搜索、预订支付、线下消费、线上点评分享等服务。相比于传统酒店的 B2C(Business To Customer)模式,这是一种基于共享经济理念、具有巨大优势的商业模式,也是对传统商业模式的创新。

9.3.1 定位

蚂蚁短租沿用了 Airbnb 的模式,寻找私人空置房源,服务个人用户,偏向中低端消费群体,但是在房源供给上进行了本土化改造。2015 年 10 月 29 日,蚂蚁短租宣布转向旅游目的地民宿市场。2016 年 6 月,途家网 CEO 罗军公布了途家并购蚂蚁短租的消息。2018 年 2 月 5 日,蚂蚁短租 CEO 申志强宣布成立全新民宿管理品牌有家民宿,携程联合创始人兼董事会主席梁建章将亲自担任有家民宿董事长。

9.3.2 业务系统

房主只需通过蚂蚁短租在线平台来展示房屋信息,蚂蚁团队会提供专门的摄影、营销培训等服务。

用户可以通过蚂蚁短租 App 寻找合适的地理位置、价格以及装修风格的房源,直接与房主进行在线沟通预订交易。

蚂蚁短租作为第三方支付平台,为双方提供保险服务,保证房东与租户的利益。交易结束后,双方可以进行互评,这将成为房东完善服务和保障的监督指标。

9.3.3 盈利模式

交易佣金仍然是蚂蚁短租目前的主要收入,当交易完成后向房东收取一定比例的佣金。

但仅仅靠这部分收入是很难维持企业的运营发展,未来会拓宽渠道,将广告费、搜索排名收入以及合作方费用作为主营收入。

9.4 短租民宿市场竞争分析

9.4.1 综合对比

在短租民宿市场中,Airbnb 是先行者,产品形态被后来的小猪和蚂蚁短租及其他许多短租产品借鉴,但是本地化不足。而小猪早期的形态主要借鉴了 Airbnb,后来又根据本地市场的实际需求开发了许多非常有特色的功能以适应国内用户的需求,受到了房东房客的一致好评。蚂蚁短租脱胎于分类信息网站赶集网,所以产品上也有一些分类信息网站的特色,同时保留了许多赶集网产品上的缺点,如比较复杂、界面老旧、用户体验并不是非常好。但是蚂蚁短租进入市场较早,定位于二、三线城市的低价房屋的策略在目前阶段来看颇有成效,和小猪同处于国内短租市场的第一阵线。表 9-1 是 Airbnb、小猪短租与蚂蚁短租的综合对比。

表 9-1 短租民宿的综合对比

企 业	Airbnb	小猪短租	蚂蚁短租
定义	Belong Anywhere	居住自由主义	家庭出游新选择
产品定位	全球特色短租平台;归属感、全球、体验、特色是爱彼迎的关键词;专注于社交,让用户融入当地文化,体验独特的感受和房源;使命是创造一个所有人在所有地方都有归属感的世界	个性化体验、结交朋友;国内最大的短租房和特色民宿预订平台,更是一个充满爱与人情味的社交住宿社区;打造"居住自由主义",推崇个性化住宿空间、愉悦的交流体验	旅游+短租,定位"家庭出游"住宿市场,主张整体"出游解决方案";打造成为以家庭为主的休闲度假住宿首选
市场定位	中国出境游市场	中国大陆本土化市场,并布局海外市场(日本、泰国及东南亚地区)	中国大陆本土化市场
目标客户	主要是年轻、富裕的潜在出境游客;外国入境游客;拓展商务差旅用户	66.1%是旅游、周末游的用户,积极拓展商务差旅用户	80%为家庭用户
安全机制	多种认证服务安全机制;社交产业链全天候客户服务	实名验证机制;第三方担保支付	实名验证机制;第三方担保支付;房客安心计划

9.4.2 产品迭代

Airbnb 结合"后浪崛起""游中带学"和"体旅融合"的三大旅行趋势,在产品本土化和创新方面进行了 30 余项产品端的优化与升级。产品端极致打磨基础体验,包括更全面的搜索能力和信息呈现、更灵活的操作工具,以及更流畅的产品体验。面对千禧一代旅行者"爱种草""个性化""重品质"的特点,爱彼迎推出了"探索发现"卡片、个性化标签,以及爱彼迎民宿榜,精准匹配用户需求。此外,通过推出会员大家庭、升级评价体系和迭代共创机制等,爱彼迎一直在悉心为用户打造旅行的归属感。

小猪短租大约三个月迭代一次,相对比较稳健。产品优化的重心把握得也相对较好。早期主要将精力集中于可以吸引新用户的功能(优惠券等)和核心功能上面,中后期开始添加附加功能以留住用户。在 2.0 版本后,不断地提升用户体验,同时也为房东提供更多管理工具,让短租的房东也能科学地经营自己的短租事业。

蚂蚁短租的早期迭代很乱,快的时候几天一个版本,慢的时候两三个月才推出一个小版本,譬如 1.3 版本之后,等了九个月才推出 2.0 版本,这样的速度实在难以及时满足用户最新需求。3.0 之后,迭代节奏逐渐稳定,迭代方向逐渐向附加功能和用户体验的提升倾斜。

9.4.3 功能比较

从表 9-2 来看,Airbnb 的功能最强大,也最均衡。而小猪则为国内的用户添加了许多特色功能,如芝麻信用、速订管理等,以解决短租中遇到的信任问题。蚂蚁短租则因为脱胎于赶集网,带来了一些分类信息网站才有的功能,如发布租房需求、抢单等。

表 9 - 2　功能比较

功　　能		小猪短租	蚂蚁短租	Airbnb
搜索	基础搜索	√	√	√
	高级搜索	√	√	√
即时消息	IM 聊天	√	√	√
	IM 语音	×	√	×
	IM 发送图片	×	×	×
	基于订单/房源聊天	√	√	√
订单	自定义退订政策	√	√	√
	评论	√	√	√
	评论回复	√	√	√
	评论发图片	√	×	√
	按操作区分订单	√	√	×
	抢单	×	√	×
保障	押金	√	√	√
	芝麻信用	√	√	×
	实名认证	√	√	×
房东	房东模式	√	√	√
	门锁管理	√	×	×
	点评管理	√	√	√
	房源管理	√	√	√
	房东等级	√	×	√
	结算统计	√	×	√
	结算方式选择	√	√	√
	速订管理	√	×	√
	收款设置	√	√	√
订房	地图	√	√	√
	按定位推荐	√	√	√
	浏览记录	×	√	√
其他	开具发票	√	×	×
	保险	√	√	×

9.4.4　定位差异

1. 爱彼迎——格调为上，不接地气

爱彼迎作为起源于美国的民宿预订平台，起步早，而且似乎一直走的是高情怀和高格调的路线，但与大众化的印象不同，Airbnb 其实是对房源相对包容的平台，无论是品质较好的房源还是较普通的都允许上线运营。造成用户对爱彼迎是高端民宿预订平台的印象，有两个原因，一是因为它的搜索排序算法——品质差的房源的排位比较靠后，曝光的机会较少；二是因为爱彼迎的用户追求高端房源的比例比其他同类 App 更多，其中包括很多有过海外经历的用户。爱彼迎的国际化一直是其亮点，如果是出境旅游，或者外国人订房，那爱彼迎绝对是被优先考虑的首选，但是在国内出行的情况下，由于国人的文化底蕴、使用和习惯的不同，加之其本土化程度不高，对国人的痛点掌握不精准，造成其在国内用户中声誉走低。

2. 小猪短租——便捷为上，服务待提升

小猪短租走中端路线，可以为房东提供房间拍照、保洁以及安装智能锁服务，高质量的房源照片提高了用户体验，广受好评。小猪短租抓住国内民宿热在学生和年轻情侣中流行的时代特性，加以起步初期大量的广告投入，以及为用户和房东提供更多便捷性的产品方针，在民宿市场抢占了不错的用户量。但是，小猪短租的售后服务在网上评价较差，吐槽点主要集中在客服态度、定金纠纷、优惠条款不清晰等问题上，这是小猪短租未来可以进行改进的点。另外，小猪短租的商业模式、App 界面与爱彼迎整体相似度较高，整体来说，缺乏自己独特的产品风格和特色，期待未来能走出一条辨识度更高、更具特色的产品路线。

3. 蚂蚁短租——性价比高，家庭出游为主

蚂蚁短租的用户主要在 40 岁以下，以家庭出游、上班族（年轻白领为主）、学生党（大学生为主）为主。蚂蚁短租将自己的主要目标用户定位于家庭出游用户，在首页推出了家庭定制出行服务。相对于其他平台来说，蚂蚁短租是房东普遍评价最高的。蚂蚁对房源的审核效率比较高，对房东的审核流程也比较严格，房产证、身份证等都需要核对。整个操作流程比较明确，且都会有专人引导和跟进，对房东来说体验较好。房源性价比高，偏向中低端消费群体。这一举措虽然可以产生大量的订单，但是却难以产生大量的利润，反而会因为用户质量不高和住房环境良莠不齐而产生很多纠纷。

讨论题

1. 对 Airbnb、蚂蚁短租及小猪短租的产品定位进行比较分析。
2. 简述蚂蚁短租的优势与不足。
3. 试分析蚂蚁短租的商业模式。

参考文献

[1] 邹怡.在线短租行业发展存在问题与对策研究——以小猪短租为例[J].山西农经,2019(15):11-12.

[2] 隋婷婷.从用户体验角度探析在线短租的发展情况及对策[J].时代金融,2014(02):71-72.

[3] 潘月杰,张圆圆.分享型经济:在线短租商业模式初探[J].科技与企业,2014(05):74-75.

[4] 凌超,张赞."分享经济"在中国的发展路径研究——以在线短租为例[J].现代管理科学,2014(10):36-38.

第 10 章　贝壳找房

创立于 2001 年的北京链家房地产经纪有限公司(以下简称"链家")曾经用 18 年的时间成为居住服务行业的领军者之一,面对产业数字化新机遇,链家创始人左晖以壮士断腕的战略决断力,正式开启了链家的自我颠覆式转型——2018 年 4 月,以左晖、彭永东等链家高管为核心的团队正式创立贝壳找房(以下简称"贝壳"),突破"链家时代"的垂直自营模式,搭建数字技术驱动的开放型新居住服务平台。这项充满挑战和风险的数字化变革,不但为"贝壳"带来了指数型增长,也使其成为中国最大的房产交易和服务平台。

10.1　贝壳找房概况

贝壳创始人兼董事长左晖多次强调"贝壳找房是 18 年的链家和 2 年的贝壳的组织结合体。"自 2001 年创立起,链家历经"纯线下时代—信息化时代—互联网时代"的三阶段战略升级,逐步发展成为房地产中介行业的领军品牌。而 2018 年正式创立贝壳,不但是链家从垂直自营品牌迈向开放平台的自我颠覆色彩的整合式创新,也标志着左晖及其带领的链家由内而外地全面拥抱数字化,开启全新的数字化平台化发展阶段。贝壳找房行业地位发展历程如图 10 - 1 所示。

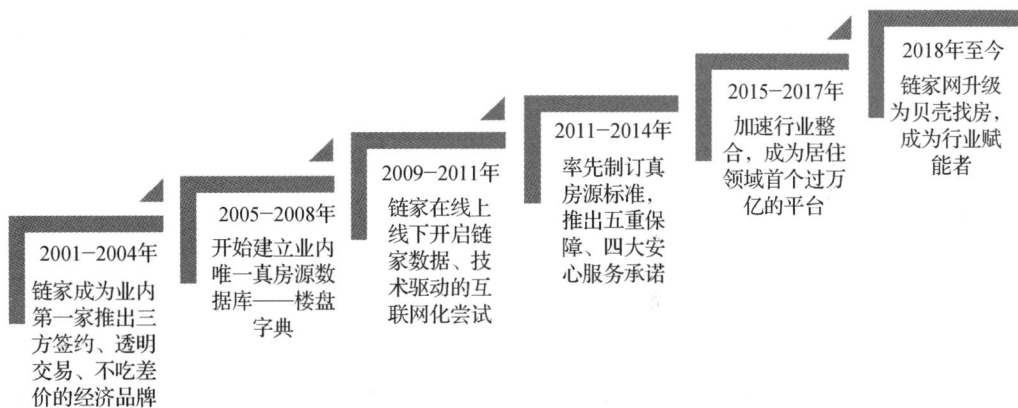

2001-2004年
链家成为业内第一家推出三方签约、透明交易、不吃差价的经济品牌

2005-2008年
开始建立业内唯一真房源数据库——楼盘字典

2009-2011年
链家在线上线下开启链家数据、技术驱动的互联网化尝试

2011-2014年
率先制订真房源标准,推出五重保障、四大安心服务承诺

2015-2017年
加速行业整合,成为居住领域首个过万亿的平台

2018年至今
链家网升级为贝壳找房,成为行业赋能者

图 10 - 1　贝壳找房行业地位发展历程

这项充满挑战和风险的数字化变革,不但为贝壳带来了指数型增长,也赢得了包括高瓴、红杉、软银等在内的众多知名投资机构的垂青。2019 年贝壳 GTV(成交总额)突破2.1万亿元,比 2018 年的 1.15 万亿元增长 84.5%,成为中国居住服务第一平台;而同年京东

GTV 为 2.08 万亿元,标志着贝壳已经成为仅次于阿里的国内第二大商业平台。2020 年 8 月 13 日,贝壳在纽交所上市,开盘当日股价上涨 87.2%,公司市值超过 422 亿美元。截至 9 月 10 日收盘,贝壳市值攀升至主要同行我爱我家、房天下、58 同城、易居、房多多市值总和的近 5 倍。2020 年年底,BrandZ 发布全球 TOP 100 品牌价值榜,贝壳首次上榜即位列第 48 名,成为当之无愧的"黑马"。

如果说,2019 年的贝壳还在跑通模式及扩大规模,2020 年贝壳的成功则宣告了中国人民的衣、食、住、行全面进入了平台化的时代。(淘宝、美团、滴滴、贝壳,四大平台实现衣食住行的服务模式创新)三个月市值翻倍,从最初的 400 亿元估值到最终 4 000 亿元估值,贝壳从线下走到线上,并且打通了线上线下,是排在阿里之后的"中国第二大商业平台"。

历经两年多的探索,截至 2020 年第三季度,贝壳模式已经连接 273 个新经纪品牌,覆盖 103 个城市,平台接入超过 4.4 万家门店,经纪人总数超过 47.7 万人。2019 年贝壳平台总成交额中,除链家外的其他新经纪品牌贡献的成交总额占 46.9%,平台完成的存量房交易跨门店合作占比超过 70%。

10.2 链家网商业模式转型原因

10.2.1 行业竞争环境混乱

近年来,房产中介行业一直处于分散的状态,各大经纪公司各自为政,行业竞争十分激烈,为了吸引客户甚至利用虚假房源信息。因此,行业内迫切地需要一个平台来解决这些年行业内的顽疾。另外,虽然链家在多年发展下成了行业的龙头,但整体的市场占有率仍然很低,外部潜在的竞争对手依旧很多。尤其是互联网环境下,拥有新技术、新模式、新平台的企业不断涌现,链家不得不做出改变。

10.2.2 传统中介收入结构单一

传统的房地产中介都是依靠抽取佣金获利,容易受到国家相关政策调控的影响。例如,限贷限购等政策,必然对链家单一的收入模式产生冲击。而平台化模式的转变,贝壳可以通过提供服务收取费用,从而实现多元化的盈利模式,增强抵御市场风险的能力,构建一个全新的房地产市场生态系统。

10.2.3 重资产,抗风险能力较弱

链家早期是靠线下门店直营的模式来进行扩张,过大的规模会导致重资产,过度重资产则会导致抗风险能力减弱,一旦市场环境发生剧变,链家会因为重资产而受到伤害。而平台化的商业模式不仅能够缩减线下门店成本,还可以通过互联网流量转化为更多的成交量。相对于链家来说,贝壳则属于轻资产,有着更高的安全性和爆发性增长的潜能,同时也更加受到市场的青睐。

10.3　贝壳找房的商业模式分析

10.3.1　贝壳找房针对行业痛点变革商业模式

1. 跨中介品牌资源共享平台，合理分成提升规模和效率

区别于传统平台经纪人承担多个角色影响服务效率与质量，贝壳找房采用 ACN（Agent Cooperate Network）平台模式，即在遵守房源信息充分共享等规则前提下，把整个服务链条细化，同品牌或跨品牌经纪人之间以不同角色共同参与到一笔交易中，成交后按照各角色在各环节的贡献率进行佣金分成。贝壳的 ACN 体系（见表 10-1），将房产中介这个角色的业务链条拆解成 10 道工序（房源方 5 道，客源方 5 道），每道工序都可以由一个独立的房产中介来提供并回传至贝壳找房，然后得到相应的部分报酬。

表 10-1　贝壳找房 ACN 合作网络定义的 10 种角色

角　色		职　责
房源方	房源录入人	将业主委托交易房源录入系统
	房源维护人	熟悉业主、住宅结构、物管以及周边环境；在客源方带看时陪同讲解
	房源实勘人	在贝壳系统内申请并完成对委托房源拍摄照片或录制 VR
	委托备件人	获得业主委托书、身份信息、房产证信息并上传至政府指定系统
	房源钥匙人	征求业主同意，获得业主出售房源的钥匙
客源方	客源推荐人	将契合的客户推荐给其他经纪人
	客源成交人	向买房人推荐合适的房源并进行带看；与业主谈判和协商，促成双方签约
	客源合作人	辅助客源成交人，帮助匹配房源，在带看和交易时协助准备文件、预约等
	客源首看人	带客户首次看成交房源的经纪人
	交易/金融顾问	签约后的相关交易及金融服务

此模式下，分佣机制更加均等化，经纪人可在自身擅长的领域参与多单交易中的多个环节，在促进精细分工、提高资源利用效率的同时，也有利于降低内部恶性竞争、推动良性竞合；原本是房产中介间打得头破血流的竞争关系变成了彼此责权利明确的协作关系，也就产生了多赢博弈，从而能实现服务品质、顾客满意度的提升，解决行业痛点。

2. 交易佣金替代端口费，更加注重技术投入与用户体验

贝壳找房取消端口收费模式，主要以促成成交后的交易佣金为收入来源，从根源上降低经纪人迫于经济成本压力录入虚假房源的必要性。同时为促成交易，贝壳找房也更加

注重通过技术手段提升房源真实性与线上使用体验,将楼盘字典、VR、航拍、3D模型等技术应用在整个平台上的房源中,进一步确保房源真实性与提升浏览体验。

10.3.2 贝壳找房的商业模式

1. 价值主张

价值主张这一因素是整个商业模式分析模型的核心,所有商业活动均是为实现这一价值主张而存在。一直以来,房地产中介行业都因为行业规则混乱、存在虚假信息等不当行为而饱受诟病,从而导致经纪人与客户之间缺乏信任,经纪人得不到尊重,客户也无法得到品质服务。贝壳找房的价值主张在于从根本上改变房地产中介行业的混乱现状,让居住服务不断满足消费者对于美好生活的向往。其价值主张可以体现在以下两部分:第一部分为文化软渗透的贝壳使命、愿景和价值观,让不同的品牌经纪人之间有共同的理念和奋斗目标;第二部分为系统强管控的规则策略产品,如ACN合作机制、服务承诺等,通过管理手段来提高工作效率,降低业务风险。

2. 目标顾客

由于贝壳找房的行业特殊性,平台将其目标客户分为直接客户和间接客户。其中B端中介公司、房地产开发商是其主要的直接客户。由于C端用户在使用平台提供的信息服务后,并未直接向平台缴费,所以将C端用户称作间接客户。

1) 直接顾客

(1) 二手房业务——中介公司

作为一家平台公司,贝壳找房核心目标客户是行业里的品牌中介公司。例如,链家在贝壳成立后便成了贝壳平台上的一家自有品牌,21世纪不动产也在最近加盟贝壳,成为贝壳的大客户。除此之外,贝壳平台上还有一个特殊的品牌叫作"德佑",个人所有的小型房地产中介门店可以通过使用德佑的品牌加入贝壳的平台中。

(2) 新房业务——房地产开发商

2018年全国楼市调控政策频发,新房市场整体交易量下滑,房地产开发商也开始与房产中介平台合作去化房源量。贝壳找房也从成立之初即进入新房市场,与房地产开发商展开合作。贝壳找房平台的优势之一就是对用户数据的洞察与分析,在保障隐私的基础上给消费者推荐房源。这极大地提升了购房者买房的效率,也间接帮助开发商实现快速高效的去化。

贝壳新房业务的核心逻辑是:上游对接房地产开发商,下游连接经纪人,再由经纪人将线上看房的用户精准地带到开发商的线下现场,形成开发商—平台—消费者的交易体系,也就是将平台上的商机、销售线索直接推送给开发商现场的置业顾问,通过案场置业顾问实现快速转化,既确保了购房者在高效的服务中获得想要的房源信息,也让开发商能够通过最短的路径、最快的时间实现新房交易的成交。

(3) 装修业务——其他服务者

2019年,贝壳又加大了对装修业务的投入。因此,贝壳找房的目标顾客还包括围绕居住场景下的装修公司、房屋设计师、社区服务者等。贝壳找房对这些平台进行改造和激励,旨在通过协作化网络实现新居住服务闭环。

2) 间接客户

贝壳找房 C 端用户在使用平台提供的信息服务后,并未直接向平台缴费,而是向成交的品牌中介公司门店缴费,然后品牌中介向平台交平台费,所以 C 端用户也被称为间接客户。

3. 获客渠道

获客渠道即公司与消费者接触的途径。由于贝壳找房的终端客户为房屋买卖方,因此贝壳找房的获客主要以吸引 C 端消费者为主。

贝壳找房的获客渠道可以分为两个部分,线上获客和线下获客。

1) 线上获客

作为一家房地产中介＋互联网公司,贝壳找房在手机 App 端、PC 端、微信小程序和400 电话咨询等多个流量窗口都设有贝壳找房的程序和相应的客服,大大提升了行业的透明度和效率。

2) 线下获客

房地产交易因其高价值、低频次的特性,很难完全在线上进行交易,在进行了前期的线上浏览后,客户必然会通过线下的实体店与经纪人进行后续的买卖或者租赁流程。例如,链家、德佑等线下门店,顾客有卖(卖)房或者租出(入)房的需求时,除了通过线上提交需求,也可以直接走进线下门店,与店内的经纪人沟通。

得益于线下门店的普及程度,经纪人往往能够深入社区,通过一些便民服务与社区住户建立长久而良好的关系。例如,链家门店会为消费者提供免费打印、应急雨伞、应急充电等便民服务,无形中提高了品牌在用户心中的形象,也提升了门店经纪人获客的机会。

4. 核心能力

相较于普通房地产经纪公司,贝壳找房的核心能力包括以下几点。

1) 楼盘字典

早在贝壳找房成立之前,链家网就已经投入了资源来建立楼盘字典这一不动产数据库。截至 2019 年 4 月,楼盘字典记录在册的房源数量已达到 1.87 亿套,成为行业内数据量最大的房屋信息数据库。

贝壳找房成立后,链家合并入贝壳平台,并将楼盘字典系统和权限开放至整个平台,利用 ACN 规则在帮助进驻平台的商家提高其房源管理能力的同时,也在不断扩大房源信息的规模和准确性。目前,贝壳找房的房源真实率已达 95% 以上,处于行业顶尖水平。

2) ACN 合作网络

ACN 合作网络是贝壳找房旗下门店跨品牌合作的基础。这一模式指的是在房源信息共享的前提下,同品牌或跨品牌的经纪人之间可以以不同的身份角色参与到同一笔交易中,该笔订单成交后,再按照角色进行佣金分成。ACN 模式解决了房地产经纪行业的两大矛盾。

（1）经纪人与经纪人之间的矛盾

由于佣金制的存在,经纪人之间存在着天然竞争的关系,行业内抢客户、捂盘惜售信息不互通、互相之间不信任等问题十分严重。在这种环境下每个经纪人所能接触到的房源信息和客源信息十分有限,从而导致很难做到人与房的良好匹配。而在 ACN 网络中,工作资源共享、工作内容进行细分、工作成果共享,将所有的平台上所有人员信息网状串联,从而使经纪人之间的关系从恶性竞争变为良性合作。

（2）经纪人与消费者之间的矛盾

由于房地产中介行业一直以来口碑不佳,导致经纪人与消费者之间信任度不足,在经纪人与经纪人之间的矛盾解决后,房源信息互通,信息也更加透明。经纪人能够为消费者匹配到更合适的房源,提供更加精准的服务,消费者对于房地产中介的信任度也将间接提升。

3）如视 VR 技术

如视 VR 技术是贝壳找房平台的另一核心能力。通过摄影师的实地拍摄和技术人员的后期处理,能够真实还原房源的情况,让用户在线上就能有到实地看房的体验。这一功能除了裸眼观看,还可配合 3D 眼镜使用,最大限度地还原房屋的空间感和方位感。点击 VR 讲房按钮,可收听经纪人的语音讲解服务,或使用 VR 带看功能,与经纪人实时连线,既节约了用户的找房成本,也提高了经纪人的房屋带看效率。

5. 客户关系

伙伴关系指的是公司与其他商业主体之间形成的合作关系网络。贝壳找房各商业主体的伙伴关系如表 10 - 2 所示。

表 10 - 2　贝壳找房的伙伴关系

参与方	角色					
	贝壳平台提供方	品牌提供方	成交门店	合作门店	城市运营	品牌托管
品牌方		√	√	√		
品牌方的加盟商			√	√		
贝壳找房	√					
各地城市贝壳公司				√	√	√

1）平台提供方

在这一套伙伴关系中,贝壳找房属于平台提供方,为品牌方提供服务并赋能。

2）品牌提供方

品牌提供方是指加入贝壳平台的大型房地产中介公司,如链家和德佑。其中链家属于贝壳直营品牌,而德佑可以为吸收其他的小型房地产中介门店,为它们提供品牌的使用权,属于品牌提供方,促使其更加专业化、规范化。

3）成交门店与合作门店

成交门店指的是最终与客户达成交易并收取客户费用的门店,即签约门店,而合作门店指的是与成交门店合作,辅助支持其完成交易的门店。

4）城市运营

各地城市贝壳公司负责城市运营,即负责平台在各城市的业务拓展和日常运营,并协助品牌方在该城市发展。

5）品牌托管

品牌方可以委托各地的贝壳城市公司在该地进行品牌的拓展和运营。

6. 业务模式

1）经纪业务

经纪业务是二手房业务和租赁业务的统称。由于房地产交易的低频性和复杂性,大部分消费者缺乏相关的经验和专业知识,必须通过房产中介进行居间服务,提供专业保障。经纪业务是贝壳的核心业务,相较于新房业务,经纪业务更复杂,交易流程更长。

2）新房业务

相较于经纪业务,新房业务多了开发商角色,少了门店之间的合作。贝壳找房是由链家转型而来,经纪业务是贝壳之前的核心。然而新房业务是贝壳找房新开辟业务之一,也是贝壳找房 2019 年主要推进和拓展的业务。目前,贝壳新房业务与经纪业务已呈 1∶1 的比例,成为贝壳最主要的业务之一。在新房业务流程当中,起主要作用的是贝壳城市公司与品牌主。贝壳城市公司或品牌主与开发商签订代理销售协议,各个门店作为新房楼盘的去化渠道,当有顾客通过网上信息或进入线下门店咨询新房业务时,门店经纪人即可将客户介绍到开发商销售现场,为开发商提供客源,最终开发商与客户签订买卖合同。如此一来,客户能够获得品质服务,开发商能够尽快销售新房房源,门店也增加了新房服务和佣金来源。

7. 成本结构

1）B 端拓展费用

贝壳找房成立于 2018 年,目前正处在迅速扩张阶段,为保障房源的真实性,贝壳设立了真房源基金,假一赔十;此外,贝壳找房仍在扶植中介公司和经纪人,如果一个城市没有符合标准的入驻公司,贝壳会考虑让内部经纪人脱离出去开店,并给予扶植的资金。目前,贝壳已建立东部、南部、西南、西北、北部、中原、华中七大战区,入驻平台的新经纪品牌超过 160 个。

2）市场营销费用

2018 年 4 月问世以来,贝壳找房通过暑期世界杯期间黄轩代言广告对外界强势亮相后,很快又通过合作《妻子的浪漫旅行》《都挺好》等综艺、影视节目释放了品牌调性与核心信息,同时不断探索品牌在综艺营销方面的新模式,并由此催生出垂直类定制综艺——《好房帮帮忙》与《您好新家》,链家、德佑、住商不动产、如家等经纪品牌也都在节目中得到了充分亮相。

8. 盈利模式

贝壳找房并不是传统意义上的互联网公司，靠商机和流量获得盈利，贝壳属于产业互联网，致力于用平台能力赋能行业中介公司，提供产品和服务，提高品牌门店和经纪人的作业效率，为顾客提供优质的服务和安全保障。

贝壳找房运营模式是线上线下闭环。线上是指通过贝壳找房 App、网站、小程序等端口导入商机，线下主要通过门店和经纪人服务促成房产签单，最终房产资金通过线上监管的方式完成交易，即完成线上线下的闭环。

从贝壳找房的运营模式上，可以将其商业模式分为三类：二手买卖、新房业务和租赁业务。

10.4　贝壳网的整合式创新

整合式创新理论认为，建设世界科技强国和培育世界一流创新型领军企业，均需要应用整体观和系统观思想，以前瞻性思维准确把握时代趋势、挑战和机遇，以战略视野和战略创新驱动引领技术创新和管理创新，实现技术和市场的互搏互融，强化内外协同和开放整合，才能最大限度地释放技术创新的潜在价值。尤其是在数字化转型的时代，企业发展的内外部环境更加复杂多变、模糊不定，唯有打造数字化转型的动态核心能力，才能够实现指数型和跨越式增长。

而贝壳找房的创新突围与产业数字化转型之路，则是带有自我颠覆色彩的整合式创新典型探索，如图 10-2 所示。

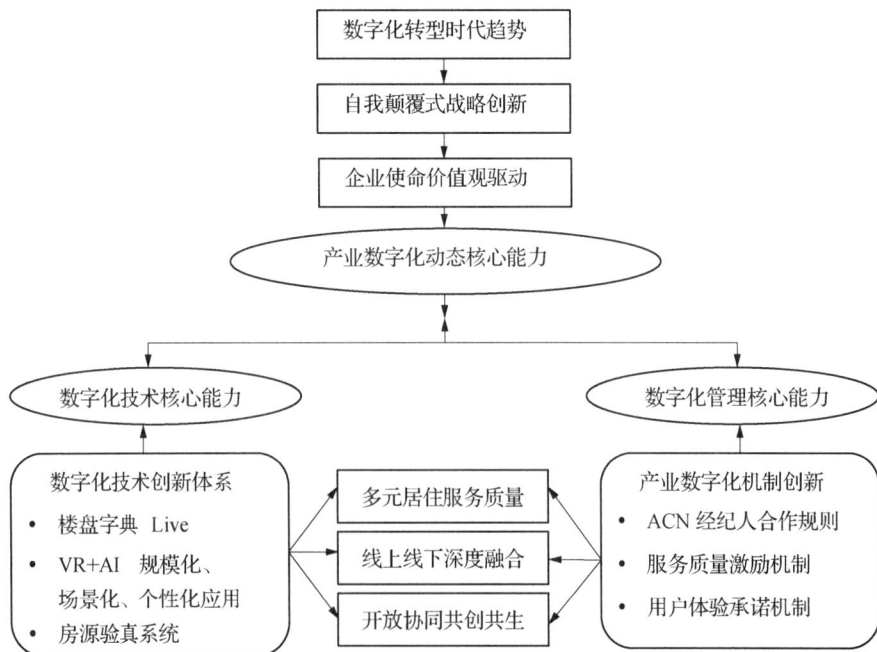

图 10-2　贝壳找房的整合式创新

10.4.1　战略创新：引领双轮驱动产业数字化转型

船大难掉头，行业领军者最大的挑战并非能否在原有赛道上持续引领，而是如何突破"成功者的诅咒"，实现持续的创新跃迁。因为过去成功所依赖和强化的核心能力往往会带来组织僵化和管理者战略上的短视，从而导致企业家难以及时推进组织更新、文化重构和战略变奏，最终错过新的市场机遇乃至被后发者颠覆。整合式创新理论认为，要突破"成功者的诅咒"，企业家和管理层最关键的职能是以企业核心价值观和战略视野驱动推进战略创新，这是引领组织实现创新跃迁、开辟"第二增长曲线"的重要先决条件。

回顾贝壳的发展，左晖用"品质为先"的经营理念和创业过程中沉淀的"做难而正确的事"这一企业核心价值观，贯穿了从链家到贝壳的 20 年创业与战略变奏。"对于贝壳来说或者对于曾经的链家来说，我们会比较确定地、比较坚定地把自己相信的那些事情能够拿出来，尽量推动组织内部所有人尽量相信那些事。这可能是我们在过去十几年时间里边，我自己觉得做得稍微有一些成绩的地方。"不论是创业时期力排众议坚守经纪人的职业操守、对房屋交易流程规范化的不懈追求，还是壮大阶段不计成本地对楼盘字典等数字技术创新的不断探索、用 ACN 等机制创新赋能全行业的宏伟愿景，从链家到贝壳，始终都在追求"有尊严的服务者、更美好的居住"这一使命。

而贝壳自我颠覆特色的整合式创新得以落地的两大基石，是数字化技术创新体系和产业数字化机制创新。一方面，数字技术为贝壳搭建起了数字化创新的底层架构，另一方面，ACN 合作机制创造的开放生态系统旨在通过分享合作提升全行业效率。技术创新和机制创新相辅相成打造了贝壳的产业数字化双核能力，建立起平台、经纪人、客户之间高效协同、互相促进的创新生态系统，以 ACN 机制驱动的数字化居住服务共创模式加速构建中国领先的居住服务平台，打造链接 C 端（用户）生态网和 B 端（服务提供者）生态网、支撑新居住生态的"数字化新基建"，以此重构并引领居住服务行业。

10.4.2　机制创新：夯实产业数字化的信任基础

回顾居住服务领域的近二十年沿革，无论是技术变革还是管理创新，都无法将格局放开去思考如何改善行业弊病。贝壳找房率先将战略目光聚焦到经纪人与客户接触成交环节，找到了传统线上信息化找房平台混乱的症结所在。过去，房产经纪人的行业平均从业时间只有六个月，由于收入或者社会地位等许多原因，大部分经纪人只是将这份工作作为空窗期的过渡，而非一份终生职业。而房屋交易标的金额大，许多经纪人在职业生涯内都很难达成一单交易，造成了经纪人单次博弈的诚信缺失。此外，签单决定成败的交易机制催生了撬单行为等恶性竞争方式，极大地降低了交易效率，严重侵蚀居住服务行业的信任基础。

为了彻底破解复杂、非标准化和低效内耗的交易模式给居住服务行业数字化转型带来的阻碍，贝壳全面应用的 ACN 机制将原来由一位经纪人负责的房屋买卖过程分成 10 个细分任务，并设置 10 个相应的角色，按照贡献程度分享原来由一位经纪人独享的中介费，并通过"贝壳分"这一以用户为核心的信用评价体系来不断激励平台服务者优化服务质量。如此一来，ACN 机制用多赢博弈取代了零和博弈，经纪人之间的关系由博弈变为共赢共生。这样价值共创的过程既缓解了原本尖锐的竞争关系,又为平台中的经纪人创造了一个职业道德水平相对更高的生存环境,用协作提升平台每位参与者的价值创造与收益的天花板。同时,平台为每个角色规定了更加具体的工作范围,提高居住服务工作过程的标准化,赋能经纪人职业化,进而打造了新居住生态基础设施的核心机制支撑。

同时,经纪人依托于平台的数字化技术体系支持,在客户进店之前就能充分了解客户需求,便于开展个性化和定制化的交易服务,在提高交易效率的同时,为用户带来更优质的服务体验。优质的服务反过来为平台招徕更多顾客,进一步加强数据积累,实现更高的成交额转化和服务成效。

总的来说,贝壳通过产业数字化机制创新和数字化技术创新的有机协同,打造数据驱动的线上化居住服务平台,形成数字化管理核心能力和数字化技术核心能力的"双核协同",整合而成贝壳独特的数字化动态核心能力,驱动居住服务行业数字化基础设施的循环迭代和升级,在 B 端以标准化、在线化、网络化和智能化来驱动服务者效率的提升,进而推动 C 端消费者体验的持续升级。

10.4.3 技术创新:筑牢产业数字化根基

从楼盘字典到楼盘字典 Live。从 2008 年人工搭建楼盘字典开始,链家用 3 年的时间探索出技术与设备的升级方案。2011 年链家为每个跑盘专员配置了 GPS 轨迹定位器、时间经过校准的相机和智能手机,利用技术手段保证所采楼盘信息的真实性。数据工程师把采盘专员上传的楼盘实拍图像处理成为系统中的结构化数据,组成楼盘字典的一部分。相对于同期同行的手工填报和抽查解决方案,链家采用更高成本的先进设备与大数据结合的方案构建真房源数据库。尽管当时左晖自己也无法预期楼盘字典这个庞大的数据库何时才能产生价值,但他仍然坚持"不计成本投入地开发",甚至对楼盘字典团队不设投入产出绩效考核。直到 2018 年,这一项目累计投入超过 6 亿元。根据贝壳 2020 年第三季度财报,楼盘字典积累的真实房源数突破 2.33 亿套,覆盖全国 57 万小区的 490 万栋楼宇,已成为国内覆盖面最广、颗粒度最细的房屋数据库。

如果说楼盘字典解决的是真房源,那楼盘字典 Live 就是让数据活起来、动起来。依托于楼盘字典 Live,房屋过去的交易情况、带看次数和频率,都能清楚地在系统里呈现并且能做到实时更新。这种更为即时的数据,也能够更真实、有效地反映出市场情况,为服务者和客户提供更多的数据支持,大大提升合作效率,为借助服务规则创新而重构互信互利、合作共赢的行业风气提供了数字化底层技术支持。

从 VR 看房到 AI 讲房。2018 年贝壳在业内率先把 VR 看房服务落地,实现房源 3D 全景的线上展示,为买方和经纪人都提供了相对确定的信息,有效减少了双方筛除不符合要求房源的时间。更直观形象的房源 VR 图带来了更高效的匹配、更生动的体验、更透明的操作,全面优化了用户体验,弥合了时间差异和空间距离的鸿沟。VR 看房等数字技术驱动的业务产品和线上闭环的房屋交易模式,在疫情期间成为贝壳平台的显著优势。截至 2020 年三季度末,贝壳累计通过 VR 采集房源 711 万套,同比增长 191.7%。2020 年 9 月,贝壳 VR 带看占比超过整体带看量的 40%,VR 看房逐渐成为用户习惯。

为了更直观地让用户获得房源信息,贝壳在 VR 看房基础上加入了 AI 讲房。通过图像识别、结构处理等算法智能化处理三维空间信息，AI 助手会从周边配套、小区内部情况、房屋户型结构和交易信息等维度为用户提供个性化的智能语音讲房服务，全过程只需 3 秒。VR 本质上是通过实现房屋数字化三维复刻，夯实居住服务行业的数据基础。

数字化技术创新体系也加快了贝壳数字化服务机制的创新速度和对线上化场景改造的能力。贝壳针对最复杂的贷款签约场景打造了线上核签室等数字化产品，整合实名认证、人脸识别、电子签章、OCR 自动识别等技术，打通线上交易闭环的"最后一公里"。从确定成交意向到签约及打款，交互场景全部实现数字化，比传统的贷款面签时长平均缩短 20％。截至 2020 年 9 月底，贝壳线上贷签服务已覆盖全国 45 座城市、66 家合作银行的 1 000 多家支行。

10.5　贝壳与新居住服务行业的新挑战和新机遇

贝壳的整合式创新所建构的外部可信的产业竞合网络，正进一步推动行业品质循环，加快从开放到共创、从共创到共治的产业演化升级，并从数字化平台向更高层次的共生共赢的数字化新居住服务产业生态加速迈进。

展望未来，贝壳找房所引领的居住服务行业的数字化转型过程中，无论是平台共治，还是智能化产业生态建构，抑或是可持续整合性价值创造，都是正在发生的挑战和机遇。

10.5.1　从开放共创到平台共治

数字化平台化是企业发展的全新阶段与范式，而数字化平台的良性治理则是正在被社会广泛关注的现实挑战。对贝壳而言，平台治理首当其冲的就是经纪人之间的纠纷问题。贝壳模式已经在除链家之外的中介品牌之间运行了两年，但是隶属于不同公司的经纪人在合作的时候仍然会面临纠纷。"贝壳陪审团"应运而生——由经验丰富的经纪人代表模仿法院审理流程对各种纠纷做出决断。

其次，目前贝壳找房平台连接 273 个新经纪品牌，在可预见的未来，随着贝壳规模的扩大，平台必然比经纪人拥有更多的话语权。而经纪人和门店是业务的主体，如果缺乏上通下达的有效沟通渠道，抑或平台不愿将流量红利分享给经纪人，经纪人则有可能成为下一个只能顺从平台的"滴滴司机"群体。对此，唯有不断开展数字化服务机制创新，才能保障平台多元主体的可持续共创。

此外，随着一、二线城市的潜在客户逐渐达到饱和，三线及以下城镇的下沉市场逐渐成为众多数字化平台企业的蓝海。然而，目前来看，对于下沉市场占绝大多数的价格敏感型消费者而言，贝壳提供的优质高价的服务模式很可能遭遇"水土不服"。在美国，针对价格敏感型用户，已经出现了基于行业大数据而在线撮合房屋买卖双方直接交易的 C2C 平台，收费只有传统经纪公司的 1/3 甚至更低。虽然短期内这类模式在中国市场难以发展壮大，但长期来看随着产业数字化的成熟和新居住服务生态的裂变式发展，极有可能涌现出新居住服务领域的"拼多多"。这会给贝壳发展造成什么样的影响？贝壳又该如何应对？只有持续推进共创共治、可持续可循环的创新治理，才能让贝壳永葆活力。

10.5.2　从数字化平台迈向智能化产业生态

解决服务标准化和竞合关系并不是贝壳整合式创新的终极目标,未来更重要的是从数字化平台迈向智能化产业生态,推动价值链围绕新居住场景的不断延展。楼盘字典作为一项重要的数字化资产,不但赋予了贝壳找房无限的想象空间,也为建设产业大数据平台、赋能高质量新居住生态提供了重要的创新公地资源。例如,贝壳基于其楼盘字典对不动产数据的动态获取和历史数据分析,能够精准评估不动产。

此外,贝壳在 AI 技术的基础上孵化出了旗下智能家装服务平台——被窝家装。被窝家装的 AI 设计版块基于如视 VR 近十万套室内设计方案和百万真实三维空间内的家装理解,结合深度学习,能为用户提供包含平面方案设计、硬装软装搭配、三维装修效果在内的自动化完整室内设计服务。未来,在贝壳从平台化向生态化演化的过程中,更多的数字化应用场景和业务有可能"涌现"出来,加速多元居住服务生态的发展。

10.5.3　从竞争优势到可持续整合价值创造

"科技创新驱动新居住行业"和"开放平台赋能生态链"是贝壳一直在做的积极探索。贝壳需要更加注重平台文化建设,完善经纪人职业化成长体系,推动新居住行业的可持续发展。当前,贝壳经纪学院、花桥学堂等已经构成了完整的知识赋能教育体系,通过全周期培训体系提升服务者专业能力;贝壳研究院通过对行业多年的深耕,提供研究洞察,撬动行业变革;贝壳经纪学院助力经纪人全方位职业化发展。

讨论题

1. 简述链家网进行商业模式转型的原因。
2. 列举"贝壳找房"的技术创新。
3. 简述"贝壳找房"平台化模式的运行机制。
4. "贝壳找房"是如何针对行业痛点变革商业模式的?

参考文献

[1] 方民.贝壳网精准营销模式探究[D].长沙:湖南师范大学,2018.

[2] 尹西明,王新悦.贝壳找房:自我颠覆的整合式创新引领产业数字化[J].清华管理评论,2021(1-2):120-130.

第 11 章　汇通达

2018 年,对于汇通达来说,是一个里程碑式的新起点:4 月 17 日,阿里巴巴集团宣布注资 45 亿元共建农商新业态。这一消息传开,搅动了农村电商行业的一池春水。这家总部在龙盘虎踞之地南京的汇通达网络股份有限公司,近 3 年营收从 45 亿元、165 亿元到 235 亿元,年利润复合增长 100%以上;其农村电商业务已经覆盖全国 19 个省份、1.6 万多个乡镇、9 万多家乡镇夫妻店。同时带动 50 多万农民在流通领域创业就业,直接惠及 6 700 万户农民家庭、2.7 亿农村人口。权威专家认为,切实解决农村电商"最后一公里"的"汇通达方案",为中国新农商业态的瓶颈约束突破,为中国城乡数字化融合发展的时代创新,做出了开拓性的创新探索和富有借鉴及启示意义的有益实践。

11.1　汇通达基本概况

汇通达网络股份有限公司(以下简称"汇通达")成立于 2010 年,总部位于南京,是以农村为主要目标市场,利用电子商务的工具,以新零售的运营模式为农民提供各种所需农资、商品的公司,主要创始人有多年的家电零售业经验。

11.1.1　发展历程

汇通达网络股份有限公司是 2010 年由 11 位自然人共同出资组建的有限公司,原名江苏汇通达供应链管理有限公司,主要是对商品的供应链进行整合。2013 年 11 月,公司更名为汇通达网络有限公司。2015 年 12 月,公司更名为汇通达网络股份有限公司。汇通达公司经过几年的发展,由于其独特的农村电商运营模式,获得资本市场的认可,各路资本对其进行了多轮投资,公司发展历程如图 11-1 所示。

各种资本的加入,一方面说明汇通达农村电商模式得到了资本市场的认可,资本的加入可以为汇通达农村电商模式的发展助力,另一方面说明资本对农村市场的前景非常看好,农村市场作为蓝海市场,未来的发展潜力巨大。

11.1.2　组织架构

汇通达的组织运行为通过汇通达总部在全国各地控股设立平台分公司,再由平台公司发展全国各地农村市场的夫妻老婆店成为公司的会员店,最终服务千千万万的终端农民和农民家庭,其组织结构如图 11-2 所示。

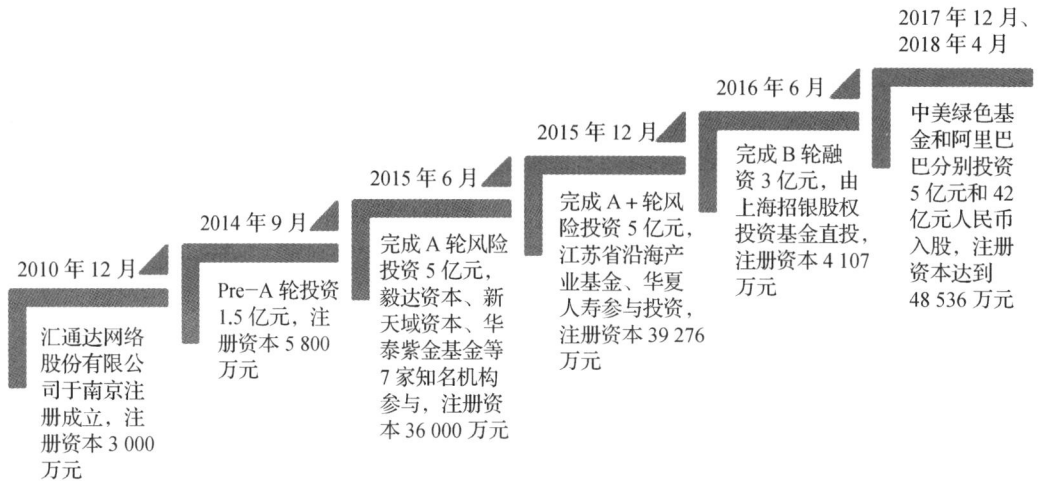

图 11-1 汇通达发展历程

- **2010 年 12 月** 汇通达网络股份有限公司于南京注册成立,注册资本 3 000 万元
- **2014 年 9 月** Pre-A 轮投资 1.5 亿元,注册资本 5 800 万元
- **2015 年 6 月** 完成 A 轮风险投资 5 亿元,毅达资本、新天域资本、华泰紫金基金等 7 家知名机构参与,注册资本 36 000 万元
- **2015 年 12 月** 完成 A+轮风险投资 5 亿元,江苏省沿海产业基金、华夏人寿参与投资,注册资本 39 276 万元
- **2016 年 6 月** 完成 B 轮融资 3 亿元,由上海招银股权投资基金直投,注册资本 4 107 万元
- **2017 年 12 月、2018 年 4 月** 中美绿色基金和阿里巴巴分别投资 5 亿元和 42 亿元人民币入股,注册资本达到 48 536 万元

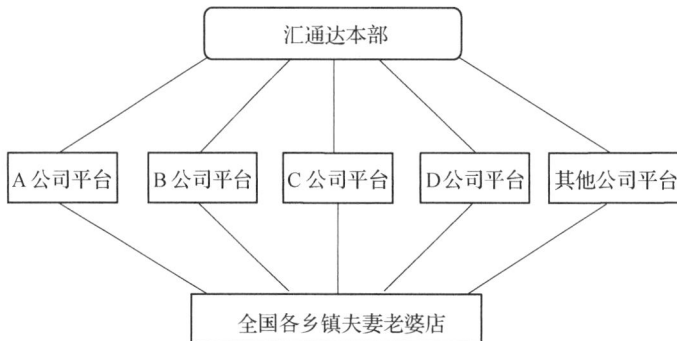

图 11-2 汇通达的组织结构

11.2 汇通达开展农村电商的原因分析

11.2.1 农村电商符合农村消费习惯

汇通达在涉入农村电商市场之前曾做了大量的市场调研,发现农村消费市场存在差异化的特点。虽然农村消费者因互联网普及对电商的认可度越来越高,但因习惯留下的传统交易方式(如喜爱赊销购物、需现场体验、爱讨价还价、就近购买、更信赖熟人、灵活服务、即买即提等)仍常常发生,可见这与城市消费特点品牌化、标准化、品质化等全然不同,这意味着服务于城市电商的运营模式并不适用于农村用户。以苏宁、国美为代表的家电连锁企业,已尝试过连锁店下沉乡镇的模式,但由于运营成本过高、沟通互动难等问题,连锁店下乡并不顺利。而汇通达却能有效地解决此类问题,有信心、有资本在农村电商市场立足。

11.2.2 服务圈广

特色型旅游、网上农贸市场、数字化农家乐、特色经济和招商引资等都是农村电子商务目前包含的服务内容。此类服务均有利于汇通达结合自身需求及优势进行发展方向的选择,选择越多,机会就越大。

11.2.3 市场需求旺盛

农村电商需求旺盛,市场广阔。近年来我国普遍消费水平提升,农村消费需求同样提升,但是由于边远农村地区的商业基础设施不太完善,农村消费者没有更多的渠道获得所需的商品。随着互联网的高速发展,农村网民的增长呈指数增长态势,农村地区、三四线城市的消费潜力被释放,农村电商让农村消费者足不出户就能够享受跟城市居民一样的便利,购买优质优价的商品。

11.2.4 有政府政策大力支持

2016 年 2 月 17 日,国家发展改革委员会与阿里巴巴在京签署结合返乡创业试点发展农村电商的战略合作协议。根据该协议,政府将加强统筹规划、综合协调,不断改善试点地区创业环境。在未来三年里,双方将共同扶持 300 余试点县(市、区)结合返乡创业试点发展农村电商。这样有政府的支持与加大力度的先行推广做铺垫,汇通达再行选择农村电商将更为有利。

11.3 汇通达本地化 O2O 平台模式及"5+"服务概述

11.3.1 汇通达本地化 O2O 平台模式

截至 2021 年 1 月,汇通达业务已覆盖全国 21 个省,19 000 多个乡镇,累计服务超 14 万个乡镇零售门店,惠及 7 000 万农民家庭。其核心模式就在于,通过聚焦中国农村市场,采用创新模式,整合农村当地经销商成为汇通达旗下会员店,通过为会员店提供独特的"5+"服务,全方位提升会员店的供应链管理能力、线上运营能力和专业化的经营能力,帮助会员店转型升级为本地化的农村社区生态 O2O 服务平台。

从产品选择方面来看,汇通达聚焦农村市场,锁定"三高产品"。"三高产品"的特质在于:首先,产品需要高端物流配送,传统的城市 B2C 包邮方式无法配送到位;其次产品对售后服务的保障具有较高要求;再者,消费者对产品具有高体验需求,需要对产品有线下的实际体验,需要产品终端有专业化的产品交流能力。

从平台构建来看,基于农村市场的环境及农村消费者的固有特点,汇通达没有选择直营连锁和加盟两种方式,而是基于会员店的优势和短板,针对性地把分散的夫妻老婆店用会员制的形式加以组织,充分发挥会员店前端所具备的本地化和灵活度高的优势,帮助会员店建立后台,提供信息化的平台,线上实现交易,线下为会员店提供服务,帮助会员店用数据管理客户,完善进销存管理,进一步提升会员店的经营和销售能力。选择会员制管理方式的原因在于,一方面,直营和加盟的方式都要求门店具有统一化的标准运营,这与农村市场差异化的需求相违背;另一方面,由于农村作为浅海市场,直营店所能覆盖的区域有限,而单个区域的市场体量完全无法覆盖直营店的运营成本。而汇通达的会员店具有高度的自由度,商品价格及提供的服务都可以由会员店主直接决定,能够更灵活地适应本地市场需求。

从连接形式来看,由于汇通达的会员店数量超过 4 万家,同时会员店又具有体量小、分布分散的特点,如果直接由汇通达总部对众多会员店进行服务,势必会产生巨大的成本,并且效率低下。因此,汇通达总部采用了通过平台公司来与会员店建立联系的方式。平台公司来源于之前与当地夫妻老婆店产生直接供应关系的地市级大型经销商,汇通达通过与当地经销商合资成立新的平台公司的形式,对平台公司进行管理。一方面,平台公司拥有自主的采销权,总部采销权全部下放;另一方面,平台公司可以利用原有的地市级经销商资源,通过平台公司与会员店链接,为会员店提供相应服务。

从驱动模式来看,汇通达模式从原有的经营商品的模式转为对会员店的经营,由会员店的需求进行驱动。同时基于汇通达为会员店提供的信息化管理平台和线上服务平台,积累会员的各项进销存及经营状况数据。进而基于会员店所产生的数据和信息,由数据驱动派生出更多始终围绕会员店经营的工具和服务从而满足会员店的需求。从原有的农村电商 B to C 模式转为 B to B to C 模式,从经营商品转为经营会员店,最终以汇通达总部通过客户经理与会员店建立联系,会员店与村级代理人产生关系,村级代理人与农户间产生实时的在线交互和互动,与农村市场顾客形成由商品、工具、增值服务、社交、情感所组成的柔性黏度。

11.3.2　围绕会员店经营的"5+"服务模式

2012 年,在"家电下乡""以旧换新"等政策推动下,农村居民对家电类商品需求量快速增长。乡镇零售店虽然具有本地化优势,但短板也十分明显:大多数都未应用信息系统,货物和账目管理比较混乱;采购量小、品种有限,导致议价能力弱,而且采购时间点难以与需求精准匹配,具有一定的盲目性。电商巨头纷纷下沉市场,掀起竞争狂潮,线上、线下同价使得乡镇零售店的经营效益下降,"卖难"问题凸显。

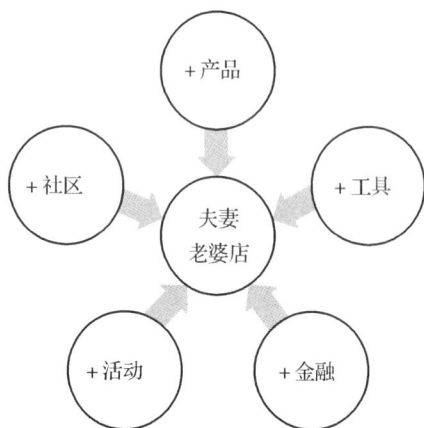

图 11-3　汇通达"5+"服务体系

为了进一步整合乡镇流通实体和闲散资源,提升会员店经营水平和效益,汇通达实施了"5+服务"模式,即"商品+"(整合供应链商品集采)、"工具+"(互联网管理工具和技术)、"社群+"(粉丝运营管理、人员培训)、"金融+"(融资服务)、"活动+"(活动策划、整合营销等)。通过"5+"服务围绕会员店构建立体化、多层次的农村电商经营体系。汇通达"5+"服务体系如图 11-3 所示。

1. "+工具"

通过自主研发并推广运用网络商城、汇掌柜 App 和店面管理软件等信息化系统,把农村夫妻店用互联网链接起来,增强了乡村夫妻店的竞争力。以前夫妻老婆店是没有互联网工具的,客户来买东西都是记录在单据上,基本作用就是存档。现在导入"超级老板""汇掌柜"等互联网工具后,不仅可提前统一发微信通知所有新老客户,销货量成倍增长,还引来更多粉丝。而且汇通达结合农村特色不断优化 IT 系统支持夫妻老婆店的管理者,最大限度地简化使用电商平台后台的复杂性,用大白话呈现功能,适合农村市场的特点。

2."＋商品"

建立一条上游优质品牌资源直达会员店,再到农民顾客手中的互联网供应链,逐步由家电扩展到农资、农机、家居、建材、酒水等多种品类。在上游供应商方面,汇通达专门设计了为夫妻老婆店的供应商配发的工具,这些供应商利用夫妻老婆店的数据,对夫妻老婆店提供精准的供应链服务。会员店经营者从过去卖单一商品或者种类不多的商品向多商品形式发展,经营品种得到了极大丰富。汇通达依托广大的农村市场,整合上游资源,更好地服务夫妻老婆店。如过去只能卖家电的,现在可以卖农资。过去只能卖一个品种家电的,现在可以进行多品牌的销售,极大地丰富了夫妻老婆店的经营类别,提高其销售收入。以前乡镇夫妻老婆店是有什么卖什么,如今变成顾客要什么就能提供什么,赚钱效应明显。汇通达商品供应链模式如图 11-4 所示。

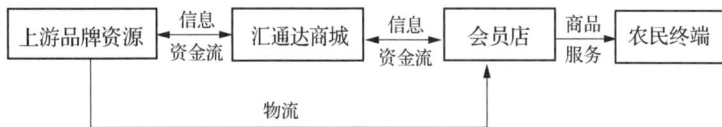

图 11-4　汇通达商品供应链模式

3."＋活动"

为了解决夫妻老婆会员店销售难的问题,汇通达结合乡镇特点,利用大数据手段,不定期地组织各类会员活动,实现精确营销。比如夫妻老婆店开业的时候,汇通达为会员店设计了很多促销方式。比如赠送小礼品,有专门赠品定制。通过开展活动,吸引客流量,提升夫妻老婆店的销售额。

4."＋金融"

针对夫妻店规模小、金融服务需求强的特点,利用供应链数据和服务团队优势,提供供应链金融服务,高效而又低成本地解决会员店融资难题,实现多买多卖。夫妻老婆店可以依托汇通达的支持获得小额贷款帮助生意做大,而且解决资金问题非常简单,全部通过网络数据,通过线上工具,随借随还,按天计息,这也是农村夫妻老婆会员店最强烈的金融需求,比传统的民间借贷便捷、省时、省力、省钱,通过这种手段会员店就能够实现多买多卖。同时也可以将闲置的资金通过与汇通达有总对总合作协议的机构获得较高的理财收益,帮助会员提高资金使用效率和资金使用价值。

5."＋社群"

汇通达通过构建农村线上社交网络,打造农村的粉丝经济。为了帮助农村夫妻老婆店做大扩大客流量,汇通达建立了比农村电商"地推"更有效的村推。一个村、一个村地进行推广,建立农村夫妻老婆店的粉丝客户群。汇通达会给地推人员提供智能工具,让其拥有互联网的手段,以便于服务顾客。在村里面,一个村有一个代理人,每个村都有一到两个的粉丝群,通过粉丝群锁定顾客,构建高效和充满情感信任的农村社交网络,不失时机撬动消费升级。

坚持只做物流要求高、体验要求高、售后要求高的"三高"商品的汇通达,使一度因各巨头电商下乡,遭受客流减少、销售下滑"生死劫"的乡镇夫妻店,增了营收、降了成本、提了效率、活了农商。"5+服务"模式的最大亮点,就在于其两端的开放性和开发潜力。既持续不断汇聚着海量强大的供应链资源,又将巨量的中国农村夫妻店纳入平台,覆盖农村、深入家庭、赢得农户。汇通达由此成为消除信息孤岛,填平数字化鸿沟,增强市场活力,链接城乡流通的重要枢纽。

通过"五+服务",散落在全国19个省、1.6万多个镇的近9万家传统乡村夫妻店,"升级"为拥有线上线下经营能力、本地用户运营能力的新型"互联网+农村流通实体",摇身一变成为具有"互联网化、数据化、服务化、生态化"特点的"四化"本地服务平台,成为城乡流通的有效连接器和频繁交换器。

11.4 汇通达农村电商取得的成效

11.4.1 销售额剧增与门店规模扩大

随着电商的兴起,农村成为"下一个互联网的风口"。但相比在BAT互联网巨头下乡"刷墙"之前,汇通达早已经在农村市场站稳了脚跟,早早地实现了盈利。据统计,2018年,汇通达平台实际销售超过352亿元;全国20个省已经使用汇通达平台,会员店数量达到10.5万家,约7000万个农民家庭、3亿农村人口从中受益,成为中国农村电商的"独角兽"。

11.4.2 为农村消费者所做贡献巨大

汇通达旨在打造中国农村乡镇市场生态链建设,以"资源共享的大平台+切实可行的商业模式+免费的互联网工具+互联网金融工具"为特征,在经营理念上,给下游客户只做加法不做减法提供了便利高效的服务,为大家搭建一个高效有序的生态系统,经营模式由以前经营商品转变为经营顾客,让乡镇消费者同步享受与城市一样的商品和服务。

11.4.3 成为农村电商领域的领先者

由于精准的市场定位、领先的商业模式、专业化的管理团队、超前的互联网工具、与时俱进的平台以及庞大的大数据系统,汇通达以高度综合能力领先于其他企业和模式,最终成为中国农村电商领域的领先者。

11.5　汇通达对发展农村电商的启示

11.5.1　全面完善按时按需上门的服务

农村居民居住地因为分布密集度比较低、范围也广,即使目前农村电商市场在开始崛起,但要达到送货上门的程度还远远不够,物流成为电商下乡的一大障碍,这一点虽然给网购的快捷便利打了折扣,甚至减弱了农民网购的积极性,但也是农村电商存在的一大商机,最终胜负可能决定在物流的"最后一公里"上。随着支付系统的不断完善,电子商务企业间的竞争越来越大,只有顺应网络时代的需要,全面构建物流配送网络,使城乡普通市民都能享受到网络市场的快捷便利,农村电商产业的发展才能有大进步。

11.5.2　先设线再铺网,发展精准物流服务

建立覆盖整个农村区域的物流配送网络,打造"千村万店"的新模式。同各大电商平台、物流配送公司、快递公司加强合作,建立多个农村物流服务站,把乡镇交管所作为中心向周边的村庄进行辐射,形成以直线运输为骨干、支线运输为辅助的物流配送网络。并对农村物流配送资源进行整合,解决配送运输线路重叠、人员重复配备等资源浪费的问题,实现大家共赢。

11.5.3　探索农村电商金融路径

需要加强与互联网金融机构的合作,发展纯信用无抵押的贷款,并以提供贴息的方式,加强对农村电商的信贷扶持。与金融部门积极联系,深入、持续开展电商贷款、小额创业贷款等活动。与地方政府共建电子商务诚信体系战略合作机制。电子商务园区可以通过跟踪各个电商的快递量来推算园内企业的具体运营情况。当电商遇到资金困难时,园区可以根据上述信息出面担保,从银行借到低息贷款,解除电商发展的资金瓶颈。

11.5.4　改善农村电商发展环境

一方面需要构建网络诚信体系,营造诚信的交易环境;另一方面要不断加强网络基础设施建设,提高农村互联网普及率。除此之外还要建立电商行业协会。行业协会是农村网商正式或非正式的交流平台,能促进网商间相互学习与良性竞争。建议当地政府引导当地网商自发组织网商协会和产业联盟,打破网商之间交流少、互动少的不良局面,发挥行业协会与产业联盟等第三方组织的协同功能,促进形成共同发展、分享合作的互联网精神。

11.5.5　大力培养农村电商人才,鼓励通过网络创业就业

发展农村电商最大的阻碍是人才的匮乏。农村电商能发展本质因素是依靠能人来带动,电商运营涉及互联网技术操作、网络营销、上下游的对接等专业知识,传统农民根本不了解这些操作技巧,所以农村电商需要的是一批新农人。而新农人的最佳人选便是有意

愿返乡去创业的知识青年,因为他们更懂得如何使用"农业＋互联网"。建议建立大学生农村网络创业服务中心,提供创业项目评估、注册登记、融资、技术服务、法律咨询等一站式服务,让大学生带动农村电商创业富民。

讨论题

1. 简述汇通达本地化O2O平台的模式。
2. 简述汇通达的"5＋"服务模式。
3. 汇通达在产品选择方面有哪些特点?
4. 汇通达对发展农村电商有哪些启示?

参考文献

[1] 刘向东,刘雨诗.双重赋能驱动下的信任跃迁与网络创新——汇通达2010—2019年纵向案例研究[J].管理学报,2021,18(2).

[2] 刘庆全,宁钟,蔡小锦.汇通达:农村电商新生态[J].企业管理,2021(4).

第 12 章 云集微店

分享经济作为一种新兴的互联网经济模式,是指个人、组织或者企业,通过互联网第三方平台分享闲置实物资源或认知盈余,以低于专业性组织者的边际成本提供服务并获得收入的经济现象。这种经济模式的兴起推动了一大批社交电商的上线与发展,并在初始阶段取得了骄人的业绩。商业模式发展的多样化决定了分享经济模式成为经济发展的重要趋势,但任何新鲜事物的出现不可能立即被大众所接受,关于云集微店,众说纷纭,云集就是在这样的竞争与争议中不断成长壮大,并走出了一条创新型的发展道路。

12.1 云集概况

2016 年年底,商务部、中央网信办、发展改革委三部门联合发布的《电子商务"十三五"发展规划》明确提出"鼓励社交网络发挥内容、创意及用户关系优势,建立链接电子商务的运营模式,支持健康规范的微商发展模式",为我国社交电商经济的发展制定了基本发展思路。

云集微店隶属于浙江集商优选电子商务有限公司,是一家从事电子商务平台研发、运营的移动互联网公司。云集微店于 2015 年 5 月上线,主要是为消费者提供覆盖面极广的线上零售服务,包括美妆个护、食品饮料、服饰箱包、母婴玩具、家居电器、蔬菜生鲜、日用家纺以及手机数码等产品。上线营业之初的云集微店由于激进的 App 推广方式受到消费者的大量投诉,收到监管部门 958 万元的罚单。云集微店创始人肖尚略将这 958 万元的罚单当作创业之初付出的学费,并继续带领团队进行云集的创业。自 2016 年 2 月份云集开始进行整改,整改合规之后,云集微店获得了更快的成长。在 2017 年第二季度,云集微店的营业额迅猛增加,高达 19.23 亿元。直至目前为止,云集微店仍占领着巨大的社交电商市场份额。云集的主要发展历程如图 12-1 所示。

经过两年多的发展,云集已帮助超过 300 万人开启了电商赋能事业,相当于线下 2 000 家大型商业综合体的商铺数,VIP 用户数突破近 3 000 万户,等于澳大利亚全国人口。日销售额最高过 2.78 亿元,2017 年全年交易额突破 100 亿元,累计纳税超过 1.5 亿元,一年所发出的包裹数足以让北上广深一线城市的所有家庭都收到 4 次。

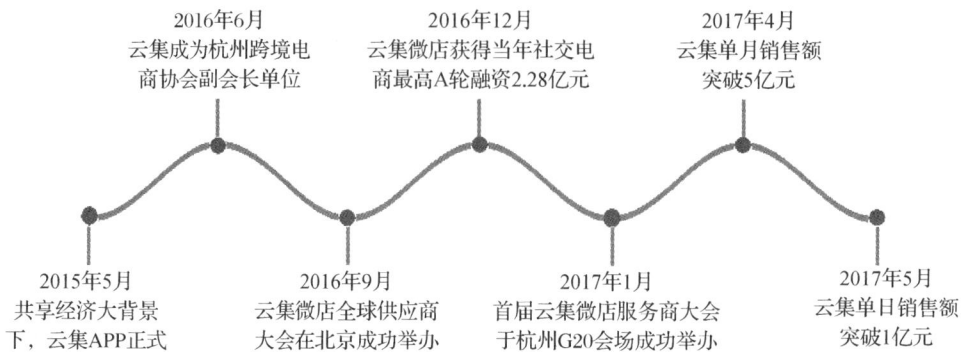

图 12 - 1 云集的主要发展历程

12.2 云集微店的共享经济模型

在互联网 3.0 时代,每个人都成了信息生产者,享受着参与权和发言权,个体也成为商业和服务等领域的提供者。个体崛起在快速发生并渗透到全世界,在这样的环境中所产生的新商业模型就是共享经济。共享经济促进了个人与互联网的结合,闲置的个体力量+互联网拥有了革新组织方式的力量,共享经济的商业模型正在深刻影响着这个世界。

云集通过共享经济模型,使商品变成了云,内容变成了云,仓储、物流、客服、培训等都集成为云。而这些云的集合,正是"云集"二字的含义。在云集微店这个共享平台上,集成了一张大服务网络,以精选式采购和平台化赋能,支持店主(小 B)经营,完成了一个去中心化的、互动式的新社交零售。云集独创的 S2S 模式如图 12 - 2 所示。

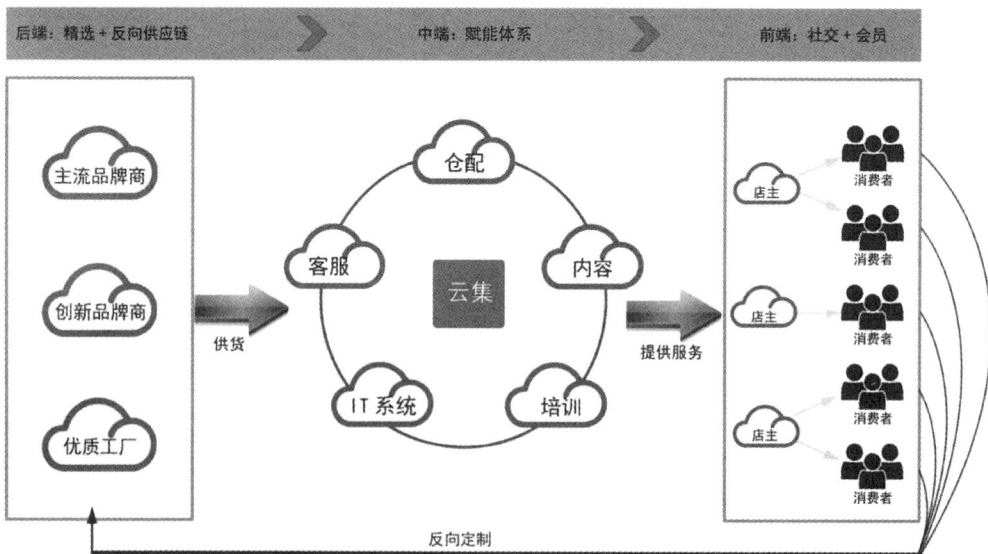

图 12 - 2 云集独创的 S2S 模式

12.2.1　打通社交链和交易链，云集平台价值日益凸显

作为社交电商的先行者，云集实现了从零至"独角兽"的蜕变。早在 2015 年 5 月，云集便上线了社交流量裂变的增长模式，借助购物分润的方式实现用户的持续裂变增长，其核心价值在于以社交化分享的方式降低了电商核心的流量成本问题。不同于传统电商模式，社交电商基于"好友"信任背书，通过社交关系链实现商品信息的传递和交易的达成，实现了场景式的购物转化。

1. 精选式采购，提升产品品质

面向消费升级需求，云集一直在寻求优质的供货商，旨在为消费者提供更优质的产品，打造全球精品超市。买手精选 3 000 多种品牌商品，对品质做到更为严苛的掌控，为消费者带来更物美价廉的产品。

2016 年 4 月，云集签约韩国最大的化妆品生产研发商 COSMAX，借助其强大的化妆品研发团队和先进的研发技术，开发出第一款美妆产品"素野心水保湿套装"，通过云集旗下的店主进行推广零售，近 20 万套"素野心水保湿套装"不到半年即销售完，取得了惊人的销量。2016 年 8 月 31 日，云集与众多品牌达成战略合作，包括万事利集团、九阳、百草味、搜狗、欧莱雅、伊利、圣牧、高露洁、强生、大希地、飞利浦、美迪惠尔等知名品牌。其中 2017 年大希地牛排的销量破同行业纪录，半天时间牛排销售额达到 1 000 万元，一度被央视财经所关注。2018 年年初签约作为中国精品制造的优秀代表成功入选 2018 年 CCTV "国家品牌计划"的方太集团，多次的强强合作，使得云集微店的产品质量不断提升，产品范围越来越广，适应消费者的多样化需求。

2. 平台化赋能，全方位支持

平台集成多种服务资源，提供全方位的商业支持，降低销售型用户参与创业的门槛。首先，商品共享和仓储共享。云集微店每月有着十几亿的库存和遍布在全国的 20 多个仓库，由平台集中采购商品，把商品共享出去，店主不需要支付任何成本就可以拥有销售权。对标传统电商，开一个淘宝网店则需要自投成本，采购、仓储，且商品多样性十分有限。其次，内容共享。内容包括视频、音频、文字、海报等，大大提高了商品在互联网的传播效率。在云集微店，这些内容变成了众包。云集微店有两万多个明星店主，他们可以在平台上生产内容获得收益，给产品拍视频、做海报、配文字，继而上传到共享的内容平台上，其他店主都可以免费获取。另外，云集微店还提供客服、培训等内容的共享平台。简单来说，云集微店，先聚合商品、物流、客服等，将其开放给店主，通过产业链赋能将店主的成本降到"0"。店主只需要在网络社交圈推荐、宣传，将商品信息有效链接到消费者，带来客流和维护客户关系即可。这种 S2S(Supply Chain to Social)的模式通过产业链赋能将店主的经营门槛大幅降低，让精选商品与网络社群进行低成本的高效自由链接。

3. 众包分销，降低营销成本

在前端，云集采用众包分销的社交电商模式，16 万店主（销售型用户）代替传统广告媒介和渠道，借助信任、分享与个人影响力，向消费者精准推荐产品。而传统电商平台只能通过大型广告的方式增加自身平台的知名度，这部分费用最后终究要转移由消费者来

承担,这样间接地增加了消费者购买商品所支付的价格,不利于促进消费者进行购买,同时也减少了店家的利益,无法调动商家的积极性。云集微店通过"微店店主"在社交软件上分享的方式,让消费者可以直接和品牌厂家建立联系,在这个过程中免去了广告费、代理费、人工费等传统电商无法避免的费用,大大降低了平台的营销成本。

12.2.2 探索反向 O2O,线上线下终归一体

云集微店定位自己是中国领先的社交零售平台,在 2017 年 1 月 7 日的服务商大会上,云集推出了一款面向线下市场拓展的项目——数字专柜,这是云集微店作为一家纯线上基因的平台,向线下市场布局的关键举措。该怎么理解呢?简单来讲,原先云集平台上的经营用户主要是线上有社交属性的达人、网红、KOL 等,数字专柜的出现将打破这一限制,把线下的实体店老板也纳入用户阵营当中。大家都在疑惑,为何互联网平台都在向线下市场谋局,其实不难理解,某种程度上也是这几年来虚拟经济探索进化的必然。以 O2O 为例,过去千团大战搞得水深火热,以滴滴打车为标榜的 O2O 模式备受关注,但热闹一场过后,大家发现 O2O 并没有想象中那般美好。

因为线下实体店硬性投入成本高,要保证正常运转就得确保有持续稳定的客流和利润回报,而要做到这一点就得持续向线上平台索要流量以确保大量的人流,时间久了就造成大部分实体店太过依赖团购网、OTA 平台的现象。

和上面传统电商平台与社交平台之间的关系如出一辙,线下实体店和线上虚拟平台各自的生态也是不一样的,一个是人流、消费额、利润,一个是透明化、价格战、补贴,这样的 O2O 模式,一开始皆大欢喜,但一定周期之后就会发现,线上平台会逐渐侵蚀线下实体店的利益,实体店利润被摊薄,恶性竞争伤筋动骨,使得大量实体店陷入哀鸿遍野的倒闭潮困境当中。应该讲,只从线上向线下输送流量的模式长期来看是反传统电商逻辑的。

云集微店的思考正是基于此,因此他们提了一个概念叫作反向 O2O。既然线下实体店可向线上平台索取流量,线下的流量为何就不能反哺线上呢?线下平台重体验、重服务,有场景代入感,人流量尽管基数相对少但高效。在一个服务性的场景下,消费者的多元需求也会被打开,但碍于线下店面物理空间的限制,很多消费诉求得不到实现。而此时若有一个线上窗口,可以引导用户进行线上消费,等于给线下实体店打开了一扇连接线上社交平台的窗口,又给线上社交平台的潜在用户搭建了一个线下有体验感的场景,等于是双赢之举,何乐而不为呢?在这种环境下,线上平台是线下平台的延伸,而不能取而代之。数字专柜的出现,正是连接线下实体店和线上平台的终端载体。

新零售是传统电商所要拥抱的一个新业态,正是要挖掘线下实体店的体验服务价值,将线上平台打造成线下实体店的延伸部分,实现线下和线上的流量互通,从而实现商品和用户的高效连接和消费服务闭环。

12.3 云集微店的市场定位

云集作为社交电商平台,同时面对供应商和用户,其中用户又分为小 B 店主和一般消费者。从供应商角度来看,通过云集的品控制度后可入驻平台,云集提供仓储、物流、IT

等平台服务;从用户群体角度来看,云集为各类用户提供商品展示及选购服务。在实物流转方面,由供应商按需求提供一定量商品到云集仓库中,用户下单后通过云集统一物流发出,现金从用户方流入云集,云集通过核算返利和优惠,再将佣金返还给部分用户。市场定位着重回答企业做什么这一话题,分析企业目标客户群体的共性需求,探索平台提供服务的最佳方式,从而为企业创造更高的价值。市场定位包括客户定位和产品定位两个方面。

12.3.1 用户群体分析

与拼多多瞄准边缘化消费者群体相似,云集将视线主要锁定到零售边缘化力量人群,云集的目标用户群体为 25～39 岁妇女,月收入在 1 500～3 000 元人群和偏好选择相对低价下高值产品,同时能享受到优质服务这三类人群。综上所述,主要集中在线下导购员、宝妈、淘宝中小卖家及微商。如果说两大电商平台利用互联网对传统商业街进行了改革,云集要做的就是吸引那些在电商改革中失去竞争力和机会的人员,对他们的资源重拾重用。

1. 宝妈群体

宝妈时间碎片化严重,在职场不受重视,急需一份时间自由、收入可观、工作家庭两不误的工作。不仅如此,云集这种选择也是人性价值的体现,宝妈们也渴望获得他人肯定,实现社会价值,提高生活质量,但职场歧视让她们寸步难行。云集的出现极大地解决了这一难题,只需转发商品到朋友圈或微信群,有人购买即可赚取佣金,这种轻松简单的工作深受宝妈人群的喜爱,她们在照顾孩子的同时能补贴家用,并且能以较低价格购买商品,云集因此迅速打开市场。宝妈族凭借着庞大复杂的社交网,迅速扩大用户群体,成为云集快速上市背后的强大动力。

2. 线下有需求群体

线下直营店面受到电商的强烈冲击致使大批量裁员,在线下 6 000 万名导购中,高达 1/3 人员下岗,其余 2/3 人员上班时间不够饱和;其次,云集中兼职人群比例达 84%,其中办公室职员、医生、老师等人数较多,且云集店主中 61% 以上店主具备大学专科及以上学历。这部分有经验、有时间、有人脉、有学历的群体同样是云集的目标群体之一。云集提供了这样一个可能,重获工作的可能和获得双份工作的可能,让想工作的人有钱可赚、有活可干。

3. 线上有经验群体

淘宝中小卖家受旗舰店的冲击,增长缓慢,再加上市场饱和,即使是那些发展成熟的皇冠卖家,也面临增长率日益降低的问题,部分中小卖家被平台淘汰。且以 2015 年央视曝光面膜事件为导火索,检查出微商行业出现多种"三无"产品,使其出现断崖式下跌,众多有经验的微商从业人员转而进入云集,凭借他们的分销经验和带货能力,使云集迅速发展。

12.3.2 消费者需求分析

根据企鹅智酷的研究,从用户的反馈来看,64.8% 的用户在使用电商平台时有明确目标,另外 30.4% 并无明确的购物目标。

1. 有明确目标

此类消费者明确知道自身的购物需求,并根据需求有目的地搜索商品,在衡量性价比等因素之后进行购买。为此类消费者服务时,需要迅速、精准地为其提供需求的产品。比起花费大量时间进行海淘,该类人群更愿意直接"种草"身边朋友推荐的好物。调查报告显示,23.6% 的用户在购物时为节省费心挑选商品的时间和精力,需要优先关注社交账号或社区。而云集在这方面有天然优势,小 B 店主与消费者有很大可能是处于同一区域、同一季节、同一年龄层或消费层,店主分享的好物大概率精准对接消费者的需求点,要知道一位宝妈的圈子里可不止一位宝妈。

2. 无明确目标

在线上购物过程中,有近三成的用户只是为了网上消遣和打发时间,此类用户没有明确的购物需求,购物时会从秒杀、特卖、免单区域,或者从首页、服饰、鞋帽等分类下滑浏览。在广泛浏览感兴趣的商品后进行随机消费。通过页面推送、好友分享、直播和关注推荐商品的社区账号等方式了解商品,随机购物,易受社交网上的购物达人影响。由于涉猎面广,他们对消费市场的变化具有极高的敏感度,能精准传递出市场发展趋势,此类用户也正是各大电商平台做好兴趣推荐和产品推广的核心动力。需求和高性价比是云集中此类用户的主要购物动机,有很多用户本来并无购物需求,只是看到朋友圈的分享,刚好是自己需要的产品,且质优价廉,随即产生消费。

12.3.3 产品定位分析

1. 聚焦少量精品

CNNIC 的最新调查显示,只有 4.7% 的用户会因为价格而略微牺牲品质,这一数据和之前大有不同,说明随着用户变迁,现阶段网民不再一味地追求"低价爆款"。云集作为典型的常规分销类电商平台,以"少量精品"的策略致力开发精选购物平台,虽合作商家和品牌多样,但只选爆款售卖,滞销的产品很快被云集总部下架,将动态在售 SKU 控制在 5 000 个以内,能迅速消化;同时对单个产品的采购量较大,能充分发挥供应链优势,获得更高的上游溢价能力以及更低的物流成本。并通过买手制精选式采购、引入 SGS 质量检测体系、基于云端的仓配一体化,推出所有产品退货率不得高于 5% 等严格的品控制度,并为所有产品购买中华保险,保证 100% 正品,假一赔千等,多重策略聚焦品控,保证质量。

2. 构建多层级品牌体系

云集注重全球化品牌和多渠道物流体系,通过发展自身品牌,引入成熟品牌和新兴品牌,三管齐下全力构建"主流成熟品牌—新兴品牌—自有品牌"多层级品牌体系,签约大量优质品牌商,其中不乏国内外一线大牌,如达能、LG、LOVO、同仁堂、五芳斋等,也包含 MR. ING、青姑娘等一批新生创新品牌,不断丰富品牌层级,通过不同的定价及营销策略,提高企业竞争力,在满足消费者多样化购物需求的同时保证店主端的权益。2018 年云集美妆护肤品类不同品牌商品特征如表 12-1 所示。

表 12-1 2018 年云集美妆护肤品类不同品牌商品特征

	成熟品牌	新型品牌	自有品牌
SPU	10 个左右	20～50 个	10～20 个
会员提成比例	多数在 5% 以下	15% 左右	大于 20%
价格	通常价格较高,但扣除会员佣金后,价格往往低于传统电商平台	价格较低,主攻消费降级人群	定位中低端消费

12.4 云集微店的运营模式

商业模式中的经营能力主要是讨论"如何赚到钱"。云集作为会员制社交电商平台,借鉴 Costco 的经营模式,主要为付费会员提供价格优惠和特色服务,使云集能以高性价比产品、精细化服务获得客户忠诚度。

12.4.1 运作模式

云集创始人肖尚略认为,电商的分水岭出现在搜索时代和推荐时代的交替。今天中国互联网用户得到的信息中,60%～70% 由推荐而来,不是搜索。而云集要做的,就是在某一单一品类中精选商品,然后通过店主推荐给身边人,降低获客成本,从而裂变用户。所以在最初创立时期就已确认,平台的主要服务群体为小 B 店主,由买手挑选出优质产品在平台上架,先保证所有产品的质量;小 B 店主再根据商品种类、质量等因素进行分享,由于朋友圈子的同质性,能进行精准推荐,消费者能快速购买高性价比产品,小 B 店主也能获得佣金。

12.4.2 营销理念——自用、分享、创业

云集微店能在众多社交电商中脱颖而出,主要在于它拥有一支强大的分销团队和新型的营销理念,在分享经济时代摸索新型营销模式。只需一部手机、无销售额要求、无须店主进货发货就能轻松营业的云集微店吸引了无数人开店。2017 年 8 月,云集店主已超过 200 万,分布在全国各地的 200 多万店主分为自用型店主、分享型店主和创业型店主。自用型店主开店仅用于自家购物方便省钱,分享型店主在自用的基础上向朋友分享性价比高、物美价廉的产品赚取一定佣金,这两种均属于兼职店主;而创业型店主则需要创建自己的销售团队,有一定的业绩要求,属于全职店主,专业性更强。这种"自用+分享+创业"的营销理念和分销模式给云集带来了多次破纪录的销售额。

12.4.3 用户激励模式

云集用户激励模式主要有分享赚钱和发展新会员提成。分享赚钱只是激励计划的第

一步,其初衷并不是让一个个会员作为单独的个体进行购买,其作用主要是给用户提供一个价格标准,通过对比自己购物优惠金额和团队购物提成,给用户带来获利的切实感,促使他们将发展新会员壮大团体作为目标,从而迅速扩大平台用户群体。云集利用用户激励使消费者实现沉浸式购物,锁定用户,并且减少中间商数量,利用顾客营销,使供应商和工厂直接对接客户,压缩供应链、降低成本,给消费者提供低价产品,并利用熟人信任营销,其效果远优于传统的广告营销,提高可信度,引起消费者购买欲。

12.4.4 平台页面设计

云集平台页面与其他电商平台有诸多不同。首先,对于那些同时在其他平台上售卖的大牌产品,在商品首页会同时显示当天天猫和京东的售价,给消费者带来更便宜的切实感受;其次,在产品页面对该产品好评率、好评个数、感兴趣人数等信息突出显示,使顾客迅速对该产品有更直观的了解;再次,每个商品页面都会标记出正品、7天价保等信息,加上云集平台的质控制度保障,使消费者挑得省心、买得放心、用得安心;最后,相比于淘宝、拼多多,云集单个页面商品数量减少一半左右,充分实现少量精品的策略。

12.4.5 试水农产品,扶贫与消费相结合

此前,由于农产品在仓储保鲜、物流配送、产业链信息等方面相比其他都市化产品有所欠缺,所以鲜有社交电商将农产品囊括在零售范围之内,而云集微店看中了零售市场上农产品的空白,打破常规试水瓜果生鲜方面的农产品销售,从产品质量控制到包装设计到仓储物流再到微店平台的销售推广,各环节都有专人负责,各司其职,整个过程高效运转。

2017年5月15日,云集微店联手浙大CARD中国农业品牌研究中心共同发起"云集农业品牌孵化行动"——"百县千品"项目,计划在3年内培育100个地理标志农产品品牌。将扶贫与消费相结合,推动贫困地区经济发展。盲人店主王蕾蕾将家乡的禾田牧歌大米推荐给云集微店,两个月时间销售量高达一万多袋;安徽界首10多万吨滞销土豆通过云集微店40秒即卖完;10万斤洛川苹果在3个小时内售罄;新疆阿克苏苹果更是受到消费者的一致好评。据统计,截至2017年8月,云集微店已经为农民企业家解决了130多吨滞销的水果和蔬菜。首次进军农产品市场,云集微店即取得惊人的销量和业绩,不仅为农产品品牌的培育和壮大提供了稳固的销售平台支撑,更为地区经济的发展起到了重要作用。

云集微店的创新型发展模式为其他社交电商的发展指出了一条明路,在分享经济盛行的当下,社交电商数量的增长如破竹之势,要想在如此激烈竞争的市场中立足,必须在守法合规的前提下,勇于创新,突破传统销售模式,建立以人为本的销售理念,巩固团队,加强产品质量的管控,提升品质,为消费者提供真正物美价廉的产品,为社会就业和经济发展做出利国利民的价值创造,只有这样的企业才能被大众认可,才能走得长远。

讨论题

1. 简述云集微店的产品定位。
2. 简述云集微店的共享经济模型。

3. 简述云集微店采用反向 O2O 模式的原因。

4. 简述云集微店的营销理念。

参考文献

［1］张若男.云集会员制社交电商商业模式分析［J］.河北企业,2022(1):72 - 74.

［2］范增民,路健,王立坤.社交网红电商风口下新零售的消费驱动因素与模式创新［J］.商业经济研究,2021(8):42 - 44.

［3］崔译文,詹延章,廖夏琳.基于消费者行为的云集会员制社交电商营销策略研究［J］.中国商论,2020(12):77 - 79.

第 13 章　小红书

13.1　小红书概述

小红书是年轻人的生活方式平台，由毛文超和瞿芳于 2013 年在上海创立。小红书以"Inspire Lives 分享和发现世界的精彩"为使命，用户可以通过短视频、图文等形式记录生活点滴，分享生活方式，并基于兴趣形成互动。同时提供全球购自营电商服务。

根据小红书的发展和受众，90 后的女性群体应该或多或少都被小红书触达过。小红书的 Slogan 自发布以来进行了四次变更，从中不难看出小红书一次次的战略调整。2013 年在留学潮的背景下，小红书依靠一份《小红书出境购物攻略》，在留学生和初具时间、财力的大学生间赚足了关注。2013—2015 年间各大行业巨头解决了购物链条中最艰难的支付和配送便利问题。小红书利用前期积淀的用户，在跨境电商方面得以迅速发展，发布"找到国外的好东西"和"找到全世界的好东西"两个 Slogan。2014 年，随着电商巨头淘宝、京东等入局跨境电商，仅仅下海 2 年的小红书在供应链、资金链、售后运营等诸多方面的劣势尽显，不得不考虑从其他方面发力避免用户进一步流失。

2016 年小红书变更 Slogan 为"找到全世界的好生活"深挖自己的内容优势，将自己与零售型电商平台彻底剥离，向内容型社交电商迈进。要想有更多的优质内容持续生产，必须要有更多的流量引入。2016—2018 年正值网红经济兴起，小红书清晰地洞察出用户热点，充分利用明星网红效应吸引了一大波年轻的用户。2018 年，将 Slogan 变更为"标记我的生活"，而后紧跟市场内容类型导向，一方面为创作者提供更多工具支持和回馈，支持其持续生产内容；另一方面与品牌方合作，合理利用自己过亿的用户资源，逐步探索未来的盈利模式。

13.2　小红书美妆内容业务

13.2.1　平台价值解析

从销售的商品品类看，小红书已成为美妆品牌商营销投入和美妆种草平台。与传统电商消费方式不同，小红书通过种草的方式加速用户决策、缩短购买路径和增强营销效果。

从热销商品和品牌商投放广告投入看，小红书已成为美妆护肤领域的种草基地。消费品类方面,美妆和护肤品类成为小红书用户的主要购买商品。以美妆领域的广告主为例,2020—2021 年,小红书平台广告的投入占比大幅度上升,种草营销成为美妆领域的新兴流行模式。

与传统电商消费平台比较,小红书平台可加速用户消费决策、缩短购买路径和增强传播效果。用户决策路径方面,小红书独特的种草属性能缩短用户产生购买意愿的时间。用户在完成购买行为后,利用小红书平台进行反馈,在平台上构成二次传播的效果(见图 13 - 1)。小红书平台的种草价值和再传播价值是其能在美妆领域形成高流量池的主因。

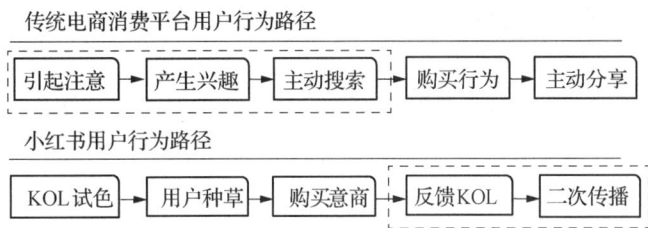

图 13 - 1　传统电商消费平台 VS 小红书用户行为路径

13.2.2　KOL 价值及引流表现

小红书平台以 KOL 为核心的种草模式,具备提升商品转化率和用户留存率的优势。腰部 KOL 在美妆领域具有强种草性、真实性和专业性,成为品牌商投放引流的重要对象。

以 KOL 带货的种草模式在美妆领域更能吸引用户的转化和留存。小红书平台打造的是以 KOL 为核心,形成消费者种草、购买体验的闭环。与传统营销模式不同,KOL 通过真实试用美妆产品,采用经验分享和图文讲解的模式,为用户和粉丝提供直观和真实的感受。该模式下因真实感更强,更能吸引年轻群体认同、信赖和购买。

KOL 市场表现方面,小红书平台的腰部 KOL 贡献能力强,成为品牌选择引流的主要对象。相比于其他类型 KOL,腰部 KOL 更具种草性,以知名美妆品牌雅诗兰黛、兰蔻为例,其对腰部达人的复投率均高于 76%。腰部 KOL 在美妆领域的强种草性和专业性,将逐渐成为品牌商选择引流的投放渠道。

13.2.3　品牌营销概况

由于小红书具备种草属性,适合新兴美妆品牌商在产品进入市场前期进行营销造势。相比于其他内容社区平台,小红书平台以腰部 KOL 和 KOC 为主的红人投放方式更具高性价比。

鉴于其以腰部达人为主的分布特点,美妆品牌商投放小红书平台侧重于腰部和尾部红人的口碑宣传能力。从美妆品牌商投放红人分布看,与抖音平台不同,小红书平台呈现出重腰部、尾部达人,轻头部达人的局面。与其他社交平台相比,该模式下的品牌商投入产出性价比更高。

品牌商投放广告逐渐从向小红书平台转移,小红书成为品牌营销重要渠道。根据聚美丽《2021 中国化妆品行业社媒营销全景调查报告》,美妆品牌主要将社媒平台的营销预算放在抖音和小红书,其中抖音占品牌营销预算的最大份额,高达 45.53%(见图 13-2),小红书的占比近三成。

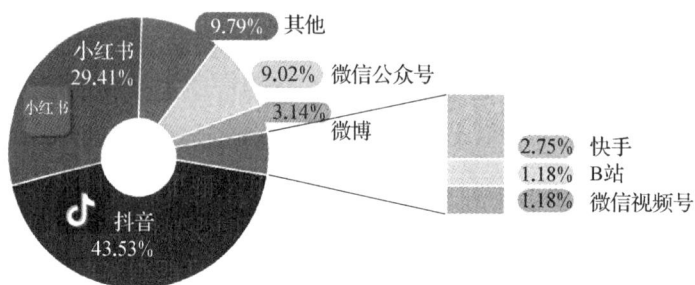

图 13-2　2021 年美妆品牌方在不同社媒平台的营销预算占比

13.2.4　完美日记案例分析

完美日记在小红书平台实施金字塔式投放策略,使其从小红书平台出圈成为热销国货美妆品牌。其成功要素在于精准把握小红书平台流量红利和依托种草营销模式。

完美日记成功要素在于精准把握小红书平台流量红利和利用平台 B2K2C 模式实现种草营销。2017—2019 年,小红书平台处于流量快速增长期,活跃用户量从 7 000 万增长至 1 亿。2017—2018 年,完美日记品牌开始加大在小红书平台的投放力度,借助小红书生态红利,以种草营销模式快速实现新品牌出圈。

完美日记"金字塔"投放营销策略使其成为小红书平台热度最高的国货美妆品牌。红人投放方面,完美日记布局少量头部 KOL 对品牌营销造势,腰部 KOL 引导用户种草,素人和路人二次传播分享真实体验。利用 KOL 对粉丝的影响力和消费者追逐热门品牌的消费心理,完美日记成功从小红书平台出圈成为热销品牌。

13.3　小红书电商业务

13.3.1　布局电商业务的必要性

与传统电商平台相比,电商平台的获客成本居高不下,内容平台具有发展电商业务的"人货场"的条件和基础,内容与电商的结合形成"社交＋内容＋购物"的沉浸式购物决策体验。

中国电商行业高速发展,传统电商平台获客成本攀升,内容平台高活跃度和用户流量具备发展电商业务的基础。中国电商网购用户渗透率不断提高,传统电商平台存在获客成本高的问题,小红书等内容平台具备低成本流量的优势,客观上推动了内容平台朝电商商业模式发展。

小红书内容社区具备重构电商业务的"人货场"条件和基础。小红书为消费者提供种草和互动的多元化场景及内容,内容与电商的结合利于形成"社交＋内容＋购物"的沉浸式决策体验。此外,小红书平台聚集着消费能力和消费意愿度较高的 Z 世代(新时代人群,特指 1995—2009 年间出生的一代人),该类消费人群是推动小红书平台发展电商业务的主要驱动力。

13.3.2 电商业务模式

小红书平台电商业务的发展受国家跨境电商政策和公司战略调整影响,平台逐渐从自营电商向第三方平台和商家开放,实现自营与平台模式结合。小红书电商业务战略调整后,社区与电商的界限打通,其商业化有望得到升级。

小红书打造的种草内容社区,逐渐完成社区到电商交易的闭环,随着第三方平台和商家的进驻,商品 SKU 数量得到快速增长,加快小红书向电商业务商业化方向转换。

小红书多次调整电商业务,战略调整后电商业务线有望迎来升级。小红书将原社交电商事业部升级调整为品牌号部门,整合公司从营销到交易闭环资源,专注于为第三方品牌商提供全链路服务。自营电商部门整合商品采销、物流和客户服务等职能,此次调整通过打通社区与电商,加强社区属性实现商业化变现。

13.4 小红书直播业务

13.4.1 直播业务模式

小红书的直播业务处于发展初期,现阶段平台仍以扶持主播和为品牌商提供直播服务为主。其倡导的直播方式强调分享性和互动性,高用户黏性使平台呈现高客单价、高转化和高复购的特点。

小红书平台直播业务仍处于初级发展阶段,流量扶持主播和提供品牌直播服务成为核心。相比较抖音、快手等短视频平台,凭借流量入局直播带货领域,小红书开展直播业务较晚,于 2020 年 5 月开放直播公测。直播行业马太效应明显,头部主播掌握着 95% 以上的资源,其带货能力和供应链方面头部优势显著。小红书平台以腰部 KOL 和 KOC 为主导,现阶段平台仍以培育和扶持主播为主。从商品供货来源看,小红书自营商城、品牌旗舰店和品牌官网是主要渠道,直播业务尚未对第三方平台微信、微博、淘宝等实施导流。小红书积极与品牌合作,为品牌商提供与直播相关的服务基础,达到推广和提升曝光度的目的。

尽管小红书的带货式直播业务交易仅占 10%,由于用户黏性高,呈现高客单价、高转化率和高复购的特征。小红书平台超过 80% 的用户为女性消费者,其中一、二线城市消费者占比高达 60%,超过 70% 的用户为 90 后。该类年轻女性为偏爱种草方式的消费者,具有强购买力和高消费意愿。精准的消费人群是促使小红书平台形成高客单价、高转化率和高复购率的主要原因,同时也是吸引品牌入驻和合作的优势。与其他平台直播的形式不同,小红书平台的带货直播方式强调分享性和互动性,主播与粉丝之间具备高互动性和高信任感,因此其购买转化率显著高于其他平台。

13.4.2 直播业务发展趋势

直播品类方面,除布局美妆品类直播外,多元化发展和布局直播全品类将成为未来趋势。随着小红书平台直播业务的外链打通，提高直播运营管理能力将成为平台未来发展重点。

作为生活方式类社区的小红书平台具备发展多元化直播品类的优势。小红书平台的定位为生活方式社区，其种草和分享的内容涉及面广泛。另一方面，平台具有分享多领域的博主 KOL。从内容、带货 KOL 及用户，小红书平台均具备发展多元品类的优势。

小红书平台直播业务开始尝试打通外链，将对平台数据维护提出更高的要求。目前小红书直播链接淘宝仅限于内测的部分博主。小红书布局直播业务的时间较短，其发展和服务尚处于不成熟的阶段。随着外链的进一步打通，供货品牌商数量的增加，小红书平台需加强直播运营管理能力以适应直播业务扩张。

13.5　未来展望

作为生活方式社区，小红书如今已成长为年轻人重要的生活潮流发源地和消费决策入口。如今，在小红书的活跃用户中，有 72％ 为 90 后，超 50％ 来自一、二线城市，男性用户比例也升至 30％。2021 年，小红书用户通过自发分享的多品类内容，带领露营、晚安小甜酒、早 C 晚 A 等生活方式破圈。

随着更多生活方式的破圈，小红书可以从商业角度探索多元生活方式，帮助企业完成深入洞察挖掘。平台上用户分享的生活方式内容，可以帮助年轻用户更好地做出生活消费决策，也正因为用户的参与，小红书能帮助品牌更加了解消费者需求，帮助品牌完成迭代式增长。

基于平台观察和市场研究，在 2022 小红书商业生态大会上，小红书提出了"IDEA 营销方法论"，并详细介绍了平台四大核心商业产品，旨在为不同成长阶段的好产品提供成长沃土。IDEA 营销方法论即通过 Insight 洞察需求、Define 定义产品、Expand 抢占赛道、Advocate 拥护品牌四步帮助品牌构建好的产品市场策略，助力品牌加速生长。好的营销策略需要好的平台商业产品才能保证有效落地，小红书商业产品有四大核心亮点：结构型的 SPU 数据，洞察用户对产品的消费需求；浏览＋搜索场域通融，影响用户消费决策路径；B-K-C 链路高效协同，构建口碑；面向用户全生命周期的科学度量体系，有效衡量。

未来，小红书还将继续优化商业内容的用户体验，为品牌提供更标准化、更科学有效、更贴合品牌营销目标的商业产品，通过满足用户需求，让客户收益最大化。

随着移动互联网流量红利见顶，流量驱动的营销时代已逐渐成为过去式，未来品牌需要与用户共创价值。小红书的平台属性天然具有更懂用户、更懂生活方式的优势，将持续助力品牌走近用户，满足用户对向往生活的新需求。

讨论题

1. 小红书的主要业务包含哪些？每一项业务的模式是什么？

2. 小红书未来的发展趋势是什么？

3. 小红书发展过程中存在哪些问题？

参考文献

[1] 何倩,乔心怡.小红书"拔假草"[N].北京商报,2022-06-21(005).

[2] 王华芳.社群营销的思维转变与策略研究——以小红书为例[J].北方经贸,2022 (04):50-52.

[3] 范芳芳.小红书商业模式研究[J].合作经济与科技,2022(05):86-87.

[4] 程瑶.社交类 App 小红书的品牌传播策略研究[J].国际公关,2022(02):79-81.

[5] 周瑶.自媒体时代 KOL 营销模式分析——以小红书为例[J].淮南师范学院学报,2022,24(01):73-76+112.

[6] 张雯婷,刘艳.社交化电商商业模式分析——以小红书为例[J].上海商业,2021(06):32-33.

第 14 章 贝 店

14.1 贝店概述

贝店创立于 2017 年 9 月,是贝贝集团旗下的社交电商平台。贝店是一个免费的手机开店平台。贝店秉承"人人皆可开店"的理念,为店主提供一站式的供应链及 SAAS 开店解决方案,帮助更多人开一家自己的店。

贝店整合全球供应链,为店主提供了数万家品牌商和优质工厂的源头货源,专业买手层层精选,确保品质,确保价格优势。贝店还为店主提供了一套专业的手机开店工具,包括店铺管理、商品管理、会员管理、订单管理等,让店主在微信等社交平台轻松经营自己的店,通过贝店提供的一件代发、极速发货、客服售后等配套服务,让店主无忧开店,轻松卖货。

14.2 贝店模式

贝店以 S-KOL-C(Supplier-Key Opinion Leader-Costomer)模式,通过社交化分享传播,实现消费者、KOL 店主以及供应链的三方连接:贝店构建以 KOL 为节点的多社群生态,每个 KOL 就是一个中心,作为连接 S 和 C 的桥梁。在这种模式下,贝店用去中心化的方式获取流量,每个 KOL 都是贝店的流量来源;用中心化的方式提供服务,用贝店自有的供应链、营销、商家体系来为用户服务,从而实现供应链、KOL 和消费者之间多维连接。

S-KOL-C 的优势有三个。

14.2.1 连接

S-KOL-C 的模式是让每一个 KOL 成为一个中心,作为连接 S 和 C 的桥梁。这种连接通过每个 KOL 进行信息的传输,将用户对于产品的评测与使用体验精准地反映到产品生产端,有助于平台即时根据用户反馈,发现问题并实时调整产品的生产状况,改善产品的供应链体系。

以贝店为例,贝贝集团的核心优势在于原有累积的妈妈用户群体。众所周知,此类人群爱分享,她们中有一些是能够影响到社群价值和定位的 KOL,而贝店将供应链体系开放给这些 KOL,让她们在自己的社群当中做分享,从中产生效益价值,达成双方共赢的局面。

14.2.2　效率

现在各行各业都在通过大数据等技术来实施精准化推送,社交电商也不例外,而 S-KOL-C 的效率也体现在其精准上,每个 KOL 所具有的类别属性使它们本身就成为一个个带有鲜明标签的购物社区,用户既然选择加入或者关注这些 KOL,本身就是对其提供的商品感兴趣,这种方式大大提升了垂直细分化的精准推送,有效地实现了用户和供应链两端的优化和提升。

在后端供应链效率改造中,贝店坚持追溯产品的源头产业链,确保店主和消费者买到价低质优的好产品。另一方面,当前端用户需求不断聚集后,也可以反向供应链和反向运营。贝店通过对采购和供应链的统一把控,反向优化产业链,反向优化商品,实现了零售效率的进一步提升。

14.2.3　降低获客成本

S-KOL-C 模式基于社交关系,通过用户自主推荐、互动传播产生裂变来获取流量,而当中,基于社交关系的传播会更加精准,信任度也更高。通过社交形式,平台无须支付大额广告费用即可获得流量,比传统电商依赖用户主动搜索和货架展示来吸引用户的流量获取方式更快,成本也更低。

贝店的 S-KOL-C 模式中,其目标受众就是家庭消费人群,她们大多数是妈妈人群,这个群体具有充裕的时间和广泛的人脉及强大的意愿去分享,而同时目前在贝店成为店主的门槛几乎是零,用户通过分享、签到,在好友下单到达一定数量后即可成为店主,这大大刺激了用户分享的欲望,当然这也是贝店一直处于移动电商增速榜前列的原因。

S-KOL-C 模式大大降低了用户成为店主的成本,而且能刺激店主向外拓展,吸引更多店主社交圈内的朋友成为贝店新用户。这种差异化的全新模式,是贝店的第一生产力,也正是在这些赋能下,贝店迅速地吸引到核心用户,并不断进行着自来水式的社交裂变。

14.3　贝店智慧供应链

自成立以来,贝店一直非常注重整体供应链的建设,贝店的智能供应链分为前端的产源,中端的物流运输以及运营与售后的保障。在货源端,贝店通过与品牌、产地、工厂合作,为消费者提供极致性价比的商品;在运输端,贝店通过聚集优秀的物流服务商,建立全国智慧供应链联盟,在智能仓配、产地直供、物流客服、退款售后、逆向物流、物流时效六大方面实现全面升级。此外,贝店还与腾讯云达成战略合作,未来将在社交电商领域就人工智能、大数据、云计算等方面进行深度探索。贝店供应链全流程布局与优势分析如图 14 - 1所示。

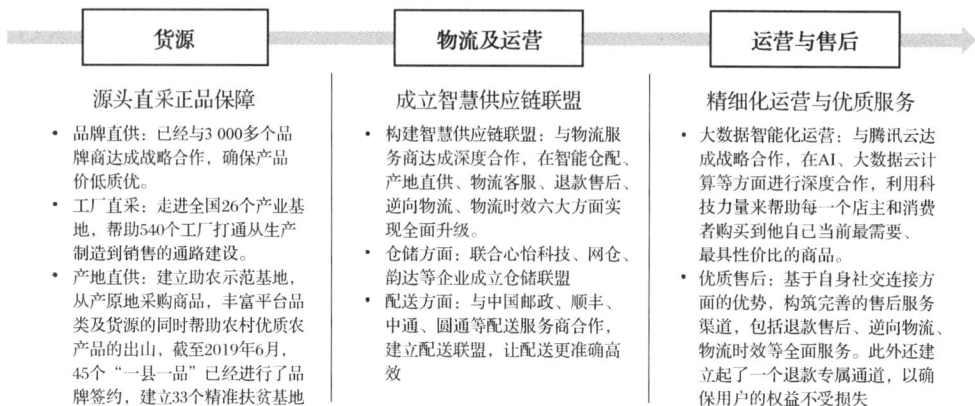

资料来源：公开资料及企业访谈，艾瑞咨询研究院绘制。www.iresearch.com.cn

©2019.7 iResearch Inc.

图 14-1　贝店供应链全流程布局与优势分析

14.4　贝店发展与风控管理分析

14.4.1　贝店发展

贝店在发展早期实现了用户暴涨。2018 年贝店单季度订单量突破 1 亿,4 月成为全国使用时长排名第一的社交电商平台,10 月月活跃用户(MAU)达到 1 000 万。2019 年初,贝店会员数量超过了 5 000 万,4 月月活跃用户(MAU)同比增长 549.6% 至 1 329 万。如此快速的增长也使贝店得到资本青睐,2019 年 5 月,贝店完成 8.6 亿元规模融资,汇集了高瓴资本、襄禾资本、红杉资本、创新工场、高榕资本、IDG 资本、今日资本等知名投资机构参投。

但是,拉新返佣金的制度,因为类似传销的"入门费""拉人头",贝店多次遭到媒体质疑。2020 年开始,贝店的生意渐显颓势。同年 3 月,贝贝集团进行大面积裁员,涉及 20% 公司员工,近 200 人。"电数宝"电商大数据库数据显示,同年 9 月,贝贝 App 月活人数环比下降 2.15%;2021 年上半年月活人数仍然环比下滑。黑猫投诉上,可以看到大量关于贝店产品质量堪忧、售卖假货、退货服务差的评论。"电诉宝"也对贝店 2021 年上半年的整体表现给出了"不建议下单"的消费评级。

14.4.2　贝店风控管理分析

因为行业性的因素,贝店与大多数社交电商平台一样,频频遭遇涉传的舆情风波,还遭到了市监部门的巨额罚款。但这里有企业自身风险管控有待提升的因素。

1. 面对行业性舆情风险因素,没有积极应对

从大环境来看,三级分销、入门门槛模式有涉传风险,这是一个行业性的问题,是这个行业的共性。而售后服务、营销合规等问题,也是电商经营普遍存在的。在贝店遭遇媒体

第一次曝光之前,包括环球捕手、斑马会员、达令家在内的多家社交电商平台,以及大量的微商平台,就曾经因为这些原因遭遇了舆情风波,甚至有的已经关停。而 2018—2019 年间,因涉传而遭到罚款的社交电商平台更是频繁发生,云集、花生日记、万色城等都因此遭到调查,或巨额罚款。这些平台的遭遇和贝店自身多次遭到舆情困扰,并没有驱动贝店下决心重视对舆情的管理,导致企业一直与涉传的阴影纠缠。

2. 风险意识薄弱,迟迟没有建立与企业体量相匹配的风控体系

从企业自身管理的层面,贝店的风控体系极其薄弱。贝店在成为社交电商 TOP 3 后,虽然巅峰期单季度订单过亿元,市场体量已经领先,但是外事公关、风控体系却并没有跟着一起建立起来,在应对外界挑战时显得既被动又消极。

在历次舆情拷问当中,除了第一次回应外界之外,贝店在后来的历次媒体曝光中基本上就处于被动消极、放任舆情发酵的状态。对媒体反馈的问题,没有统一的公共外事发言人,应对方案也显得缺乏系统性、专业性。其财税的规划、风险预警机制也是混乱的。在遭媒体频繁曝光后,贝店并没有消除这些隐患,导致反复遭到涉传的挑战。

讨论题

1. 贝店的模式是什么?存在哪些优势?
2. 贝店供应链全流程布局与优势是什么?
3. 贝店在风控管理中存在哪些亟须解决的问题?

参考文献

[1] 叶丹.社交电商"潮落"了吗?[N].南方日报,2021 - 09 - 24(B04).

[2] 王逸群.社交电商前景几何[J].计算机与网络,2021,47(17):6 - 7.

[3] 李惠琳.贝店爆雷[J].21 世纪商业评论,2021(09):48 - 49.

[4] 陶力.从淘集集到贝店:社交电商风险裸露[N].21 世纪经济报道,2021 - 08 - 13(012).

[5] 张雯婷,刘艳.社交化电商商业模式分析——以小红书为例[J].上海商业,2021(06):32 - 33.

[6] 中国社交电商行业研究 2019 年[C]//.艾瑞咨询系列研究报告(2019 年第 7 期),2019:236 - 303.

[7] 汪厚梅.11 家分销类社交电商模式对比与法律分析[J].计算机与网络,2019,45(09):6 - 10.

[8] 朱兴荣.社交电商购物平台运营模式比较分析及展望——以拼多多、贝店、TST 平台为例[J].办公自动化,2018,23(20):38 - 40.

第 15 章　每日优鲜

15.1　每日优鲜概述

每日优鲜是一个围绕老百姓餐桌的生鲜 O2O 电商平台。覆盖了水果蔬菜、海鲜肉禽、牛奶零食等全品类,每日优鲜在主要城市建立起"城市分选中心＋社区配送中心"的极速达冷链物流体系,为用户提供全球生鲜产品"2 小时送货上门"的极速达冷链配送服务。

2014 年 11 月,每日优鲜成立,由徐正和曾斌创立,分任 CEO 和 COO,2014 年 12 月正式运营,在联合创办每日优鲜之前,两人都曾在联想集团供职十余年,并出任联想佳沃集团高管。

2018 年上半年,每日优鲜在生鲜电商行业的用户规模占比已突破 50%,连续 4 个季度领跑行业。

2018 年已完成水果、蔬菜、乳品、零食、酒饮、肉蛋、水产、熟食、轻食、速食、粮油、日百等全品类精选生鲜布局,在全国 20 个主要城市建立"城市分选中心＋社区前置仓"的极速达冷链物流体系,为用户提供自营全品类精选生鲜 1 小时达服务。

2021 年 6 月 9 日,每日优鲜在美递交招股书,以代码"MF"在纳斯达克挂牌上市,拟筹资 1 亿美元。此次 IPO 承销商包括摩根大通、花旗集团、中金公司、华兴资本、招银国际、工银国际、富途证券、老虎证券,以及 Needham。

15.2　每日优鲜业务模式

15.2.1　模式:前置仓模式

前置仓到家模式,以仓为店,将仓库建立在社区 3 千米的范围内,根据数据分析和自身供应链资源,选择适合的商品,从总仓配送至前置仓(门店)。消费者下单后,通过即时配送业务将预订的商品从前置仓配送到指定地点,可以做到门店 3 千米范围内 30 分钟送至消费者。

为解决传统模式高成本、低渗透等局限,每日优鲜首先提出并践行"前置仓＋城市中心"模式,有效改善生鲜电商产业链管理效率,如图 15-1 所示。艾媒报告显示,2020 年每日优鲜的前置仓数量在众多生鲜电商中达到最高 1 500 个,如图 15-2 所示。相对于传统生鲜电商模式,前置仓模式的优势主要体现在选址优势和规模化效应上,前者可以提高配送效率,后者可以提高议价能力、简化供应链。但同时,该模式过于依赖资本,较难往二线城市扩张的缺点也十分明显。

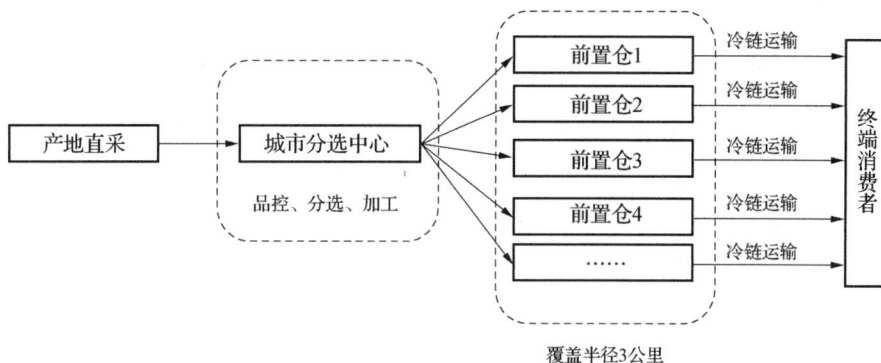

资料来源：艾媒报告中心 (report.iimedia.cn)

图 15－1　生鲜电商前置仓模式

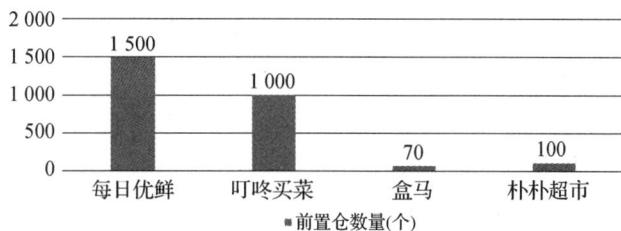

数据来源：艾媒数据中心 (data.iimedia.cn)

图 15－2　2020 年中国部分生鲜电商前置仓数量

15.2.2　商品来源

源头直采,2020 年,在行业平均直采率为 55％的背景下,80％以上的商品和 93％以上的新鲜农产品直接从生产商处采购,致力于重构生鲜产品供应链,连接优质生鲜的生产者和消费者。"经得起层层挑选 才能称之为精选"——每日优鲜有着坚持"用户第一"的采购团队,与全国乃至全球各地的优质产地深度合作。为寻求优质食材,买手团队去美国、智利、南非、秘鲁、澳大利亚等多个国家的优质原产地深入探索,本着"因时制宜、因地制宜"的原则,去选择适宜的气候条件和地理环境下的优质食材。

15.2.3　商品种类及数量

4 300 多个 SKU,覆盖了水果蔬菜、海鲜肉禽、牛奶零食等全品类,契合了年轻用户想要快速购买理想商品的观念,提高了用户购买效率。

15.2.4　存储

631 个前置仓覆盖了中国 16 个一、二线城市,并根据每个 SKU 的特定到期日期、存储空间可用性、存储环境要求和需求预测制定了严格的处置标准。通过对大数据技术的应用,每日优鲜可以对不同用户的区域订单频次进行深入分析,并设立了不同密度的前置舱用于生鲜类食品的存储,在前置仓库内部还包含冷冻、冷藏、常温等多种储存区域,满足不同产品的储存需求。

15.2.5　配送

每日优鲜率先跑通了前置仓模式,通过集约化方式将产品从城市分选中心配送至前置仓转"冷库"保鲜,在进行 1 km～3 km 短距离配送,1 小时快速送达给用户。每日优鲜在服务范围内都设有足够的配送业务人员进行食材配送,专业的配送人员也会为用户提供一个更好的购物体验。每日优鲜前置仓的冷链服务不仅应用于冷藏过程,在分拣和运输过程中依旧保证了相应的储存温度,最大限度保持了生鲜食材的新鲜程度。

15.2.6　用户

每日优鲜的消费群体主要集中在一、二线城市,主要人群为80后、90后等年轻群体。这类群体由于每天工作压力大、工作节奏快,下班以后往往没有更多的时间去购买食材,因此他们更愿意从网上购买,更看重购买食材的便利性。并且这类人群往往具有一定的消费能力,他们对生鲜价格的敏感度相对较低,对生鲜品质要求较高。社交会员制是每日优鲜主要拉新方式,通过老用户发展新用户,引流到平台。会员可以通过邀请好友下单领红包、瓜分鲜币、邀请拼团和分享会员体验卡四种方式拉新,保证新用户的活跃。整体来看,每日优鲜深度依赖来自腾讯微信的 11 亿流量池,从老客户再裂变新客户。

15.3　每日优鲜智慧菜场模式

每日优鲜传统前置仓模式发展中,通过补贴价格战和成本压力,使得该模式始终无法盈利。且前置仓模式较适用于一、二线城市,对于三、四线及以上城市来讲,菜市场生鲜电商的规模在60%左右。而智慧菜场指通过物联网、云计算、大数据、人工智能等技术,通过互联网+实现智能化经营和管理模式。对传统的菜市场进行升级改造,使菜市场具备信息实时化、具体化、可视化,以及智能支付、计量监管、食品溯源(含追溯电子秤、二维码溯源)、数据分析及信息发布等功能。

在智慧菜场模式中,主要代表玩家有每日优鲜、京东、菜大全等。和很多智慧菜场玩家不同的是,每日优鲜的智慧菜场业务,与菜市场产权方签订10～20年长期的承包协议,通过升级菜市场的硬件基础设施、丰富菜场业态,为商户提供深度化增值服务、扩展线上购买渠道等赋能方式改造传统菜市场,具体如图 15-3 所示。

业态升级	数字赋能	虚拟云超
FRESH全业态覆盖	助力商户增收提效	一键下单省时省心
Food：食品	线上支付	全域零售
Restaurant：餐饮	活动促销	品类扩展
Entertainment：娱乐	CRM管理	自提或配送到家
Service：服务	业务规划	
Health：健康		

资料来源：公开资料，艾瑞咨询研究院绘制。©2021.5 iResearch Inc.

www.iresearch.com.cn

图 15-3 每日优鲜智慧菜场全景图

每日优鲜智慧菜场模式分析如下。

15.3.1 定位

每日优鲜是将数字化基础能力开放给传统菜市场，为社区零售版块的商超、菜场和本地零售商进行数字化赋能。每日优鲜就像是线下菜市场领域的淘宝，作为平台经营的是空间和基础设施，平台上有几百个商户，商户自己完成所有商品的选品、定价、品控、防损，甚至损耗管理。

15.3.2 业务模式

每日优鲜采取整包改造的方式——通过数字化改造。菜市场不仅仅是简单的交易场景和硬件设施的改善，而是集食品、餐饮、娱乐、健康为一体的社区 MALL。并提供虚拟云服务，帮助菜场内的商户做包括营销、备货、CRM 在内的数字化增值，为其拓展线上渠道，助其实现线上线下的链接。

15.3.3 服务特色

服务特色主要面向用户服务、商户服务和市场服务，作为有着丰富生鲜运营经验及数字化能力的企业，每日优鲜不仅拥有较强的生鲜源头直采供应链能力，在对商户数字化赋能之外，还有商品层面的支持能力。此外，根据其多年的数字化经验，也可帮助菜市场商户挖掘更多用户需求、增加交易触点，以满足更多用户价值的方式"经营用户"，助力菜市场及商户降本增效。具体如图 15-4 所示。截至 2021 年 5 月，每日优鲜已在全国 8 个城市运营 27 个智慧菜场，未来还将落地更多城市。

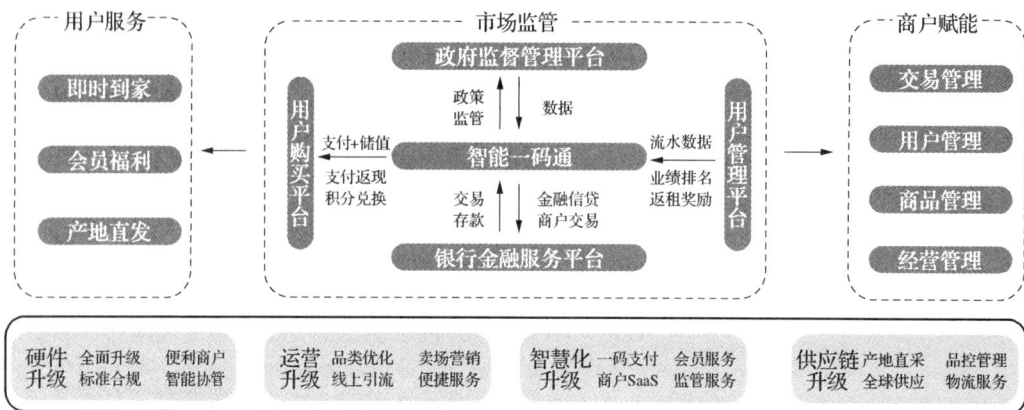

资料来源：公开资料，艾瑞咨询研究院绘制。©2021.5 iResearch Inc.

www.iresearch.com.cn

图 15‐4　每日优鲜数字化菜场服务

15.4　每日优鲜零售云业务

生鲜电商赛道的核心就是如何通过提升效率、减少成本来精细运营 20% 左右的毛利空间。所以需要在成本及体验上寻找一个平衡点，或是在满足消费者的高品质消费意愿基础上实现品质服务及产品溢价。每日优鲜在主打一、二线城市的前置仓即时零售模式、三、四线城市的智慧菜场模式基础上，启动了零售云业务，以期实现降本增收的整体智慧化解决方案。

每日优鲜零售云是依托公司从垂直零售领域沉淀的智慧零售网络，将零售全链条 AI 智能化，对生鲜选品、订货、质检、运输、库存、配送、营销等全环节 300 多个模块，做出 A1—A5 的智能化分级。借助于智慧零售网络（Retail AI Network，RAIN），通过智慧供应链、智慧物流和智慧营销三大核心能力，为线下超市、菜市场、社区店等零售商户提供 SaaS＋DaaS＋AI 的服务，涵盖商品规划与供需管理、用户在线营销、到家配送物流和智能门店运营，如图 15‐5 所示。

资料来源：根据公开资料整理，艾瑞咨询研究院绘制。©2021.5 iResearch Inc.

www.iresearch.com.cn

图 15‐5　每日优鲜零售云业务

每日优鲜零售云通过为传统零售业态进行数字化升级,以 AI 替代人工进行决策,解决零售终端 SKU 管理难、物流运输损耗高、缺少线上获客方式及完成线上到线下履约能力等问题,每日优鲜也会为零售商搭建专有线上渠道,将线下客户流量转化为线上的私域流量,实现降本增收,成为生鲜快消零售行业的智慧化解决方案。

15.5　每日优鲜发展

每日优鲜 2021 年三季度财报显示,每日优鲜三季度营业收入为 21.2 亿元,同比增长 47.2%;毛利为 2.606 亿元,同比增长 8.89%;2021 年三季度累计营业收入为 55.47 亿元,亏损 30.17 亿元。伴随着营业收入和毛利增长的同时是净利润的持续下降。同期财报显示,2021 年三季度每日优鲜净利润为−9.737 亿元,同比下降超过 101%。对比每日优鲜往年财务数据,每日优鲜 2019 年至 2020 年营业收入同比增长 2.15%,分别为 60.01 亿元和 61.3 亿元。净利润同比增长 43.32%,分别为−29.09 亿元和−16.49 亿元。与此同时,截至 2021 年三季度,每日优鲜营业成本和营业费用同比增长为 44.04% 和 78.39%,分别为 49.55 亿元和 36.56 亿元。

在面对盈利压力的同时,不能否认的是前置仓模式的相对优势和劣势。前置仓具有高履约成本和高营销成本的特征,但是却能够提供优质的服务体验,核心用户黏性强,忠诚度较高。但长期来看,生鲜行业的核心逻辑仍然是对农贸市场的替代。由于传统生鲜物流方式效率低下、购物环境脏乱差、产品质量难以溯源等劣势,行业内其他渠道对农贸市场的替代空间广阔。市场数据显示,生鲜电商目前仅占终端渠道份额的 2.5%,占比较小。故供应链能力将会成为行业竞争的关键要素。面对传统生鲜物流模式中间环节多、损耗高、终端加价倍数高,市场目前普遍认为直采模式是破解行业痛点的有效方式之一。而如何解决平台高运营成本和生鲜的低毛利之间的矛盾,将会成为生鲜电商行业竞争的重中之重。

因此,对于生鲜电商平台来说,特别是即时生鲜领域,除了不断捆绑上游供应商,提高对上游供应商的话语权外,冷链作为保证产品高品质的基础,也将成为生鲜电商平台的核心竞争力。同时,进一步发展优质生产基地等稀缺资源,并叠加经验丰富的买手团队来高效地构筑其核心壁垒。

同时,目前预制菜赛道正在成为资本又一追捧的热门,而且预制菜赛道想象空间大,市场竞争尚未形成,行业巨头并未全力以赴。伴随着餐饮领域新业态的快速革新和发展,ToB 领域低成本高效率的需求正在逐渐被放大。由于经济下行而出现的消费降级,ToC 领域的需求也逐步打开,市场预计显示,2026 年预制菜规模将超 4 000 亿元,复合增速 15%。

而以每日优鲜为代表的即时生鲜平台,其目标客户和预制菜 ToC 领域的终端用户画像相仿,凭借平台早已拥有的海量数据,通过对现有终端用户的精准画像,可以有效地降低营销成本,并且前置仓模式也为预制菜打下了较好的物流基础。

讨论题

1. 每日优鲜的前置仓模式是什么？
2. 简述每日优鲜的智慧菜场模式。
3. 简述每日优鲜的零售云业务。
4. 每日优鲜发展中存在的劣势是什么？

参考文献

［1］马俪瑄.每日优鲜商业模式分析［J］.中小企业管理与科技（上旬刊），2021（01）：116－117.

［2］邱天.前置仓模式下的供应链管理分析——以每日优鲜为例［J］.商讯，2020（36）：11－12.

［3］席悦.每日优鲜：发力智能技术和供应链［J］.中国物流与采购，2020（17）：18－20.

［4］中国社交电商行业研究 2019 年［C］//.艾瑞咨询系列研究报告（2019 年第 7 期），2019：236－303.

［5］汪厚梅.11 家分销类社交电商模式对比与法律分析［J］.计算机与网络，2019，45（09）：6－10.

［6］赵正.每日优鲜：如何打通前置仓？［J］.商学院，2019（Z1）：72－73.

［7］朱兴荣.社交电商购物平台运营模式比较分析及展望——以拼多多、贝店、TST 平台为例［J］.办公自动化，2018，23（20）：38－40.

第16章 拼多多

16.1 拼多多概述

2015年9月拼多多正式进入公众视野,最初是依托微信平台提供的支持,让其实现了"物找人"这一新的电商模式,后以"拼得多省得多"为标签在电商界平台一举成名并逐渐站稳脚跟。从进入市场开始,拼多多找准自身定位,是一家以价格低廉为主打优势的第三方电商平台,平台用户可以向朋友、家人、邻居等关系好友发起拼团,向范围更广的家庭和社交群体分享,最终以更低廉的价格,拼团购买商品。拼多多利用低成本的流量去实现买家群的指数增长。庞大和活跃的买家群吸引更多商家入驻平台,庞大的销售规模促使卖家提供更具竞争力定价的产品,从而实现良性循环。

2016年,拼多多与拼好货合并。拼多多和拼好货,一个缺商品,一个缺品质,合并的目的是提升整体品质和服务水平。2018年7月17日,拼多多上市,一跃成为电商黑马,突破3亿用户,从单月成交额破千万到日平台流水破千万。截至2020年年底,拼多多年活跃买家数达到7.884亿,累计新增超过2亿,一举超过同期阿里巴巴7.79亿的年活跃买家及京东的4.72亿年活跃买家。

16.2 拼多多——拼购类社交电商模式分析

拼多多,是一家专注于C2M拼团购物的第三方社交电商平台。拼购类社交电商通过聚集2人及以上用户,以社交分享的方式组团,用户组团成功后可以以比单人购买时更低的价格购买商品。拼团的发起人和参与者多通过微信分享并完成交易,通过低价激发消费者分享的积极性,让消费者自行传播。拼购类社交电商平台只需要花费一次引流成本吸引主动用户跨团,主动用户为尽快达成订单将其分享到自己的社交圈直至订单达成,拼团信息在用户社交圈传播的过程中,其他人也可能重新开团,传播次数和订单数量可实现指数级增长。基于其裂变特性带来的快速高效的传播效果,如图16-1所示,目前拼购已经作为一种日常营销方式被电商企业广泛采用。

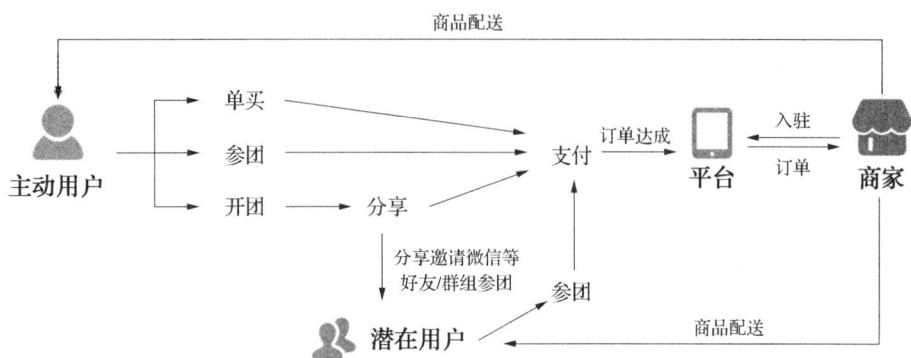

资料来源：公开资料，艾瑞咨询研究院绘制。©2019.7 iResearch Inc.

www.iresearch.com.cn

图 16 - 1　拼购类社交电商模式

16.3　拼多多用户激励方式

拼多多在优惠体系、购物决策、社交分享、游戏化体验等维度对产品进行创新，通过这些创新，拼多多达到了降低获客成本、增加用户活跃和用户黏性、增加用户使用时长和复购率、增加商品曝光量等目的，帮助平台继续快速发展。

16.3.1　优惠体系

拼多多的优惠体系主要包括低价补贴、现金签到、省钱月卡等功能模块。多种优惠模式彼此补充，满足不同用户群体对优惠的需求。

1. 低价补贴

拼多多的低价补贴模块有限时秒杀、断码清仓、九块九特卖和百亿品牌补贴。用户在相应的活动页选中商品后下单，即可以优惠价格购买商品，无须额外完成任务。

此类活动页内没有搜索功能，用户需要花时间寻找需要的商品。这样设计，一是因为活动页面的商品有限，用户直接搜索某些商品品类很可能没有结果；二是用户会花费更多时间停留在活动页上，能够增加用户使用时间和浏览商品的数量，即通过价格让利吸引更多用户花费更多时间浏览平台商品、增加商品曝光率。

2. 现金签到

现金签到是拼多多的签到模块。用户首次进入"签到领现金"界面时会被提醒打开拼多多 App 的通知功能，每晚九点左右会发送通知提醒用户登录签到。现金签到模块内部又包含很多子模块，包括定时领红包、抢红包、逛街领红包、限时夺宝、神券折上折、免费发红包，以及连签奖励和签到时随机获得的招财猫等。不同的子模块能够满足需求不同的用户群体，时间较少的用户可以只点击签到、定时领红包模块，时间较多的用户还会继续玩逛街领红包等子模块。

现金签到通过签到得现金、连签有奖励等方法激励用户每天打开拼多多 App，能够提升用户留存率、增强用户黏性。

3. 省钱月卡

拼多多的省钱月卡也是培养忠实用户的一种策略。用户选择连续包月首月可以用 5.9 元获得 194 元的优惠，包括 20 元无门槛券、20 元满减券、104 元 9 折券；还能获得免费试用、商品免单以及折扣商品三种特权。用户在拼多多平台的消费金额、消费次数越多，购买省钱月卡就越值。每个月使用两张 5 元无门槛券即能收回购买月卡的成本，所有的拼多多用户都能通过购买月卡获得优惠。

拼多多推出省钱月卡有助于培养更多忠实用户，用户为了更充分地利用省钱月卡带来的优惠和特权，会首先考虑使用拼多多进行购物。

16.3.2　购物决策

拼多多通过拼团、限时优惠模式结合全场包邮、个性推荐策略刺激用户消费，极大地压缩了用户在拼多多上购物的决策时间，降低了用户网上购物的门槛。

1. 拼团模式

拼多多初期，平台借助拼团模式，利用社交裂变快速获得大量用户；并通过低价商品、全场包邮、新人优惠、支付流程简单等优势降低用户的购物决策门槛，让更多的用户完成在平台上的第一笔交易，提升新用户的留存率。

随着发展，拼多多逐渐度过新用户激增的时期，加之淘宝、京东、苏宁等综合电商平台也推出了拼团模式，拼多多的拼团模式随即降低了拼团的难度。现在拼团模式的主要目的已不再是拉新，而是作为一种营销手段。拼团价格起到了"价格锚点"的作用，即通过"单独购买价"，让用户认为通过拼团模式能获得更高性价比的商品，从而刺激用户购买商品。

2. 限时优惠

用户登录拼多多 App 时，有一定的概率收到平台赠送的优惠券。优惠券仿照微信红包的样式，用户领取后会看到优惠券仅在很短的期限内有效。倒计时精确到秒的优惠券和优惠券领取页的推荐商品能通过给用户带来紧迫感来加大用户冲动消费的概率。

限时优惠券能够降低用户消费决定门槛，促使新用户首次消费和近期未消费的老用户重新消费，提升用户留存率和复购率。

3. 全场包邮

拼多多上的商品，不论价格多低，都可以单件包邮。同时拼多多没有购物车功能，用户发起拼单或参与其他用户发起的拼单后直接跳转至支付收银界面。超低价的商品、不用比价、全场包邮、没有购物车功能、不需要凑单满减，这些特点极大地降低了用户在手机上购物的门槛，尽可能压缩用户的决策时间。拼多多通过这些措施刺激用户冲动消费。

4. 个性推荐

拼多多的商品主要是通过信息流个性推荐进行分发。平台通过分析用户的下单记录、商品浏览记录、店铺类型偏好等用户数据，通过一系列算法向用户推荐系统认为用户会喜欢的商品,用户的点击、下单等行为反馈推荐的准确度、优化推荐算法,形成推荐算法的闭环迭代,为用户推荐更多喜欢的商品,增加用户的留存时间和复购率。拼多多不仅在推荐模块有推荐商品,首页、个人中心里也都有推荐商品。不仅如此,搜索模块里,商品虽有类目划分,但点击某类目后,商品仍是通过信息流推荐的。

精准的信息流推荐商品能让没有明确购物意向的用户继续留在平台内"逛",能够提升用户的留存时长、增加商品的曝光率。符合用户心意且低价质优的商品能够让用户产生购物冲动,提升平台的 GMV。

5. 特色模块

拼多多上的用户群体主要可以分为对价格敏感的用户群体和追求商品品质的用户群体两类。拼多多平台最开始主要吸引对价格敏感的用户前来购物;随着拼多多上市,平台希望提高客单价,更加关注一、二线追求品质商品的用户。

限时秒杀、9 块 9 特卖等模块主要是为第一类用户群体设计的,通过对商品数量和购物时间的限制,给用户营造出购物的紧迫感,刺激用户冲动消费;通过实时显示商品的减少,让用户感到其他用户也正在购买此商品,激发用户的从众心理,让用户认为"买到就是赚到"。

品牌馆、每日好店等模块主要是为第二类用户设计的,一、二线用户虽然也希望低价购入商品,但他们很关注商品的品牌和品质,平台上的低价正品更能激发他们的购物欲望。拼多多通过优惠补贴等方式吸引这类用户来平台消费,既能拓展用户类型,也能提升客单价和 GMV。

16.3.3 社交分享

拼多多的社交分享充分利用了微信的社交关系链,通过社交裂变的方式,拼多多以极低的成本快速获客,短时间内获得了大量用户。

1. 分享免单

拼多多的分享免费模块有助力享免单和砍价享免单。

助力享免单需要邀请 App 新用户,但是邀请的人数是确定的,能否拿到奖品基本可由用户控制。助力享免单有助于激励老用户帮助平台拉新。

砍价免费拿需要好友互砍,并不需要好友是 App 新用户,但砍价次数是未知的。用户不知道需要砍价多少次才能够拿到商品。砍价免费拿能够提升用户间的互动,提升用户留存率和召回率。

2. 分享有礼

拼多多的分享免费模块有天天领现金和 1 分抽大奖。

天天领现金通过签到和分享获得现金,在 24 小时内达到一定金额后即可提现。用户如果无法在一天的时间内达到提现金额,已获得的金额则会作废。用户为了达到规定的金额以成功提现,会积极地将活动推文分享到社交平台。

在 1 分抽大奖——幸运人气王模块,用户仅需支付 0.01 元即可参与选中商品的抽奖,如果没有中奖,支付的 0.01 元还会退回支付账户。用户完成支付后需要将链接分享给一个微信好友获得一个用于抽奖的幸运码,分享完毕后,任务列表中会展现出更多样的幸运码获取方式,用户为增大自己获奖的概率会通过继续分享、邀请好友参与等方式努力获得更多的幸运码。

16.3.4　游戏化体验

拼多多平台将低价优惠、社交裂变的特点融入"种树、养猪、消星星"(多多果园、金猪赚大钱、多多爱消除)这三款游戏中,通过相对复杂、拥有独立等级体系的游戏增加平台的趣味性。多多果园和金猪赚大钱属于养成类游戏,多多爱消除属于闯关类游戏,不同类型的游戏也为喜好不同的用户提供更多的选择空间。

拼多多平台推出这三款游戏的目的可以总结如下。

1. 占据时间

目前互联网巨头间的竞争逐渐变为对用户时间的争夺,拼多多占据用户更多的时间,才能有更多变现的可能。一方面,因占据了用户时间,才有可能实现营收、引流、广告推广等一系列目标;另一方面,互联网巨头间的零和博弈,一个平台若无法占据用户的时间,那么用户多余的时间就会被对手平台获取,导致用户流失以及竞争对手的愈发强大。

2. 增加营收

平台通过游戏引导用户更多地下单,能够直接为平台带来收益;平台引导用户浏览商品能增加平台商品的曝光率,既能增大用户下单的概率,也能为平台上商家带来更多的流量,同时能证明平台的实力,吸引更多有实力的商家入驻平台。

3. 社交电商

平台通过游戏引导用户邀请好友、添加好友,既能以较低成本获客,也能逐渐构建自己的社交关系链。

16.4　拼多多农业数字化建设

2021 年 8 月,拼多多宣布设立"百亿农研专项",持续推动农业科技普惠,并将二、三季度的利润全部投入此专项。历年来,党中央和政府一直将乡村振兴当成重中之重,每年都通过中央一号文件对农村和乡村问题做重要部署。而在 2022 年的中央一号文件中,重点提出了数字乡村和农业数字化的建设。相关文件指出,下一步我国将扩大乡村振兴投入,大力推进数字乡村建设;推进智慧农业发展,促进信息技术与农机农艺融合应用;加强农民数字素养与技能培训,以数字技术赋能乡村公共服务。这两年,依托百亿农研专项,拼多多一直深耕农业,做了很多有益的探索,很多尝试跟中央一号文件的精神不谋而合。而拼多多的百亿农研项目,主要集中在数字提效增收、科技兴农以及新农人的培养等层面。

16.4.1　农地云拼帮助农民增效提升

要实现乡村振兴,最直接的方式,就是让农民富起来,用数字化的方式让农民的钱包鼓起来。拼多多通过其独有的"拼"模式,在生产端将大量分散的劳动力和资源在云端整合成一个超级农场,在销售端则汇聚了海量需求。最后再促进产销对接,迅速地形成了一条农产品出山进城的超短链路,在为农民增加收入的同时,也大大提升了效率,加快了农产品销售的数字化。

以苹果为例,拼多多针对中国苹果产业小规模种植的特点,通过"拼"的模式,将时空上高度分散的需求和自然成熟的小规模果园供给在云端精准匹配,打造一条"乡村果园直连家庭果篮"的产销对接高速通道,既让消费者、种植者都能收获实惠,又提升了产业链的抗风险能力。陕西洛川顶端果业就是这一模式的受益者。他们的 10 000 亩果园,由 1 000 多户种植户托管,生产出的苹果直连拼单用户。2021 年下半年,尽管苹果价格波动,顶端果业依然按照苹果质量,以高于市场 0.2~0.3 元/斤的价格收购,带动农户每家增收 2 万元。

16.4.2　AI 技术助力智慧农业

要想实现乡村数字化,最重要的就是要把一些 AI 和新兴技术应用到农业上,将科技成果转化成农业生产力,让更多的年轻科学家参与到农业中来。

"多多农研科技大赛",是拼多多促进科技兴农的平台。自 2020 年起,拼多多就联合中国农业大学、浙江大学,在联合国粮农组织和荷兰瓦赫宁根大学的技术指导下每年举办"多多农研科技大赛"。该比赛先后孵化了温室种植、无土栽培、AI 种植等多个前沿项目,目前正广泛应用于辽宁、安徽和云南等地。其中,参赛团队"智多莓"开发的自动化种植系统,已落地丹东东港的草莓大棚,帮助传统农户实现了"一个大棚两人管"到"一人管七个大棚"的产业升级。

2021 年 8 月,第二届多多农研科技大赛正式启动。9 月 21 日,喜柿 Hamato、番茄快长 TomaGrow、农圣大脑 Horti-AI 和智茄 CyberTomato 团队四支决赛队伍脱颖而出。进入决赛的四支队伍已奔赴位于云南的"多多农研基地",进行为期 6 个月的番茄种植决赛,并在番茄产量、品质、环境影响,以及算法策略、商业可行性上展开全面比拼。这也是"多多农研基地"迎来的第二批农业科研团队。全球青年科学家们利用作物生长模型、卷积算法等 AI 技术成功地在农研基地培育出"科技草莓"。与传统种植方式相比,利用 AI 技术将草莓产量提升了 196.32%,且投入产出比平均值高出传统方式 75.51%。

16.4.3　新新农人提升农民数字素养

要实现乡村振兴,必须要提升农民的素质,提升农民的数字素养,激发更多的年轻人回到农村。拼多多发布的《2021 新新农人成长报告》显示,以 95 后为代表的"新新农人"已经成为推动农产品上行的崭新力量。截至 2021 年 10 月,平台"新新农人"数量已超过 12.6 万人,在涉农商家中的占比超过 13%。其中,女性占比超过 31%,达到 39 060 人;00 后占比超过 16%,达到 20 160 人。

新新农人在返乡创业过程中,大大提升了农业的数字化水平,推动了农产品品牌化、标准化,带动当地就业。许多"新新农人"通过在拼多多开店,依托拼多多"农地云拼"拼购的模式,把消费者原本在时间和空间上极度分散的需求汇聚成相对集中的订单,进而提升农产品销量。

这两年,拼多多一直致力于新新农人的培养,通过搭建电商运营课程和相关培训,培养更多的"新新农人",提升农民的数字素养。

16.5　总　结

拼多多能够在电商红海中杀出重围,其对平台的定位和对社交裂变、购物优惠激励、游戏化体验等购物模式的创新都值得我们仔细思考。

目前拼多多虽然已跻身三大综合电商平台,但其在平台基础体系建设上仍存在很多不完善的地方,比如平台的账户体系、会员体系等仍处于很原始的状态,消费者保障体系和客服体系不够健全等。拼多多依赖低价包邮、优惠促销的策略快速发展,但也面临客单价低、营销费用高等困境;帮助拼多多快速获客的社交裂变策略让更多用户知晓拼多多的同时,也遭到很多诟病;假货多、商品差等问题也严重影响了拼多多的口碑,阻碍其获得更多高价值用户的青睐。随着淘宝、京东等电商巨头也愈发关注下沉市场、推出拼团等功能,拼多多面临的竞争环境愈发激烈。能否及时完善平台的基础体系建设,给予买卖双方更好的交易环境,是拼多多能否在激烈的电商领域竞争中立于不败之地的关键。

拼多多在农业科技上的投入代表了一种标杆性的尝试,起到了引领示范作用,能够激活专业研究者或产地农户的创新活力,而从农业专业土壤里生长出来的创新,更有落地的可能性。但用科技赋能农业,拼多多面临的挑战也不小。发展农业科技,最大的挑战是专业性,它需要专业的人去做,而不是简单地将互联网和科技嫁接到农业中。目前来看,拼多多首先着眼小农户,带动这个农业市场上最大的供给主体,让小农户成为平台新的增长动力。同时,通过市场倒逼农业上游产业链变革,重金投入农业科研,科技赋能农业未来可期。不过,农业充满复杂性,升级改造难度大,要想在苦活累活里出成绩,只有脚踏实地,才有机会仰望星空。

讨论题

1. 分析拼购类社交电商模式。
2. 拼多多用户激励方式有哪些?
3. 拼多多农业数字化建设具体有哪些举措?

参考文献

[1] 赵未,陶力."百亿补贴"成消费新动力 拼多多持续加码农业[N].21 世纪经济报道,2022-06-24(004).

[2] 陈薪如.拼多多的营销策略[J].现代营销(上旬刊),2022(05):139-141.

[3] 宋歌.基于社交媒体的营销信息传播模式研究——以拼多多为例[J].商展经济,2022(07):39-41.

[4] 徐佳宁.基于社群经济的电商企业商业模式创新——以拼多多为例[J].现代营销(下旬刊),2022(03):128-130.

[5] 徐琴.拼多多的社交化营销策略研究[J].上海商业,2022(03):16-17.

[6] 朱亮,张先树,张超莲.拼多多裂变式社交营销的核心逻辑分析[J].中国集体经济,2022(07):63-64.

[7] 刘巧盈,程如轩,施静雯,许璐,赵曙昕.拼多多直播助农现状探究——基于颍上县的实地调查[J].山西农经,2022(03):111-113.

第 17 章　万达电商

17.1　万达电商概述

在电商发展史上，一直在实体行业驰骋的万达在 2014 年 8 月宣布联合腾讯、百度共同搭建电商平台，总投资 50 亿元。在股权比例分配方面，万达持股 70%，腾讯和百度分别持股 15%。

2015 年，"腾百万"采用飞凡网进行了落地，定位高科技智慧生活 O2O 开放式电商平台。

2016 年 7 月，"腾百万"拆伙，百度和腾讯从飞凡网中退出。尽管"腾百万"组合不幸"早夭"，但万达的电商策略还在继续。此后，万达自己重新注册了一家名为"新飞凡"的公司继续运营飞凡电商。王健林曾希望将新飞凡打造成全球最大的电商平台，对其寄予了"2018 年实现盈利、2020 年完成上市"的期望。然而，新飞凡并没有走出成型的商业模式。在万达集团 2017 年年会上，王健林承认飞凡失败，他总结说，"过去总想着做规模，如果从一开始就只为万达广场、旅游度假区研发，可能早就整出名堂了。"

2018 年，新飞凡以一轮大裁员宣告结束。大规模裁员后，新飞凡名存实亡却未迎来最后终局，万达与腾讯的合作又有了新的剧情。

2018 年 11 月，万达商管联合腾讯及腾讯系高灯科技注资 46 亿元成立了一家新公司——上海丙晟科技有限公司。万达商管集团持有丙晟科技 51% 的股份，为第一大股东，腾讯持股 42.58%，腾讯系高灯科技持股 6.52%。随后，新飞凡旗下的核心技术和大部分员工都并入到了丙晟科技中，这也代表着新飞凡只剩下一个空壳。新成立的丙晟科技也剥离了王健林的电商梦，成为万达广场的一个配套服务公司。丙晟科技定位并非电商，而是对商业中心场景进行全面数字化升级，提升消费体验，欲打造全球领先的线上线下融合新消费模式。

2020 年 2 月，王思聪已卸任飞凡网的运营主体上海新飞凡电子商务有限公司董事一职。

2021 年 1 月，万达集团旗下上海新飞凡电子商务有限公司的经营状态于 1 月 4 日从"存续"变更为"注销"，注销原因为决议解散。随着新飞凡注销，昔日对电商业务寄予厚望的王健林"电商梦"已渐行渐远。

17.2　万达电商业务

万达电商——新飞凡网定位场景服务运营商,以实体商业经营和消费者需求为出发点,融合互联网技术,连通实体零售、商业地产、文化旅游、交通出行、健康医疗等多个业态领域,搭建智慧场景,以用户全生态的智慧生活体验为核心,为实体商业的经营者和消费者搭建一个全方位的"实体＋互联网"开放平台。

通过全新的线上线下结合的营销方式,飞凡为购物中心搭建 Wi-Fi、Beacon 等信息化基础设施,为消费者提供停车、找店、排队、电影等智慧服务,增强消费者线下购物体验。同时,飞凡还向购物中心开放大会员、大数据、大营销三大服务,结合飞凡平台上更多的互联网资源和更广阔的互联网发展平台,激活会员活跃度和线下消费力。

17.2.1　智慧生活平台

现代都市人群生活节奏很快,在忙碌的生活中,他们渴望有限的碎片化时间不被庞杂的信息淹没,希望获得精准匹配的个性化精选内容。因此,基于大数据及用户画像,结合地理信息系统、实时场景判断等技术,飞凡 App 根据不同用户在不同时间、不同地点的不同需求,提供基于精选场景、精选内容的个性化"逛街指南"。因此飞凡 App 的出发点是为人们提供消费中的"美好生活三要素"——个性化精选、全场景体验、圈子化社交。

随着人们对品质生活的要求越来越高,单纯的"买买买"已经不能满足人们内心深处的情感需要,他们渴望更贴心的服务、更丰富的场景和更极致的体验。飞凡新版 App 汇聚了实体商业中美食、购物、电影等多样的场景资源,并与商户一同,通过新科技来改善场景中的每一个服务环节,为消费者提供更愉悦的体验。

美食是飞凡 App 的核心板块之一。通过特色和个性化的"美食地图"以及具备品味和格调的"飞凡食客",飞凡美食频道为消费者带来有故事的美食,关注每道美食背后的文化与情绪。通过与个人重要纪念日等相关的"美食每刻",飞凡美食频道能够为消费者带来一站式的个性化场景体验。

当一位用户获得了独特的消费体验,他会非常希望找到有共同兴趣、品位、格调的同道中人,在小圈子中分享自己的喜悦。飞凡 App 通过分享内容的智能筛选与兴趣匹配,帮用户找到同道中人,让他们能够在共同的圈子中,互相推荐和分享彼此的愉悦。

飞凡购物频道则基于优质内容,进行个性化推荐,向用户推出精选、严选商品,并通过"飞逛""飞凡下单,逛街取货"等功能和模式,突破线上线下界限,带来无差别的购物体验。同时,飞凡 App 还推出了线上内容互动社区"随享",为有共同兴趣、品位和格调的人们提供交流的平台。

17.2.2　智能服务

1. 借助 Beacon 智能定位

万达通过定位技术蓝牙 Beacon 实现实验室内无死角定位导航。消费者只要打开手机,在飞凡 App 里选择自己喜欢的商品,就可以进入导航模式,在 App 的指引下快速找到想要的每一样东西,如果把 Beacon 和大数据结合的话,Beacon 还可以根据每一个消费者的喜好,量身推荐最适合他的产品。

2. App 预约智能停车

消费者只要将万达飞凡 App 和车牌绑定,从家里出发之前,就可以通过 App 实时查看停车场的车位情况,并根据自己的行程安排,预约停车位,并选择适合车型不同车位。当用户选择将要离场时,系统会自动计算出停车费金额,用户可以用账户余额、抵扣积分或优惠券等多种方式完成线上支付。

3. 蓝牙控制智能储物

万达电商已自主研发了一套蓝牙模块内置于智能储物柜,消费者只需要通过飞凡 App,即可使用储物柜,实现无纸化操作。

4. App 扫描过影院安检

不同于目前在影院、游乐场、演出场所等普遍使用的闸机,万达电商智能闸机不局限于传统扫描纸质票通行,而是支持手机蓝牙、手机二维码、会员卡以及纸质票多种介质通行入场。

5. 智能门锁

智能门锁是针对酒店设计,消费者只要在飞凡 App 上预订酒店并完成支付下单,系统分配的会员房间号就会通过 App 反馈给用户。入住时无须在前台办理烦琐的登记,只要打开 App 和蓝牙,就可以刷手机直接进入房间。

17.3　万达电商特色

万达电商定位是智慧生活 O2O 平台,其特色总结如下。

17.3.1　消费者体验的优化

消费者能随时随地实现找店、找品牌、找人、找车,获取影讯、餐饮等相关信息;解决"连接服务"的困扰,如餐饮的在线点餐、选座位、影院的在线选座位、购票等轻松便捷;解决"排队"等不良体验,如出入车库自动缴费,有效减少人工收费时间长、排队长的困扰。

17.3.2　线上线下人流互补

商场的天然人流为线上发展用户打好了"群众基础",线上的粉丝,又为线下导来了人流。人流互补,为线上的营销推广、线下的销售打下了基础。

17.3.3　大数据的多方运用

线上线下结合,为人、财、物等大数据信息流的采集奠定了基础,反过来,大数据的应用,为精准、分层营销,为商场在 B2B 供应链体系的掌控奠定了基础。

17.3.4 金融领域想象空间建立

支付便捷方便了消费者,也带来的资金流,在与入驻商户分成的时间差又造就了"资金池",同时也为商户贷款垫资等储备了信息、财力等基础。

17.3.5 资源的整合

大积分联盟的建立,突破万达广场的地域限制,进一步丰富了业态,整合了当地的资源。

17.3.6 多层面互联网化

营销层面、服务层面与企业管理层面互联网化、有效融合壮大了企业。

17.4 万达电商失败分析

网经社电子商务研究中心网络零售部主任、高级分析师莫岱青总结万达电商失败的原因如下:

① 定位不清,缺电商基因。新飞凡起初的定位是智慧生活O2O平台,然而万达本身是商业地产基因,要在竞争激烈的市场站稳脚需要在电商方面的实践经验。而新飞凡的高管频繁迭代,造成初衷支离破碎,核心优势迟迟无法建立。加上,流量问题也得不到解决,所以发展达不到理想效果。

② 业务调整,已"名存实亡"。万达、百度、腾讯当时三家不同的公司,为共同目的走到一起,组建"飞凡",自然需要充分磨合直到充分融合,但是最终出现"三个和尚没水喝"的局面。万达之后又把飞凡纳入金融集团,后又有"万达广场"小程序上线,新飞凡实质上已经"名存实亡"。

③ 投资其他板块,精力分散。网经社"电数宝"电商大数据库显示,万达还投资了孩子王、同程艺龙、ETCP停车等电商,在电商业务上也并非无建树,但是自然也会分散对新飞凡的关注。

④ 竞争激烈,巨头林立。万达要做电商切入市场有难度。天猫、京东、拼多多已经占据近九成市场份额,新飞凡生存空间被挤压,要立足实属难事。

讨论题

1. 万达电商的业务包含哪些内容?
2. 万达电商的特色是什么?
3. 万达电商为什么会失败?

参考文献

[1] 郭朝飞.万达电商失败之谜[J].中国企业家,2018(Z1):50-54+7.

[2] 王倩.三任 CEO 离职 万达电商迷失的"下一站"[J].商学院,2017(Z1):66-68.

[3] 吴启波.万达电商三年两任 CEO 之后如何玩[J].企业研究,2016(10):20-23.

[4] 陈婷婷.试论神秘的万达电商[J].互联网周刊,2015(10):26-27.

[5] 张宏伟.万达电商成立背后三个不得不看的"亮瞎"点[J].城市开发,2014(18):45-47.

第 18 章　58 到家

18.1　58 到家概述

58 到家成立于 2014 年 7 月,是国内领先的家庭服务平台。58 到家是互联网生活服务品牌,为用户提供专业、便捷、安心的标准化到家服务。58 到家以持续打造家庭服务生态闭环为发展战略,不断助推中国家庭服务行业的职业化升级,同时赋能劳动者各项专业能力。从劳动者培训、平台业务、服务保障等多面发力,58 到家取得了有目共睹的成绩。

2018 年 6 月 11 日,李克强总理亲临 58 到家长沙总部视察指导,并获得"看来你们集团真把所有精力都用在了服务民生""58 到家为当地的老乡创造了就业机会,是很了不起的""你们就是给老百姓创造幸福生活的推手"等表扬和赞许。

2020 年 9 月 7 日,58 到家启动品牌焕新计划,正式改名"天鹅到家"。并发布全新的品牌定位——"全国领先的家庭服务平台",同时宣布邓超成为天鹅到家品牌代言人。

18.2　58 到家商业模式分析

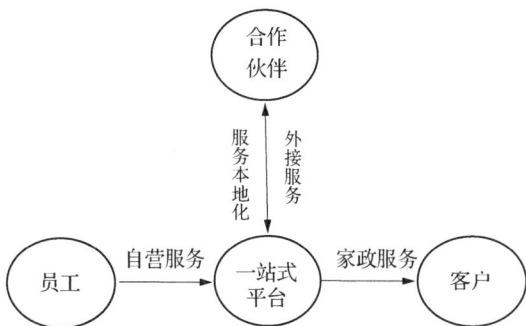

图 18 - 1　58 到家商业模式

58 到家是一个提供到家服务的互联网生活服务品牌,为用户提供专业、便捷、安心的标准化到家服务。58 到家采用"直营＋平台"的双轨模式,主要包括家庭保洁、母婴护理、家居养护、丽人、速运、维修换新六大服务项目,其中家政、速运、美甲属于 58 到家的自营业务,其他业务由第三方商家或个人提供,主要商业模式如图 18 - 1 所示。

58 到家在家庭保洁、母婴护理、家居养护、丽人、速运、维修换新等到家服务项目上拥有海量的专业化服务人员,服务人员可选择性多且价格实惠、透明,用户无须到店咨询,通过 58 到家就可以了解到每位服务人员的详细资料和业务水平,用户在线选择符合自己要求的业务人员上门服务,为用户提供了便利、节省了时间。

"直营＋平台"双轨模式的优点是:自营家政、美甲、速运业务专业化程度高,服务质量好,为 58 到家积累了优质的口碑和忠实用户。通过接入第三方服务商,58 到家完善了上门服务业务类别,服务范围几乎覆盖了全行业,在上门服务平台中拥有较大优势。

"直营＋平台"双轨模式的缺点是:上门服务不容易标准化、服务成本难以控制、服务质量难以保证。第三方服务商专业化程度参差不齐、服务质量难以控制,影响平台口碑和规模拓展速度。

18.3　从"58 到家"到"天鹅到家"

从"58 到家"到"天鹅到家",到家集团品牌升级转变背后,是中国家政市场的蓬勃发展,但整个行业还处于野蛮生长的状态,亟须有企业站出来,将整个行业进行规范化,形成良性循环发展,而不是产生劣币驱逐良币的现象。

18.3.1　家庭服务市场需求激增

随着社会主义市场经济体制的确立,我国经济发展,人民生活水平迅速提高,对提高生活质量和家政服务产生了巨大需求。此时家政服务业作为朝阳行业产生,并不断发展壮大,开始从物质和精神两方面不断满足广大居民的各种家庭生活需要。与此同时,家政行业的不少问题也随之凸显出来。随着居民人均可支配收入的提升,改善型消费不断增加,消费者对家庭服务的需求不断提升。但是,从供给来看,无论是从数量还是质量上,家庭服务供给都不能满足快速增长的需求。出于劳动强度大、职业偏见等原因,愿意从事家庭服务的农村青年转移劳动力和城市下岗职工越来越少。其中,高端家庭服务领域的供给更是稀缺,难以满足居民日益增长的消费需求。

18.3.2　到家集团品牌对应升级

天鹅到家致力于以专业化的品牌模式塑造行业新标杆。通过搭建集"服务专业化、管理精细化、培训职业化"三合一的互联网家庭服务平台,加强了蓝领劳动力资源整合,同时也改善了用户服务体验,以专业化的品牌模式塑造出行业新标杆。一直以来,家政市场上有关安全问题的新闻常有爆出,因此不少人寻找家政服务过程中首先考核的就是安全问题。为此天鹅到家率先推出身份认证 & 技能认证体系"天鹅信用",同时接入国家"家政服务信用信息平台",双重审核家政服务人员身份和技能真实性,为广大消费者做好到家服务的安全守护者,让雇主更为放心,也让优质的家政人员可以更好地为雇主服务。

18.3.3　培训平台,拉齐专业期待

从月薪 5 000 元到月薪 50 000 元,家庭服务市场鱼龙混杂,很难有一个统一的平衡标准,不上手、偷懒、专业技术水平差异过大等问题层出不穷。天鹅到家引进菲律宾专业培训讲师及成熟经验,结合本地化的理论与技能知识,打造系统化家政技能培训体系,全面赋能劳动者,为消费者提供专业、标准的品质服务。

18.3.4　线上交流,节约沟通成本

对需要家庭服务的家庭而言,雇主工作压力常常较大,时间十分宝贵。天鹅到家通过

在线查看简历、三方视频面试、在线远程签单、在线付款、在线评价等一整套家政服务交易线上闭环系统,缓解雇主的时间压力,将更多的监管、审核、把关任务转移到平台,家庭服务人员也可以节约大量面试的时间,将更多的精力放回专业服务本身,让雇主享受最为简单高效的服务。

18.3.5 扶贫助困,推动社会发展

通过天鹅到家打造的培训平台,过去被忽视的蓝领人群的专业技能得以提升,从"贩卖时间苦力"到"提供经验技术",蓝领人群的劳作价值实现了质的飞跃。"授人以鱼,不如授人以渔",在扶贫助困上,天鹅到家以系统化、规模化的培训帮助贫困地区劳动力,不仅对蓝领个人起到了职业规划作用,也为都市家庭输入了更为专业的人员,双方共赢的模式对社会发展起到了积极引导作用。

历时6年,天鹅到家能够从海量家政企业中脱颖而出,成为国内炙手可热的家庭服务品牌,离不开其对于专业化品牌的打造。在"守业"与"求稳"成为一种发展常态,行业缺乏闪光点的市场环境下,天鹅到家凭借过硬的自身平台服务质量与先进的品牌发展理念独步家庭服务领域,为数字化时代品牌如何焕新交出了一份令人满意的答卷。

18.4 天鹅到家营销模式分析

天鹅到家的华丽转身,不仅是家庭服务行业值得学习的标杆,其围绕城市主流人群做出的营销规划值得其他行业学习。在这次品牌焕新的传播策略中,天鹅到家有相当一部分市场预算都投放在分众上,并获得了较高的转化和收益。如此令人惊喜的效果背后,是天鹅到家基于对市场的深刻洞察,通过轻量级物料成功撬动流量杠杆的营销智慧。

首先,精准分析用户数据,合理规划投放策略。分众银河大数据系统提供了目标人群的浓度和热度数据,通过到家数据和银河数据进行对比选择、客户重叠的匹配,天鹅到家可以进一步按照城市热力图进行投放,将直击消费者痛点的广告内容更精准地触达目标人群。

其次,精准定位品牌调性,借势明星营销强化用户认知。天鹅到家选择观众缘与国民度极高的实力派演员邓超作为代言人,与天鹅到家积淀下的口碑服务形成一种强强联手,快速提升消费者认知度。尤其在短短15秒的电梯广告中,邓超强调天鹅到家"品牌改名""平台价值"和"优惠福利"的品牌信息,以具有感召力的"公告体"和一镜到底的拍摄手法,让人印象深刻,强化用户品牌认知。

再次,扎根品牌内容营销,拉近品牌与用户的互动距离。在品牌焕新阶段,天鹅到家进行了一系列的内容尝试,《动物园神秘反常事件》的长漫展示撬动了不少年轻消费群的兴趣;"超鹅CP"《跳皮筋》搞笑视频掀起剪刀手大触们的创作热情,鬼畜视频爆火网络;集结诸多大佬趣味挑战任务的《天鹅到家小剧场》,帮助品牌攻占核心人物圈层。就这样,借助内容的影响力,天鹅到家实现从上至下全领域覆盖,打出一套内容营销组合拳,最终提升此次品牌焕新的影响力。

最后,聚焦都市主流人群场景,集中引爆品牌转化。对城市主流人群而言,在社区中、

写字楼间近期讨论度最高的话题非天鹅到家莫属。轮番滚动播放的广告内容,挑动了大量不堪家务琐事影响的现代人的敏感神经,15 秒的广告实现了高效的内容传达,直接影响用户家庭消费决策,引导用户完成从感兴趣到下单的行为,缩短用户决策路径,提升转化效果。

优质的转化效果离不开对市场趋势的敏锐洞察,天鹅到家准确洞悉当代人家庭服务需求激增的需求点,并以数据赋能投放策略,准确发力电梯广告渠道,让品牌声量几何倍数级提升,带来了优质的转化结果。此时"天鹅到家"进行品牌焕新,是市场需求变化下的一种主动革新之举,也是时代发展下的一种最佳选择。

18.5　总　结

未来,随着 5G 和移动互联网的深入发展,社会将进一步踏进全民网络时代。对这一刻的到来,天鹅到家早已提前完成布局。早前,面对分散化的家庭服务行业,"天鹅到家"率先以标准、信赖和口碑打造品牌行业影响力,针对数字生活的时代特征,网罗数字终端媒介触点,以都市主流人群的生活场景为切入口,构建了家庭生活服务交易数字平台,形成了属于自己的服务优势。同时,"天鹅到家"不断沉淀品牌资产,从引爆个体,到引爆家庭,赢得了广大用户的支持和信任,成为 1 500 万家庭的共同选择。在家庭服务升级时代的品牌发展赛道中,"天鹅到家"已经抢先领跑,相信在接下来的万亿市场抢位赛中,"天鹅到家"将会继续不断发力,发挥领军企业优势,引领中国家庭服务业长期健康有序发展。

讨论题

1. 58 到家的商业模式是什么?
2. 简述从"58 到家"到"天鹅到家"的转型原因。
3. 分析"天鹅到家"的营销模式。

参考文献

[1] 焦梦莹.简述新中国大陆家庭生活服务行业在互联网媒介影响下的发展趋势——以 58 到家为例[J].山西青年,2020(12):8 - 9+23.

[2] 杨林.58 到家陈小华的"新想法"[J].家庭服务,2018(09):44 - 46.

[3] 王华,李欣洋.浅议 58 到家 O2O 平台的盈利模式[J].财务与会计,2016(07):51.

[4] 蒙慧欣.天鹅到家冲刺中国家庭服务平台第一股家政服务前景几何[J].计算机与网络,2021,47(13):4.

[5] 刘旭颖.家政平台欲解发展之困[N].国际商报,2021 - 07 - 07(005).

[6] 刘照龙.天鹅到家 CEO 陈小华:构建与劳动者的"命运共同体"[J].国际品牌观察,2021(14):19 - 21.

第 19 章　闲　鱼

如今，二手闲置物品交易拥有良好的发展前景，互联网企业涉足二手交易领域；在二手交易市场中，阿里巴巴旗下的"闲鱼"最具代表性。闲鱼系阿里巴巴旗下的闲置交易平台，其前身为"淘宝二手"，是目前国内最大的 C2C 二手交易平台，其用户量居于全国领先地位。

19.1　闲鱼的发展历程

19.1.1 成立背景

1999 年阿里巴巴成立以来，旗下的淘宝、天猫和支付宝与电商有着密不可分的关系。阿里巴巴集团经营着多项国际化重要业务，另外不断拓展与其相关联公司的业务，并不断发展全球性业务。其中经营的子公司和子业务包括但不限于淘宝网、1688、阿里妈妈、阿里云、蚂蚁金服、天猫、聚划算、阿里巴巴国际交易市场、菜鸟网络等。

2014 年 9 月 19 日，阿里巴巴集团在纽约证券交易所正式挂牌上市，股票代码"BABA"，马云担任创始人和董事局主席。2018 年 7 月 19 日，全球同步《财富》世界 500 强排行榜中阿里巴巴集团排名 300 位。

随着电子商务的迅猛发展，网购不断兴起。网购物品凭借种类繁多、价格低廉，吸引了无数消费者，也由此诞生了不少盲目购物的消费者——"剁手党"。如何清理"剁手"下的闲置产物成了所有"剁手党"们头疼的问题。因此，处理消费者的闲置物品也成为阿里巴巴的一个商机。

在阿里巴巴涉足闲置物品交易这一领域之时，二手物品市场一直是许多企业争夺的新蓝海，早有 58 同城、赶集网等竞争者在此布下了棋盘。为了抢夺闲置物品交易市场，阿里巴巴利用阿里平台的生态优势（闲鱼会员只要使用淘宝或支付宝账户登录，无须经过复杂的开店流程，即可一键转卖个人淘宝账号中"已买到的宝贝"或者自主用手机拍照上传二手闲置物品进行在线交易），并结合自身的支付安全优势等特点，推出了闲置物品交易——"淘宝二手"。随后改名为"闲鱼"，实现了闲置物品交易的后来者居上。

19.1.2　发展历史

从 2012 年起，阿里巴巴以淘宝为平台推出了闲置物品交易平台——"淘宝二手"，"淘宝二手"在其经营期间取得了非常可观的成绩，让阿里巴巴看到了二手物品交易市场的巨大发展潜力。

2014 年 6 月,"淘宝二手"正式更名为"闲鱼"。

2014 年 7 月,阿里巴巴推出了闲置物品交易软件——"闲鱼"手机应用软件,用户无须注册店铺就能卖闲置物品。

2015 年 5 月 27 日,闲鱼支持开通芝麻信用评分体系。

2016 年 5 月,阿里巴巴集团宣布"闲鱼"和"拍卖"业务将"合并同类项"。阿里巴巴集团 CTO 张建锋表示:"闲鱼"牵手"拍卖"后,两者将共同探索包括闲鱼拍卖、闲鱼二手交易、闲鱼二手车在内的多种分享经济业务形态。

2016 年 6—7 月,闲鱼先后与菜鸟裹裹、淘宝、中检集团奢侈品鉴定中心达成合作。

2017 年 12 月 19 日,闲鱼联合中国循环经济协会、估吗、有得卖、爱回收、回收宝、有闲有品、乐人乐器、大搜车、芝麻信用、蚂蚁森林等近 50 家机构,启动无闲置社会行动。

2018 年 5 月,阿里对旗下的租赁业务进行调整,将"闲鱼"与"淘宝租赁"业务进行内部整合。

2019 年 4 月 11 日,闲鱼公布数据显示 2018 年闲鱼销售额已突破 1 000 亿。

2020 年,闲鱼举办了 2020 年品牌战略升级发布会,正式推出"无忧购""会玩社区""新线下"三大业务。

2021 年 4 月,闲鱼向微信提交了小程序申请。通过后,平台将支持用户在小程序内购买闲置物品、在用户间分享链接,提升购物分享体验。

19.1.3　品牌介绍

闲鱼是阿里巴巴旗下闲置交易 App 客户端,为阿里巴巴继淘宝、天猫之后打造出的第三个亿万级平台。

闲鱼,取义于"闲余"。"闲"是闲置的时间,而"余"是闲置的物品和空间。闲鱼不仅是一个闲置交易平台,更是一个基于新生活方式的社区。在这个社区,人们分享的可以是物品,也可以是自己的私人时间与技能、兴趣爱好与经验,甚至也可以是空间。闲鱼致力于让闲余变闲鱼,让浪费变消费。

近年来,随着闲置交易的普及,人们的消费方式也在发生着变化,从东西要买全新的到越来越多的人选择买更具性价比的闲置,闲鱼一跃成为国内最大的闲置交易社区。

根据闲鱼公布的最新季度财报,截至 2021 年 6 月,闲鱼的移动月活跃用户突破 1 亿人,注册用户超过 3 亿人。这就意味着,在每四名中国网民中,就有一位网民在使用闲鱼。而在闲鱼 3 亿用户中,90 后占比超过 60%,95 后占比超过 35%,意味着闲鱼早已挤进年轻人的世界。

19.2　闲鱼的市场定位

19.2.1　市场定位

闲鱼的市场宣传语——"让你的闲置游起来",这也突出了闲鱼的基础市场定位是为人们提供一个闲置物品交易的可靠性平台。闲鱼总经理谌伟业表示闲鱼的价值是环保的价值、社会进步的价值，是让整个社会的闲置资源能够利用起来的价值，这也是闲鱼的初衷。

闲鱼是一个规范化的闲置物品交易市场——不仅支持各种安全的同城及线上的担保交易，同时还有专业的第三方服务机构，使用户能放心地在闲鱼上进行闲置物品交易。

与此同时，闲鱼是一个以闲置物品交易为基础的社区交流平台——通过"鱼塘"这一社区交流功能模块，不同用户可以根据自身地理位置信息和兴趣爱好信息聚集在一起，在促进用户之间交流的同时也为用户在闲置物品交易上提供了便利。

在实现上述两项市场定位的基础上，闲鱼还是专业的租房、回收和租赁服务机构。闲鱼目前已经推出了闲鱼租房的服务，用户可以在闲鱼上租赁或出租房屋。闲鱼还接入了多家回收、租赁品牌商，其中包括回收宝、估吗、衣二三、爱回收等，为闲鱼用户提供专业的家电、玩具、服装、手机等在内的全品类回收租赁服务。

19.2.2　产品定位

闲鱼最主要的产品定位是在解决线上线下购物的最后一个问题，即为那些消费者解决手中的闲余产品：或许是对冲动购物的行为进行"回血"，进一步"消化"错过保修期、售后期和消费者不再需要的物品。

1. 基础定位——打造闲置物品交易的一流平台

闲鱼是一款可以解决用户无处安放闲置物品苦恼的应用软件，它的基础功能和定位就是打造闲置物品交易的一流平台。用户通过闲鱼客户端无须注册店铺就能卖闲置。闲鱼上，不只有交易，还将有共同爱好、趣味相投的人们集结起来。

2. 建设功能性、开放性平台

闲鱼自创立以来，一直以平台的各项优势拓展着相关业务边界。闲鱼最开始是以C2C闲置交易为主要业务，但闲鱼通过近几年的业务发展，已经完成了向开放式平台的转型。

为了将闲鱼打造为一个集购物、出售和社区交流为一体的二手交易平台，闲鱼在 App 中推出了"鱼塘"功能。闲鱼通过用户的生活圈、兴趣圈等依据打造了不同用户之间的社区分类，在提高用户流量细分的同时，还给用户提供了一个社区交流平台。根据闲鱼总经理谌伟业的介绍，鱼塘的出现成功解决了二手市场无法解决的两个难题：真实性和平等。即真正的共享经济应该是社区，只有社区才能让闲置资源流动起来。

同时，闲鱼为建立一个多功能的生态平台，也在不断上线了新的功能业务。

在开放式的平台模式下，闲鱼推出了"信用回收""闲鱼优品""闲鱼租""免费送"四大核心功能，在环保回收、共享经济、服务维修、公益领域开放资源，并逐步建立闲置物品的行业分级标准，推动闲置资源流通。闲鱼还在向循环经济发力。主要应用场景便是通过闲鱼为淘宝、天猫用户提供一键转卖、以旧换新等服务；在淘宝、天猫的业务中引入闲置资源循环利用的新功能。支付宝和芝麻信用为闲鱼提供具有针对性的信用评价判断服务和支付金融服务，具体为闲鱼通过引入用户的芝麻信用分的方式，增加用户对闲鱼平台二手交易的信任度。同时还开发了支付宝小程序,为支付宝用户提供闲置资源循环服务。闲鱼还将在租房租赁领域展开业务整合。

3. 牵手第三方抢夺市场

闲鱼在不断拓展业务边界的同时,不可避免地需要规范自身业务。

为打造闲置经济、共享经济生态平台,闲鱼通过与阿里体系内的淘宝、天猫、支付宝和芝麻信用等进行合作,开发了 C2B 模式下包含信用回收、免费送、租房租衣等功能。

阿里不仅对阿里系的业务进行整合与更新,还引入了专业的第三方机构进一步完善业务标准化。

闲鱼目前已经接入了多家回收租赁品牌商,其中包括回收宝、估吗、衣二三、爱回收等,为闲鱼用户提供专业的家电、玩具、服装、手机等在内的全品类租赁服务。引入专业的第三方机构后,不同功能模块的专业分工更为细致。闲置经济提供的服务变得更为标准化、专业化,用户也将获得更为高品质的服务。

综上所述,闲鱼不仅是一个帮助用户进行闲置物品交易的 C2C 软件,闲鱼还是一个集社区交流、物品租赁、房屋租赁、公益事业和专业第三方服务等于一体的功能性、开放性平台。

19.3　闲鱼的市场规模

被视为阿里零售"第三极"的 C2C 闲置交易平台"闲鱼"在 2018 年 9 月 7 日公布的数据显示,截至 2018 年 8 月,已有超过 11 亿人次在闲鱼上发布和分享内容。从 2017 年 8 月至 2018 年 7 月,闲鱼平台 GMV(物品成交总额)接近 900 亿元,即将突破 1 000 亿元大关。

国内知名的移动互联网数据挖掘及市场研究机构——BigData-Research 于 2019 年 5 月发布的《2019 年第 1 季度中国在线二手闲置物品交易市场研究报告》显示,随着社会总体消费能力的不断增长,以及社会人群消费观的改变,中国在线二手交易平台得以快速发展。

根据比达中心的研究数据发现,2019 年第 1 季度国内闲置物品交易规模环比增长5.5%,其中闲鱼的月活用户优势明显。

二手交易平台的激烈角逐下,以阿里为背景的闲鱼有着得天独厚的优势,可以说已经成为国内最大的二手交易平台。

在 2019 年 4 月 11 日的"闲鱼 2019 年战略发布会"上,闲鱼官方也表示,闲鱼在 2018 年全年已经超出原先的预测,达到了千亿规模,并向万亿价值市场迈进。在闲鱼上线的这五年中,闲鱼上已总计发布大于 14 亿件闲置物品。根据阿里巴巴集团发布 2021 年第二季度(2022 财年 Q1 财季)财报显示,截至 2021 年 6 月,闲鱼的移动月活跃用户规模已突破 1 亿人,90 后用户占比超过 60%,其中 95 后占比超过 35%。

由此看来,闲鱼为建立资源节约型社会、发展可循环经济贡献了重要力量,也为促进社会闲置资源的充分利用提供了一个很好的解决方案。

19.4 闲鱼 App 的功能介绍

闲鱼 App 中的界面主要包括首页、会玩、消息和我的,以及部分子页面。

19.4.1 闲置物品交易

闲置物品交易功能模块主是闲鱼 App 提供的最为基础的模块,也是用户使用闲鱼 App 时长最久的功能模块。所有想要在闲鱼进行交易的用户,可以直接使用淘宝或支付宝账户登录,烦琐复杂的开店流程完全可以避免,能够快捷转卖个人淘宝账号中"已买到的宝贝"。闲鱼还支持用户自主手机拍照上传闲置物品以进行在线交易等诸多功能。

在闲鱼这个社区中,用户分享的可以是物品,也可以是私人时间与技能、兴趣爱好与经验,甚至可以是空间。通过这样的形式,让更多的用户乐意在这里进行分享和交易,大大调动了用户的积极性。

比如用户在确定自身想要在闲鱼购买的物品后,首先在闲鱼首页上端的搜索栏进行关键词搜索,随后在弹出的物品列表中选择看中的物品,点击进入物品页面,查看相关图文描述后,可以选择与出售者交谈物品细节,随后下单购买物品。当用户以快递包裹或是面交等方式收到该物品后,若无退款意向,则会确认收货并完成评价,至此才算真正购买成功。

19.4.2 全覆盖的闲置交易品类与场景

当 80 后、90 后,甚至是 95 后人群成为市场消费主体时,整个市场的消费模式和方向都逐渐地产生了变化。

一方面是由于主体的消费群体偏于年轻化,会导致消费需求的多样化发展和消费行为的实际应用性的侧重;另一方面,由于经济水平的整体提升,消费群体的指向性和针对性会更加明确。

而与 60 后 70 后相比,年轻人的消费观念更为前卫、更为潮流,也更加注重价值和性价比的结合,这样催生了更为新颖的方式的出现,如闲置交易。像闲鱼这样的闲置交易平台,能够短时间内俘获大量年轻群体的心,并给他们带来实质性的消费帮助和优质的消费体验,时代风格的表达更为明显。

而如何既服务好年轻的消费群体又要兼顾其他年龄段消费群体的消费体验,闲鱼在这个问题上进行了很多的尝试。针对年轻客群的主要消费特点,闲鱼在注重满足需求的同时,也更加注重个性化的体验,卖家、买家的交流、分享、交易都是基于人性化的功能打造来实现的。根据不同年龄阶段消费群体的消费趋势和侧重,闲鱼通过全覆盖的交易品类与场景设定,帮助用户实现了更多的闲置交易需求,在平台上不仅有丰富的数码产品、家具家电等闲置供用户挑选,更有次元潮玩、美妆母婴、文玩珠宝、明星玩家的各类好物上架。想要的都能买,成为闲鱼的一大特点。

同时针对一些数码产品或者奢侈品物件以及其他用户自行挑选的合适的交易对象,则可以通过闲鱼官方提供的"省心卖"功能由闲鱼官方直接帮忙转卖。省心卖基本流程就是在线对你要进行出售的产品进行估价,然后下单,预约联系快递免费上门取件,通过平台进行质检,收到质检报告后,确认你的产品符合买家需求,便可在 48 小时内由官方帮你卖出。

19.4.3 安全的交易体系

闲鱼平台已全面接入芝麻信用支付体系,致力于打造值得信任的安全交易体系,让交易安全等级瞬时大幅提升,违规交易、风险交易的出现概率降低至零。针对平台中有纠纷的交易场景,设置的闲鱼小法庭能够很好地解决这一问题。闲鱼小法庭由闲鱼资深卖家共同协助判定平台上出现的问题,根据实际交易的环节、流程等多个方面进行综合评判,最大限度地保障买卖双方的合法权益,让每一笔交易都是公平、平等、公开的完美消费体验。

2020 年闲鱼还上线了验货宝交易服务,这项服务可以为用户闲置物品进行鉴定,使得用户闲置交易全程的安全性有了更好的保障。

19.4.4 会玩圈子

作为阿里巴巴旗下闲置交易的平台,闲鱼除了买卖交易,还专门开发了供用户展现个性和分享兴趣的社区——会玩,平台的每个用户都能在这里找到共同属性、共同爱好的人,建立属于自己的喜好圈子,并在平台上不时地交流经验、分享乐趣。在这个社区里面,有大量的优秀的创作者分享他们会玩的生活方式,趣味性十足,更受年轻人的喜爱。

19.5 闲鱼平台存在的问题

19.5.1 商品质量难以保障

二手商品来源范围较广,除闲鱼上一键转卖功能够保障商品的质量以外,非淘宝渠道的产品,最初购置信息在二次销售中信息溯源性差,无产品现状对比,买家对商品质量问题的了解仍有局限性。

1. 实物与描述不符

实物与描述不符行为指的是卖方通常声称自己是以实物原图发出商品的,但其实存在盗用别人图片的行为,也就是我们所说的"盗图",这与出售假冒伪劣产品不同。卖方在向买方介绍产品时会有选择性地介绍,避开产品的瑕疵,这就造成买方购买后收到的商品实物与商品描述的情况不符合。

2. 出售假冒伪劣产品

出售假冒伪劣产品是指买方收到的产品不是正品。比如买方在平台上购买了某国外化妆品,卖方也提供了购物小票。但在收到货后买家发现商品质量存在问题,且小票上有很多漏洞,如翻译出错、小票显示日期是周三实际当天为周日、税率与实际税率不符等问题。这些都不能证明商品的真假。

19.5.2　交易存在风险

闲鱼平台交易方式一般是通过支付宝进行的。在第三方支付中,支付宝市场份额稳居第一,其次为财付通(含微信支付)。上述支付方式均有其自身支付安全保障体系。

第三方交易是指买卖的双方交易过程中选择了用其他方式交流或付钱的行为,其本质目的就是为了骗取钱财或商品。闲鱼进行交易时,除了支付宝交易(该项交易可以受到平台保护),买卖双方还可自行协商交易方式,选用其他第三方平台软件进行交流或支付,脱离"闲鱼"官方交易程序,这种行为比较大的概率就是想要进行欺骗。在第三方进行交流或转账,交易信息缺失,交易行为依赖双方行为道德准则,交易资金纠纷产生后难以解决、交易追溯无法明确,"闲鱼"也无法进行取证和保护。

19.5.3　用户体验感不佳

1. 未收到商品或服务

未收到商品或服务也是"闲鱼"平台上常见的违规行为,但是在正常情况下平台方都会帮助买方追回货款,这类情况的风险是较小的。但会影响消费者的用户体验。

2. 服务体验感不佳

对平台服务而言,人工智能技术的运用确实增加了便利性。但当在客服中心输入"人工客服"词汇,会自动弹出"不诚实使用问题举报及咨询问题"选项框,却无在线人工客服;针对如投诉卖家服务、平台使用合法性等问题,在使用者无法明确的前提下,咨询无果;处理交易纠纷方面,"闲鱼"的小法庭功能,裁判由认证"闲鱼"玩家组成,责任认定依据裁判用户个人素质认识及喜好,裁判较难保证结果客观,因此各项服务的不完善都会减低用户的体验感。

19.5.4　功能普及度较低

1. 直播功能不完善

现今,"直播＋电商"已成为电商平台的发展趋势。直播电商逐渐转变为以 PGC (Professional Generated Content,专业生产内容)为主,人们关注直播的内容。卖家通过直播在线讲述商品,吸引用户提高购买欲望、用户转换率;消费者则可以通过直播详细了解商品质量、使用方法及效果。二手商品因其二次售卖的特殊性,消费者对商品质量更为注重,因此,以直播形式详细介绍商品信息是必要的。

但在闲鱼的直播中,多数直播内容涉及厂家字眼,不排除职业商家的可能性。职业商家的存在是由于主流电商平台中商品出现瑕疵或从业资格不全,转而流向二手市场。职业商家相对具有的专业性会对普通卖家产生影响;与此同时,"闲鱼"的卖家大多为普通消费者,在直播方面并没有很好的经验,对于直播营销方式技巧并不明确,直播内容讲述有待加强,导致引流用户效用不明显。

2. 小程序用户转换率低

在已有流量交易入口中,App 使用情况良好;淘宝作为其中引流平台,展示和曝光率是较高的；小程序模式相等于无须安装的客户端 App，但支付宝的使用偏向商业及第三方支付，商业属性强，传播性能弱，基于支付宝小程序使用情况，"闲鱼"小程序曝光度缺乏，用户分享意愿低，留存及转换率不足。

19.5.5 闲鱼小法庭仍需改进

作为互联网经济下的产物，闲鱼小法庭类似于《仲裁法》中的仲裁委员会和英美法系中的"陪审法庭"，它选取 17 位具有良好社会信用度的闲鱼用户进行仲裁性质的投票活动，最终获得 9 票的一方获得胜利。该过程不超过 24 小时。虽然闲鱼小法庭能够高效地处理买卖双方的纠纷，但是过分地追求效率必然导致的结果是公平性的丧失。除此之外，关于闲鱼小法庭的组成人员，闲鱼官方只考虑了用户的信用度，而没有考虑矛盾纠纷的性质问题。让不一定具有专业知识、证据意识和法律常识的人处理纠纷问题无疑是不合适的。除此之外，闲鱼小法庭不具备调解的功能，仅仅是通过用户的主观评判，用一种武断的方式来解决纠纷，缺少法律意义上的"柔性"。最后，闲鱼小法庭只能够提供一种参考意义，不具备真正的法律效力，没有强制约束力。虽然被称之为"小法庭"，但闲鱼小法庭只是一种新型的民间非诉讼纠纷解决机制，而且存在着完善和改进之处。

19.5.6 物流问题

闲鱼上的二手商品交易可以选择当面交易或者邮寄，但绝大部分仍然采用的是快递运输的方式。我国目前只有《中华人民共和国邮政法》和《快递业务经营许可管理办法》对相关的运送物品进行规定，缺少相应的"快递法""物流法"进行详细的规制。快递的货物中有不予赔偿的"所寄物品本身的自然性质或者合理损耗"的有关规定。那么对于二手商品，在运送过程中难免造成损耗。买家在收到和图片描述不符的实物后，如何界定该货物是卖方还是快递物流公司造成的损耗呢？此外，若货物在物流途中遭受损毁和灭失，卖方是否应承担相应的责任，这都是值得思考的问题。

19.6 闲鱼的创新模式

19.6.1 交易对象创新

闲鱼平台通过优化交易流程，不断扩大交易类别。例如，票务类，线下交易可能会被认定为"黄牛党"，是禁止交易的，而闲鱼通过和大麦网合作，让票务交易规范化，促进了该品类闲置资源的合法合规交易。在鞋服品类，闲鱼通过和普联等线下服务商合作，采取旧衣换礼等方式，促进了居民旧衣物的回收意识和回收比重。在手机品类，闲鱼通过和回收宝等平台合作，对闲置手机的回收流程进行标准化操作，从手机的估值、数据信息清除、手机功能检测、修整，到闲置手机的销售、二次保修等，都进行规范化提升，让用户在销售和购买闲置物品时更加安心、安全，有效提升了闲置资源的回收利用率。

19.6.2　交易场所创新

闲鱼平台 24 小时不打烊。交易主体可以随时随地在线发布、浏览和购买商品,可以对感兴趣的商品进行评论沟通。

同时,社交化和社区化有助于传播闲置资源再利用文化。闲鱼平台的同城频道可以让同一城市的交易主体聚集起来,可以实现附近捡漏、当面交易。会玩,则让相同兴趣爱好的人群聚集起来,分享好物。

19.6.3　交易机制创新

闲鱼平台创新了交易机制,为买卖双方建立了直接沟通的渠道,闲置商品的原价、售价、使用时间、新旧程度等信息一应俱全,买家可以对同类产品进行搜索、比价。没有中间商,买卖双方在闲鱼平台场景下交易地位更平等,由此价格形成更为公平、合理。

19.6.4　交易技术创新

闲鱼依托淘宝体系内的大数据优势,以及在搜索算法上积累的能力,让买卖交易效率提高。同时,基于淘系海量的商品库,算法会从几亿在线宝贝中选出最"值得买"的优质商品,推荐给有潜在购买需求的买家,供需匹配更精准。

在闲置商品发布方式上,提供"一键转卖"功能,让卖家可以直接一键转卖自己在淘宝、天猫购买的商品,平台将自动获取商品关键信息和图片,发布到闲鱼平台上。同时,依托阿里系强大的生态系统,将支付宝的支付功能和菜鸟网络的物流服务接入闲鱼平台,实现交易流程闭环,让交易一键达成。

19.6.5　交易保障创新

闲鱼平台创新治理机制解决了交易中的信任、安全、公平、规范等问题。

一是建立信用积分机制。闲鱼通过"实人认证＋芝麻信用"方式,解决买卖双方交易信任问题。这两种机制的实施,有效降低了个人用户间的交易风险。二是建立交易安全机制。闲鱼在保障交易安全、处理交易纠纷方面付出了巨大的努力,保护买卖家利益,打击黑灰产品和恶意用户。例如,系统检测到卖家要通过其他平台交易,会弹出强提醒,警告用户不要脱离闲鱼平台。三是建立纠纷处理机制。闲鱼独创的"小法庭"机制,也是在纠纷处理方面的创新举措。小法庭会还原事情真相,借助系统工具作为评判依据,快速解决纠纷问题。四是建立风险提示机制。闲鱼平台有"闲鱼公约"版块,用户可以在相应界面中学习交易安全和纠纷处理方面的相关内容。同时,闲鱼会通过 App 推送通知等功能,让用户及时了解和掌握相关的规则制度和防范手段。五是建立用户评价反馈机制。闲鱼平台的评价反馈机制不但有买家对卖家做出的评价,卖家也会对买家做出相应的评价,让买家和卖家实现交易对等。六是建立验货担保机制。由官方出具验货报告,打消买卖家疑虑,保证交易体验,解决二手交易中商品瑕疵标准不同、瑕疵披露不全等问题。

19.6.6 交易形式创新

闲鱼创新了交易形式:以个人对个人的 C2C 为重点,为买卖双方提供了直接对话的渠道,价格信息透明;对于部分需要中间商提供服务的品类,同时采取 C2B2C 模式,又不同于传统线下多层中间商模式,各方在平台上获取的信息更加真实、全面;对于部分无法销售的闲置物品,通过 C2B 方式进行回收,由回收方进行处理,有利于提高回收率。

19.6.7 交易场景创新

闲鱼整合了支付宝蚂蚁森林功能,二手回收可得蚂蚁森林能量,有效激励用户参与闲置资源交易。此外,通过闲鱼回收还可以领取集团各类优惠券,如天猫超市、优酷会员卡、淘宝心选优惠券等。从而,大量用户受到蚂蚁森林能量吸引,培养了闲置资源线上交易的习惯。同时,闲鱼提供在线直播,帮助卖家进行物品介绍,让买家有更真切的感官体验。

19.6.8 交易主体创新

线下"一对一",线上"一对亿"。闲鱼已有 2 亿多用户,2019 年日活量就已突破 2 000 万,在线卖家数已超过 3 400 万。闲鱼用户中 90 后占比 50% 以上,包括很多小众二手爱好者,如二次元、古玩字画、角色扮演、汉服等。

同时,闲鱼平台以低门槛发布产品的方式开展闲置资源交易业务,只需几个步骤的简单操作即可发布闲置物品供求信息,实现人人可参与,人人都可卖闲置。

19.7 闲鱼的"潜规则"

闲鱼如今也从一个单纯的二手交易市场脱胎变成了一个充斥着各种势力、各色产业的电商江湖。

因为除了实体商品,虚拟产品和服务甚至也是闲鱼上的主流售卖商品,比如售卖游戏装备、请唢呐师傅吹奏生日快乐等。

19.7.1 职业卖家

据媒体报道,除了出售闲置物品的二手玩家之外,闲鱼上也进驻了不少所谓的"职业卖家",他们出售的都是自有的全新商品,大到空调、冰箱、扫地机器人等家电,小到猫砂、宠物零食甚至声名大噪的盲盒,无一例外都打上了"全新""包邮"等字样。"现在进闲鱼,很难刷到真正的二手物品了。"一位资深闲鱼玩家告诉凤凰网财经,"职业卖家和普通卖家相比更专业,聊起来还省事,他们中绝大部分都是线下经销商,线下流量小,于是就转到闲鱼上卖。"

巨大的线上流量和低准入门槛无疑在这个二手交易市场撕开了一道口子,令众多玩家趋之若鹜,于是厂家直销、零售商售卖、个人代销等职业卖家纷纷涌入,利用平台规则热火朝天地获取曝光量和利润。根据不少赚钱攻略的指引,所谓的"无货源模式"其实就是代销,只需搬运商品信息,有买家付款后再从拼多多、6688 或微商手里拿货;"说白点其实就是'二道贩子'"。一位专门做猫粮代销的闲鱼卖家告诉记者:"对于没有货源的卖家来说,什么东西火我们就卖什么,好的文案就是销量的保证;成交量一提升,流量和活跃度也会上来,账号的权重也会变高。"

在公众号文章《闲鱼月入 6 万的 9 个操作步骤》中,作者直言闲鱼赚钱的原理就是"做中间商赚差价,俗称'倒爷'",而赚钱的操作流程一共分注册、养号、选品、货源、上架等九个步骤。"在闲鱼做生意的优势就是门槛低、零押金、流量大。"一位闲鱼职业卖家向凤凰网财经透露,"最重要的是闲鱼的流量分配相对比较公平,没有差评机制,也不需要像淘宝那样日日刷单或像微商那样求着七大姑八大姨购买。"

19.7.2 灰色生意

阿里巴巴发布的 2020 财年第四财季财报显示,2020 财年闲鱼的 GMV(商品交易额)超过 2 000 亿元,同比去年增长超过 600%。从各项数据看,闲鱼俨然就是一只光速成长的巨兽,不断在二手交易市场收割流量、开疆拓土。但是,盗版、色情甚至违禁品交易等灰色地带也在平台的暗处滋生。

比如各大视频会员、知识付费课程、百度云盘共享等资源在闲鱼上只需几块钱就能获取,这些资源通过正常的关键词搜索均无法找到,为了规避审核风险,卖家往往将文案包装成类似"U 酷""滕迅"等谐音词进行发布;同样,在闲鱼上以"网课"或"视频课程"为关键词搜索,会被提示该相关内容违规,但如果搜索"wang 课"等字眼,却会出现大量盗版网课视频。"盗版商们通过闲鱼等渠道吸引用户付费进群,以网盘的形式提供资源及更新服务。"一家企业级视频云服务商曾向媒体透露,"只要一个群里有一个人买了盗版课程,就意味着起码 200~300 个人不会为课程付费"。

19.8 总 结

从 2012 年淘宝二手业务算起,闲鱼已经成立十年了。成长的过程中虽然遇到了许多波折,可闲鱼一直秉持着"建立节约型社会、发展可循环经济"的初心,把自己打造成为集多种业务于一体的多功能性闲置交易平台。

闲鱼的用户,可以体验其优质的服务,并享受闲鱼所带来的巨大便利。而已是二手交易行业"大佬级别"的闲鱼,也到了一个修缮自身、争取下沉用户的阶段。

同时闲鱼软件功能中也存在一些细小的缺陷,虽然没有对实际操作产生影响,但对于目前国内最大的闲置交易平台来说也是美中不足,实属不应该的。另外,拼多多的成功也启示了闲鱼之后的市场发展机会一定是在下沉用户市场。由于一、二线城市用户对于闲置交易接受度更高等原因,闲鱼发展早期的各种功能都是以非下沉用户为标准设计的。闲鱼闲置缺乏的是针对下沉用户的特别运营和专属推广,针对性的功能补充也很少。

虽然多项数据表明,闲鱼所拥有的下沉用户或者说三、四线城市用户在同类 App 中也算不落下风,但是闲鱼如果想成为淘宝、支付宝、微信和 QQ 这样的"国民级别 App",下沉用户的数量还是不够的。不难判断,闲鱼的大部分的用户都是使用过阿里系应用如淘宝、支付宝等 App 的用户,闲鱼需要加强自身的推广,进一步打造自身的品牌知名度。比如闲鱼小程序的推广、直播质量的把控、小法庭的专业性等。

讨论题

1. 请对闲鱼进行 SWOT 分析。
2. 简述闲鱼的主要盈利模式。
3. 简述闲鱼在发展中存在的问题。
4. 闲鱼如何实现可持续性发展?

参考文献

[1] 相广萍,胡靖珩."闲鱼"现状分析及对策——基于用户调研与分析[J].办公自动化,2020,25(17):36-38.

[2] 隋海利,孟丹丹.二手交易平台"闲鱼"发展现状及问题分析[J].营销界,2020(22):19-21.

[3] 任晓莉,雷洪铸.二手电商平台"闲鱼"信用问题及发展对策研究[J].商场现代化,2021(11):17-19.

[4] 余浩阳.浅析互联网二手交易平台不足——以闲鱼 App 为例[J].财富时代,2019(09):63.

[5] 闲鱼产品分析报告:不止卖二手[EB/OL].http://www.woshipm.com/evaluating/2747095.html,2019-08-23/2022-08-25.

[6] 闲鱼百度百科[EB/OL].https://baike.baidu.com/item/%E9%97%B2%E9%B1%BC/17335724? fr=aladdin.

[7] 打造年轻人生活新社区,闲鱼在成长之中更显时代风格[EB/OL].https://www.sohu.com/a/461225124-120026294,2021-04-16/2022-08-25.

[8] 胡望斌,钟岚,焦康乐,秦爽.二手电商平台商业模式演变机理——基于价值创造逻辑的单案例研究[J].管理评论,2019,31(07):86-96.

[9] 韩烜尧.我国非司法 ODR 的适用与完善——以闲鱼小法庭为例[J].北京工商大学学报(社会科学版),2020,35(05):117-126.

第 20 章　瑞幸咖啡

瑞幸咖啡作为当今热门的互联网企业,以"让每一个顾客轻松享受一杯喝得到、喝得值的好咖啡"为品牌愿景,以"创造一个源自中国的世界级咖啡品牌"为品牌使命,充分利用移动互联网和大数据技术的新零售模式,与各领域顶级供应商深度合作,致力为客户提供高品质、高性价比、高便利性的产品。

2021 年 9 月互联网络中心发布的《第 48 次中国互联网络发展情况报告》显示,截至2021 年 6 月,我国网民规模达 10.11 亿,较 2020 年 12 月增长 2 175 万,互联网普及率达71.6%,较 2020 年 12 月提升 1.2 个百分点。可见,我国互联网的发展非常迅速。而瑞幸咖啡正是利用好了互联网思维,才能在 18 个月内在美国纳斯达克火速上市。

20.1　瑞幸的起家

20.1.1　创始人与投资人——伯乐与千里马

瑞幸的创始人钱治亚,1998 年毕业于武汉纺织大学,而后在各个公司从事管理工作。那么,她是什么机缘巧合下创造出瑞幸的呢? 2005 年,便是她的华丽转身之年。这年她在华夏联合汽车俱乐部担任总裁助理,而华夏联合汽车俱乐部便是神州创始人陆正耀此时成立的公司。陆正耀正是钱治亚的伯乐。2005 年后,钱治亚一直跟随陆正耀打拼,并在 2007 年担任神州租车公司的执行副总裁和运营总监。

2017 年,41 岁的钱治亚正式从神州辞职创业,创立了瑞幸咖啡。对于钱治亚的创业,老板陆正耀是很支持的,他在当时还写了一封欢送信:我代表神州的小伙伴,感谢治亚的一路陪伴,本着公司开放包容的企业文化,对她的创业决定,我由衷地理解,并愿意鼎力相助,为她打 CALL。

不仅如此,陆正耀是以真金白银砸进去支持钱治亚的,瑞幸咖啡一开始所有的资金都是创始人团队的自有资金以及陆正耀的个人无息贷款约 5 亿元,足以见得钱治亚在跟随老板陆正耀的这些年里,陆正耀有多赏识她。

而那时候,陆正耀还把神州优车总部的位置划出一块来,租给瑞幸咖啡做办公场地,神州的员工进入瑞幸咖啡时,连门禁都不用换。

20.1.2　做咖啡的初衷——用爱好发掘商机

因为经常加班,钱治亚成了咖啡的重度爱好者。

出于职业习惯,她做了一点"功课",发现中外的咖啡消费市场差别很大。发达国家和地区咖啡消费水平极高:芬兰平均每人每年 1 200 余杯,瑞士 800 杯,美国加拿大则是 300～400 杯左右。在亚洲国家,日本和韩国是人均 180 杯。相比之下,中国大陆每年人均咖啡饮用量仅为 4 至 5 杯,北京、上海、广州等大城市也仅为 20 杯。

钱治亚又做了一点调研,发现咖啡在中国尚未普及,一是因为贵,二是由于购买不便,用户体验不好。为此,她将瑞幸咖啡定位于高品质商业化咖啡,并请来了张震和汤唯代言,向职场人群和年轻一代的消费者推广普及咖啡文化。

20.2　瑞幸的基本思路

谈到瑞幸的发展,那一定是离不开互联网的加持。根据赵大伟在《互联网思维》一书中的介绍,将目前互联网思维分为九个维度:用户思维、简约思维、极致思维、迭代思维、流量思维、社会化思维、大数据思维、平台思维和跨界思维。

本文分析瑞幸咖啡使用的基本互联网思维,跨界思维、大数据思维、迭代思维、流量思维、社会化思维、用户思维和平台思维。

流量意味着体量,体量意味着分量。"目光聚集之处,金钱必将追随",流量即金钱,流量即入口,流量的价值不必多言。为了达到一定规模的用户流量,瑞幸一直在不断地扩店。在获得以陆正耀为首的神州集团的第一笔天使投资后,瑞幸迅速扩张店铺。这一举动看似疯狂,但是想要做得成功,瑞幸也付出了不少努力。

20.2.1　打造良好的企业形象——跨界思维

随着互联网和新科技的发展,很多产业的边界变得模糊,互联网企业的触角已无孔不入。在瑞幸发展初期,想要迅速扩店,企业形象一定要好。瑞幸为了打造自己良好的企业形象,较好地使用了跨界思维,主要体现在以下三个方面。

1. 跨品牌的界

在瑞幸成立之初,要强化品牌形象,就需要借其他品牌之力去产生形象溢价,让品牌的形象迅速增强。

因为瑞幸主打的形象是科技化、年轻化、创新以及时尚潮流,所以瑞幸第一次跨界便是和腾讯跨界联合开主题快闪店。2018 年 4 月 20 日,在深圳腾大北广场,腾讯 QQ 牵手新零售咖啡品牌 luckin coffee 在腾讯总部大楼开了一家"这一杯,QQ 爱"主题快闪店,给腾讯员工带来了一场别开生面的创意快闪活动,火爆程度堪比苹果新品发售。

这赋予了成立不久的瑞幸咖啡以历史的厚重感,并且通过腾讯的品牌背书推高了瑞幸的品牌形象,吸引了公众极大的注意力。

在此之后,瑞幸更是多次联手科技大品牌,如小米、华为、荣耀等强劲品牌,并且多次赞助支持科技盛会,不断地强化自己的科技范。

2. 跨用户的界

瑞幸充分利用粉丝经济,采取 KOL 营销策略。

2017 年 11 月,luckin coffee 邀请汤唯、张震出任品牌代言人。在广告中,汤唯与张震手捧 luckin coffee 标志性的"小蓝杯",联手演绎了一出咖啡与梦幻结合的时尚大片。从广告外层着眼望去,蔚蓝色调与白色基色的朋友圈形成了鲜明的对比,配上文案中的关键亮点词"汤唯""张震""WBC 冠军拼配",广告变得更引人关注;高质量的短视频带来了更长的广告停留时长,热气球环绕汤唯渲染了浪漫的气氛,清新典雅的感觉从手机中溢出来,让人身临其境。数据显示,原生页的人均停留时间达 29 秒——这 29 秒足以让新的品牌概念深入人心,"小蓝杯"开始在圈里盛行!

瑞幸咖啡的第一批周边是围绕着代言人刘昊然设计的,并推出"遇见昊然系列盲盒"。

2020 年,肖战因为《陈情令》大火,瑞幸便联合肖战推出一款名为"小赞杯"的潮品,其销售情况火爆。

在《创造营 2021》结束后,瑞幸成功抓取了大众的关注点,联合创造营明星利路修推出夏日冰咖 YYDS 活动。在瑞幸官宣利路修为代言人之后,某些地区的夏日冰咖系列经常售罄,可见该营销策略非常成功。

3. 跨场景的界

利用跨界后场景的构件延伸以及强化用户的使用场景记忆。

相较于传统咖啡品牌的"社交空间",瑞幸咖啡更强调在移动互联网时代满足客户各种场景的需求。

2018 年 9 月 19 日　故宫箭亭店

2018 年 10 月 30 日　冯唐主题店——撩

2019 年 3 月 25 日　腾讯 QQ 主题店

2019 年 8 月 5 日　网易云主题——"楽岛"咖啡馆

2019 年 10 月 22 日　"致敬 NASA"主题店

2019 年 11 月 18 日　西安唐诗主题店

……

场景式的体验增添了消费者无尽的乐趣和消费体验,也让他们对瑞幸咖啡留下了深刻的印象。

20.2.2　智能化店铺管理——大数据思维＋迭代思维

大数据思维,是指对大数据的认识,对企业资产、关键竞争要素的理解。用户在网络上一般会产生信息、行为、关系三个层面的数据,这些数据的沉淀,有助于企业进行预测和决策。一切皆可被数据化,企业必须构建自己的大数据平台。瑞幸的大数据思维体现在店铺地址的选择、门店管理和供应链管理三个方面。

而迭代思维是一种以人为核心、迭代、循序渐进的开发方法,允许有所不足,不断试错,在持续迭代中完善产品。瑞幸的迭代思维体现在其 App 更新换代速度快,产品上新频率高。接下来,我们仔细分析一下瑞幸咖啡这两种思维的实际运用。

根据咖啡的消费比例数据统计,有将近 70% 的客户是拿走喝,只有 30% 的客户是享用第三空间在店里喝的,基于这样的数据,瑞幸咖啡开设了三种门店模式。

优享店:与传统门店差不多,更多的是主题店,满足少部分空间需求;

快取店:占比 91.3%,主要集中在写字楼大堂、企业内部以及一些人流量较大的地方,提供较少的座位,聚焦于满足 70% 外带的需求;

外卖厨房:补充没有开放到的地方,提供外送服务。

这里,我们主要介绍快取店的相关内容。

1. 店铺地址的选择

瑞幸的创业人员大多来自神州集团,很多人有强大的数据技术背景和互联网技术。而店铺地址的选择便是依据大数据互联网技术实现了智能选址。

2. 门店管理

① 瑞幸采取的是线上＋线下的新零售模式。瑞幸咖啡全部通过 App 或者微信小程序进行交易下单,没有柜台点单,没有收银,减少了支付成本。用户去线下店自提或者选择外送,基本不用排队,有着更高效的体验。

② 通过 App,瑞幸咖啡和客户产生了强大的连接。从客户下载 App 消费第一杯咖啡开始,瑞幸咖啡就开始搜集客户消费行为的数据,了解客户的消费习惯。而根据这些消费数据,门店不仅可以对产品风味和类别进行规划和预测,还能不断升级和迭代自己的产品,目前几乎每两周都会上线至少一次新品。

③ 采用联网统一管理技术,减少了人力成本。

3. 供应链管理

瑞幸建立全球优质供应链联盟,保证产品质量。在前端,瑞幸可以通过密集门店网络实现 30 分钟即时配送时效。在后端,瑞幸可以实现一体化仓配、智能协同和增值服务,及时根据需求调整产品储备和动态定价。

20.2.3　流量的引入和留量的维持——流量思维＋社会化思维

在打造了良好的企业形象和优质的店铺管理后,用户流量的引入和留量的维持也是企业应该关注的一大难题。

在这个互联网的时代,流量的重要性不可忽视。瑞幸为了达到相当的用户规模,前期在流量引入方面,其采取的是裂变式营销＋免费的方式。

首先,瑞幸向第一批用户推出了"新用户免单"的活动。用户通过下载瑞幸的 App,可以获得大额优惠券,第一杯相当于免费,这使得其成功获得第一批流量,但要使得这批流量发挥最大化的作用,就需要做裂变营销。

于是,瑞幸告诉这批用户:"让你的朋友也试试吧？推荐好友继续免单!"用户可以在 App 内,点进邀请有礼的链接,通过分享该海报链接给好友,好友注册后可以获得新人抵用金,当好友完成首单后,该用户可以获得 20 元饮品券,可以吸引新流量。

通过一传十、十传百的网络效应,瑞幸吸引了一批又一批流量。

为了把流量转化成留量,提高用户转化率,瑞幸又采取了精细化营销的方式,这种思维就是互联网思维中的社会化思维,利用好社会化媒体即微信社群、朋友圈和企业微信增强与用户之间的联系。

瑞幸咖啡会通过 App、小程序、公众号三大渠道,利用 48 折优惠券诱饵引导用户点进群,最终统一跳转到同一个引流页——企微二维码页面。

用户添加申请通过后,会收到来自福利官 lucky 的自动回复:亲切的问候和邀请进社群的链接。用户可以根据地区选择社群,首次进群 48 折优惠券将会在 5 分钟之后自动发放至 luckin coffee 账户。用户进群后,福利官 lucky 还会亲切问候并发放入群指南。点进入群指南,用户会发现还有一个每邀请 2 位好友添加 lucky 就可以获得 3.8 折的饮品券,且没有上限。

在社群内,福利官每天都会定点在群内发布新品宣传、咖啡的基本知识、瑞幸潮品的宣传、优惠券秒杀和与其他企业的联动活动等。

社群内容模块有 2 个。

① 社群种草形式:抽奖,拼手速赠券,社群直播,社群专享价格派发优惠券,辅以新品活动的图文推荐。

② 社群产品类型:以发放产品折扣优惠券为主,主推高频低价的饮品食品,辅以高价低频的生活用品。

此外,由于添加了瑞幸福利官的企业微信,其也会借助朋友圈进行营销。最常见的就是根据节日发圈,如母亲节、儿童节等节日,甚至周末,瑞幸都会在文案中提到,从而吸引用户注意。其次,如果是放长假,放假倒计时 1 天、放假期间、开工上班等节点,瑞幸也会根据上班族的心情和需求调整文案。

瑞幸的发券补贴和人文关怀,更有利于培养用户对于企业的情感,维持好留量,并提高转化率。

在精细化的私域运营下,私域用户每天贡献单量超过 3.5 万杯,瑞幸月消费频次提升30%,周复购人数提升 28%。

20.2.4　亏本补贴真的可行吗？——用户思维

根据之前的描述,可以看出瑞幸一直在做的事情就是不断地扩店及发放优惠券,2019年 12 月,瑞幸自营门店数量更是达到峰值 4 507 家,这种形势下来,企业势必会亏损,事实也确实如此。据瑞幸最新发布的财报,2018 年,瑞幸咖啡亏损 31.90 亿元;2019 年,瑞幸咖啡亏损 37.13 亿元。

而瑞幸之所以能够在亏本的状态下持续经营到现在,就是它站在用户的角度上不断地向外输出故事,用故事吸引他们的一次次投资。

在互联网思维中,最重要的就是用户思维。用户思维,是指在价值链各个环节中都要"以用户为中心"去考虑问题。作为企业,必须从整个价值链的各个环节,建立起"以用户为中心"的企业文化,只有深度理解用户才能生存。

首先,瑞幸根据数据,欧洲人每年要消耗掉 750 杯咖啡,美国则是 400 杯,日本 180杯,中国仅 6 杯,即使在一线城市,这一数字也只有 20 杯。得出了结论,未来中国的咖啡市场潜力巨大。正是因为瑞幸发现用户有着对于平价咖啡的需求,它就告诉投资人,用互联网思维在中国做咖啡,前期亏点钱不是事儿,只要把用户习惯培养好,用烧钱教育好用户,以后就是卖刷锅水冲调的咖啡,消费者也得买单,毕竟咖啡成瘾,口味也会形成习惯。就这样,瑞幸在 2018 年完成 A 轮和 B 轮融资,投后估值 22 亿美元。

随着咖啡市场的竞争逐渐加剧,单靠补贴用户的方式卖咖啡使得其已经在亏本经营了。瑞幸通过对市场的观察,发现当下中国大众对于奶茶的需求量非常大。于是,瑞幸对资本说:我们将引入作为当代年轻人消费的主要饮品——奶茶,下沉到三、四线城市,并以此为新的盈利点。因此,瑞幸在 2019 年 4 月在贝莱德 1.5 亿美金的支持下完成了 B+轮融资。最终,在 2019 年 7 月 8 日,瑞幸宣布推出小鹿茶产品进军新茶饮市场,同年 9 月,小鹿茶品牌独立运营并引入新零售合伙人模式。这次瑞幸依旧采用之前获取流量的方式,不断地给用户发放补贴,以便占据一定的市场规模。

在瑞幸的运作下,资产犹如泡沫一般容易破裂。但是,一直为用户着想的企业,不应该这么容易倒下。瑞幸一方面为了让用户更加容易购得咖啡,另一方面为了吸引更多的资本,在 2020 年 1 月 8 日,瑞幸咖啡举行无人零售战略发布会,发布了两款新的零售终端——无人咖啡机"瑞即购"和无人售卖机"瑞划算"。其中,"瑞划算"全部商品将只卖电商价。两款终端机将覆盖办公室、校园、机场、车站、加油站、高速公路服务区和社区等各个场所,和现有门店网络相辅相成、互相补充。在各方资本看起来如此低成本、高收益的计划自然值得投资。

20.3 瑞幸上市

20.3.1 成功上市

在历经 18 个月的亏本补贴再拉投资再亏本再拉投资的往复循环后,2019 年 5 月 17 日,瑞幸咖啡登陆纳斯达克,融资 6.95 亿美元。本次首次公开募股共发行 3 300 万股美国存托凭证(ADS),每股定价 17 美元,共募集资金 5.61 亿美元。所筹资金主要用于店面扩张、吸纳顾客、研发以及营销等方面。瑞幸咖啡的交易代码为"LK",公司市值约 42 亿美元。

20.3.2 爆雷事件——社会化思维

大众对如此迅速的瑞幸速度都大为震惊,不少机构都想调查清楚瑞幸的真实状况。最终,在 2020 年 1 月 31 日,以做空中概股闻名的浑水(Muddy Waters)声称,收到了一份长达 89 页的匿名做空报告,直指国内互联网咖啡品牌瑞幸咖啡数据造假,报告称:"在瑞幸 6.45 亿美元的 IPO 之后,该公司从 2019 年第三季度开始捏造财务和运营数据,已经演变成了一场骗局。"

2 月 3 日,瑞幸否认了所有指控,并回应称报告毫无依据,论证方式存在缺陷,属于恶意指控。而后,瑞幸咖啡的股价大幅抬升,2 月 4 日收盘大涨 15.6%,一度回升至沽空报告发布之前。瑞幸用互联网思维颠覆咖啡行业的故事,实在太过于美好,以至于浑水如此缜密的报告,都没有阻止投资者的热情。

但随着年报的提交日期将近,瑞幸发现审计报告存在诸多问题,如果不按时提交,将会导致退市,于是瑞幸不得不自曝财务造假。在巨大压力下,4月2日,瑞幸通过社交平台自曝造假。

这一举措在大众眼中无异于自己打自己的脸,但事实证明这也许是瑞幸下的一步险棋,也可以看作是一次成功的社会化思维运用。瑞幸利用社交平台自曝财务造假,一方面体现了企业勇于担当的形象,另一方面不断增加自身企业的影响力。

在其自曝财务造假后,门店的客流量不减反增,甚至是之前的数倍。而在社交平台上,网民们对这一事件的看法多为积极,希望瑞幸能够挺下去,继续为大家发放优惠券。自媒体"半佛仙人"发布视频,讲述瑞幸如何"割美国韭菜",在他的形容中,瑞幸俨然成了"骗美国投资人的钱补贴中国用户的国货之光"。这样的说法广为流传,财务造假刚刚被曝出时,许多普通人还为瑞幸打抱不平。瑞幸敢于在社交平台上自曝,也使得很多之前不知道瑞幸的人认识到了瑞幸,提高了它的知名度。

当然,自曝财务造假后,瑞幸被迫在2020年6月29日进行退市备案。而在2020年后半年,瑞幸重新着重发展核心咖啡业务,进一步优化产品组合、产品定价和折扣政策,以保证用户留存和购买频次,进而优化成本控制。

正是因为瑞幸的不断调整,使得其在自己和用户的双重帮助下逐渐复活。

20.4　瑞幸电商——平台思维

互联网的平台思维就是开放、共享、共赢的思维。平台模式最有可能成就产业巨头。瑞幸为了进一步盈利,不断完善自己的App,使其逐渐发展成一个电商平台。

20.4.1　最初的野心

在瑞幸上市前,业内流传着一张瑞幸的路演PPT,其中提到瑞幸的愿景是"从咖啡开始,成为每个人生活的一部分"。换言之,瑞幸认为自己不仅仅是一个咖啡商,它认为它能满足用户的多方位需求。

瑞幸在PPT里列了这样一个公式:瑞幸咖啡=星巴克+711+Costco+amazon,具体解释是,瑞幸咖啡是一个混合体,它的愿景是拥有星巴克一样品质的咖啡和食物,711一样的渠道网络,Costco一样富有吸引力的精选低价商品,amazon一样科技驱动的一站式购物平台。为了实现像Amazon一样的一站式购物平台,瑞幸咖啡开始做起了分众电商。

20.4.2　前期准备——销售周边

从2019年5月开始,瑞幸陆续申请注册小鹿文创、小鹿潮玩、瑞幸潮玩等商标。11月在瑞幸App上线了瑞幸潮品,当时仅仅销售瑞幸的周边咖啡杯。之后不久,瑞幸宣布推出瑞幸坚果,首批上线榴莲、芥末、海苔等5种口味的腰果,全国范围发售。

20.4.3　业务拓展——分众电商

因为瑞幸面向的对象多是年轻群体,以科技、年轻、创新、潮流为特征,所以瑞幸做电商的时候选择了面向这些对象做分众电商。

在 2019 年 12 月 10 日,瑞幸新上线 6 款潮品,主要是宝珠笔、日历、收音机等文创和数码产品。

在 2020 年 3 月 23 日,瑞幸开展"樱花购物节·数码周"活动,在其 App 中央入口"潮品"给了这些数码产品新品一个很重要的页面,除了 AirPods 耳机,还有 Beats X 耳机、Lofree 机械键盘等。

这便是它入驻电商平台的第一次大胆尝试,事实证明这是一次成功的选择。其中,AirPods 2 和 AirPods Pro 是瑞幸主推的两款引流产品,采用了限量发售的策略,每天分别限量 300 台和 100 台,抢完即止。对比京东和拼多多可以发现,AirPods 2 在京东自营的最低价为 999 元,拼多多的最低拼购价为 859 元,而瑞幸的价格是 799 元。这两款产品上架后,都是一到抢购时间就瞬间售罄。

目前,瑞幸的潮品主要有新品首发、咖啡周边、冲调茶饮、休闲零食、家居日用、舒适办公、美妆个护、数码配件、生活电器、潮玩饰品。

20.5　展　望

瑞幸自然也是存在一些需要改进方面的,因为瑞幸目前主要经营的是饮品和电商,所以将从这两个方面进行对比分析。

20.5.1　饮品类

在主要产品方面:

星巴克的咖啡做得是深入人心,市场认可度较高。

瑞幸 2021 年在门店数量上已经超过星巴克,并在 2022 年实现扭亏为盈.瑞幸采用的是"点、线、面"的打法,也就是以爆款产品带动产品线再带动品牌面。比如,"生椰"等拿铁产品线爆火后,瑞幸收获了一大批潜在的年轻消费者。此后,瑞幸先后与创造营选手利路修和自由式滑雪世界冠军谷爱凌合作,将"年轻,就要瑞幸"的品牌主张,进一步植入年轻人心智中。瑞幸还在上游咖啡豆产业链的布局以及"直营+联营"并进的门店策略上,显露出创新的运营能力。

在定价方面:

星巴克咖啡均价 31 元,瑞幸咖啡均价 24 元,蜜雪冰城均价 10 元。

在会员制度方面:

在星巴克,只要购买 98 元的会员卡,只需一分钟就能在 App 上注册成为会员,享受福利。会员积分用最简单的"星星"来计算,消费 50 元算一颗星,5 颗星(250 元)就能升级玉星级,25 颗星(1 250 元)就能升级成为金星级;用户随时可以在 App 上查看星星数量和等级。如今,星巴克中国的会员超过 800 万人,其中 90% 的会员是星巴克 App 的活跃使用者。

而瑞幸咖啡采取的会员制度主要有两种。一种为简单会员,只要手机号注册后即可成为会员,瑞幸推出的活动都可以参与。另一种是付费会员,瑞幸在简单会员店的基础上,推出了瑞幸自由卡,可以只开一个月,也可以连续包月,自由卡的权益主要为:首杯立享 9.9;每月 8 杯特价饮品;无限量畅享五五折。

20.5.2　电商类

这里分析的是瑞幸潮品和拼多多的面向对象和产品品牌种类。

拼多多面向低价消费群体,产品品牌更多,种类也更齐一些。而由于瑞幸用户主要是青年,其产品基本都是对青年有一定吸引力的潮品,可供选择的品牌较少,且一些品牌在青年群体中认可度不高。

由此看来,瑞幸想要继续发展,还有较长的一段路要走。

讨论题

1. 简述瑞幸咖啡上市之路的启示。
2. 简述瑞幸咖啡的主要发展模式。
3. 瑞幸咖啡如何和社交结合实现用户增长?
4. 谈谈你对瑞幸咖啡的发展前景和展望。

参考文献

[1] 王笙宇.基于风险因子理论的瑞幸咖啡财务舞弊分析[J].河北企业,2022(7):106-108.

[2] 孙冶娟,潘鹏杰.基于GONE理论的中概股财务造假分析与治理——以瑞幸咖啡为例[J].国际商务财会,2022(1):76-80.

[3] 韩盼盼,杨思瑞.基于舞弊三角理论的商业伦理与道德风险治理探索——以瑞幸咖啡为例[J].西部财会,2022(5):44-46.

[4] 朱珂盈,张洛源.财务舞弊对企业的影响分析——以瑞幸咖啡为例[J].财会研究,2022(7):175-179.

第21章 滴 滴

伴随着互联网的发展、定位系统的逐步精准,互联网打车软件应运而生,互联网打车软件可以为大家提供舒适的乘车环境以及优良的服务态度。互联网将用户与服务者相匹配,不仅利用了城市的闲置私家车同时,还可以为消费者提供便利,定制出行时间,高效并且节省消费者的时间。在交通领域,滴滴出行是最具代表性的企业。该企业以互联网平台为基础,通过使用大数据、云计算等一系列最新互联网技术,在极短的时间内迅速占领了全国市场,目前已经成为我国网约车行业中的"独角兽"企业。滴滴出行的成功,是一种对传统打车行业的颠覆式创新,通过使用新技术、新模式构建起了该行业内的新业态和新产业,实现了"互联网+出租车"的全新结合,创造了巨大的商业价值,引起了学术界的广泛关注。

北京小桔科技有限公司成立于2012年07月10日,由程维先生创办,随后嘀嘀打车正式上线。最初嘀嘀与快的进行竞争最终嘀嘀与快的合作,并在2015年正式将嘀嘀更名为滴滴出行。2015年10月8日,北京小桔科技有限公司成为第一家获得网络约车租车平台资质的公司。当前的滴滴,通过"滴滴出行App""花小猪App""滴滴企业版""滴滴代驾司机"等对接了国内1 300万司机和3.77亿打车用户,成为国内最大的共享出行平台。国内出行业务2020年收入超1 300亿元,总收入超1 400亿元。(根据CIC数据计算)

21.1 滴滴出行的基本情况

滴滴出行是全球卓越的移动出行科技平台,秉承通过改变出行方式让生活更美好的使命,持续发展共享出行、汽车解决方案、电动出行和自动驾驶四大领域。在亚太、拉美、非洲和俄罗斯提供出租车召车、网约车、顺风车、公交、共享单车、共享电单车等多元化服务。

根据CIC的数据,截至2021年3月31日的12个月中,按年度活跃用户和平均每日交易量计算,滴滴出行已成为全球最大的移动技术平台。

21.1.1 公司发展历程

2012年,北京小桔科技有限公司开始运营,推出嘀嘀打车App来提供打车服务。

2014年,"嘀嘀打车"更名为"滴滴打车";上线专车服务。

2015年,收购快的,并将控股公司更名为小桔快智公司。全面品牌升级,更名为"滴滴出行",明确构建一站式出行平台。

2016 年,收购优步中国。同年,开始投资自动驾驶。

2018 年,推出了汽车解决方案,并将业务依次扩展到巴西、墨西哥及其他国家。

2020 年,与一家领先的电动汽车制造商合作推出 D1(专为共享出行而设计的电动汽车)。

滴滴出行的发展历程如图 21-1 所示。

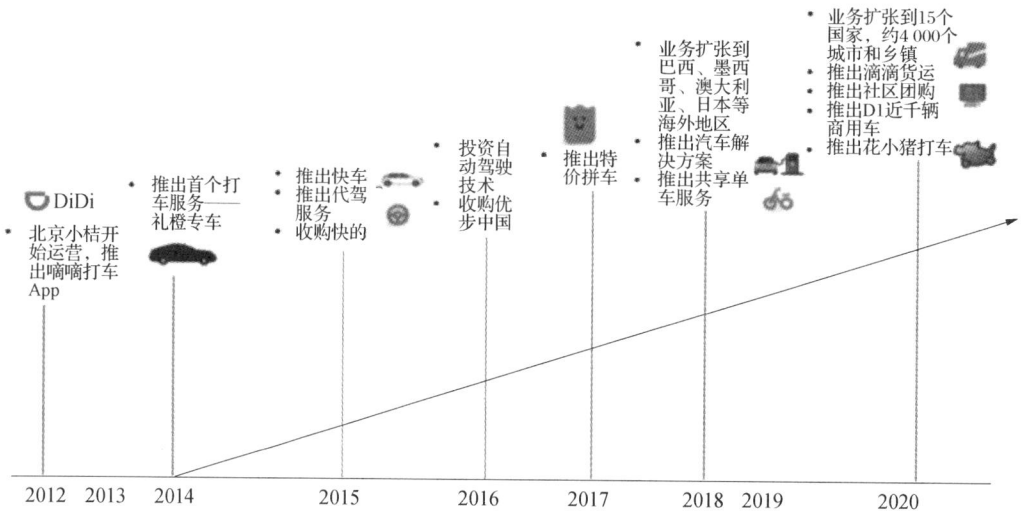

图 21-1 滴滴出行的发展历程

21.1.2 董事会及管理层情况

公司董事会由 8 名董事构成,其中程维为滴滴的创始人兼董事会主席和 CEO。自2013 年 1 月起担任董事会主席,自 2015 年 2 月起担任首席执行官。2005—2011 年任职于阿里巴巴;最近一次担任支付宝副总裁;在此之前,曾任多个与销售相关的职位,包括阿里巴巴的区域经理。滴滴出行的管理层构成如表 21-1 所示。

表 21-1 滴滴出行的管理层构成

姓　名	职　位	职　责
程维	创始人、董事长兼 CEO	2012 年创立嘀嘀,2015 年 2 月起担任 CEO
柳青	总裁	自 2014 年 12 月起担任董事和总裁,并且领导滴滴女性联盟
朱景士	国际业务 CEO、副总裁	2019 年 1 月起担任高级副总裁,负责战略、资本市场和国际业务。兼任国际业务 CEO
张博	CTO、自动驾驶 CEO、首席技术官	自 2019 年 8 月起担任自动驾驶业务 CEO。负责创建和开发公司的产品、技术和数据分析框架
卓越	CFO	2017 年 2 月加入,担任网约车部门副总经理,负责平台运营。2018 年 12 月—2021 年 4 月担任财务和运营管理副总裁。2021 年 4 月起担任 CFO

续 表

姓 名	职 位	职 责
吴睿	风控与合规副总裁	2015 年 9 月起担任公司的副总裁,负责风险控制和合规职能
侯景雷	首席出行安全官	负责监督对平台的司机和消费者的安全承诺
李敏	公关副总裁	2015 年 2 月加入,2018 年 5 月起担任公关副总裁
孙枢	中国网约车业务 CEO	2020 年 12 月起担任中国网约车业务 CEO,此前担任过多项管理职务,负责制定网约车业务的供需策略、花小猪的全面发展等

21.1.3 公司业务

滴滴出行的业务可以概括为中国出行业务、国际业务以及其他业务"三大业务"。其中,中国出行业务部分主要包括共享出行服务,比如网约车业务、顺风车业务、出租车业务以及代驾业务等和部分相关的车服业务;国际业务主要涵盖网约车业务和外卖业务;其他业务则包括共享两轮车业务、车服业务、同城货运业务、社区团购业务、自动驾驶业务以及其他相关金融服务等多项业务。

从 2012 年到 2021 年,公司业务已经具有一定的规模。滴滴业务已拓展至 15 个国家的近 4 000 个城市与地区。截至 2021 年 3 月的一年内,全球年活跃用户数已经达到 4.93 亿,年活跃司机数已经达到 1 500 万,日均交易 4 100 万次,全球 GTV 合计达到 3 410 亿元。2018 年至 2021Q1 平台实现司机收入 6 000 亿元。

1. 中国出行业务

1) 概况

滴滴出行的中国出行业务始于 2012 年,已经历时 9 年。截至 2021 年 3 月 31 日,在中国,滴滴已经拥有 3.77 亿年活跃用户,月平均活跃用户数为 1.56 亿;在过去的 12 个月中,日活跃用户数共计 1 300 万。

共享出行服务是滴滴出行在出行领域首先进行的一种尝试,包括网约车服务、出租车服务、拼车服务、代驾服务以及顺风车服务等多种类型的服务。

依据消费者的不同偏好,滴滴网约车服务提供了多种不同的车型选择。例如,滴滴针对高端用户提供了礼橙专车与豪华车两种车型;针对经济承受能力较低用户则提供价位更低、要求时间更为灵活的拼车服务以及花小猪打车服务;针对交易量主要来源的快车用户,则采用动态定价方式,在高峰期加价,在非高峰期给予一定的折扣,比如滴滴推出的滴滴特快和特惠快车。

除上述网约车服务外,滴滴出行同时在平台上提供出租车打车服务、代驾服务以及顺风车服务等多种其他服务。出租车打车服务一方面提高了乘客体验,减少了司机议价、绕路等行为;另一方面,司机的效率提升,收入得到增长。代驾服务则针对有指定司机或长途旅行以及其他需求的客户。顺风车则本质与拼车相似,不同点在于乘客支付费用更低,费用基本由司机承担。

2）平台简介

滴滴出行平台可以提供所有服务入口,但花小猪打车服务除外。消费者可以根据其需求和经济承受能力选择不同的出行方式。

一般来说,消费者首先需要在地图上定位当前所在的位置。然后,根据自己的出发地与目的地,规划出行路线。完成路线规划后,消费者可以从滴滴所提供的各种车型以及服务中按需进行选择。确定所选择的服务类型之后就可以等候滴滴平台完成调度,提供服务。

除此以外,滴滴提供了行程定制、乘车点建议以及紧急联系人等优化功能。行程定制方面,乘客可以根据自身偏好进行灵活选择。例如,乘客可以选择是否需要司机在到达时电话通知;是否希望司机在行程中进行交谈对话等。乘车点建议是针对定位不准确或者有时乘客所在地点并不方便载客等情况的一项功能。该功能会根据乘客当前定位给出几个适合的乘车点,这些乘车点通常是很容易找到的地方。紧急联系人功能是一项针对安全出行的措施。乘客可以设置在某一时段,比如晚间,或者在某一路段通知紧急联系人;也可以向紧急联系人共享行程或者告知紧急联系人,在遭遇特殊情况时,联系滴滴客服或者及时报警。

3）中国出行业务收入模式

针对不同的服务,滴滴采取了不同的收费模式。

就网约车业务而言,滴滴作为委托方,委托司机向消费者提供出行服务。在收入确认时,所确认的收入为GTV减去相关税费和消费者激励。这部分收入是中国出行业务总收入的97%。在这种模式下,网约车司机所得和网约车司机激励是作为成本确认的。

对于出租车打车业务、代驾业务和顺风车业务,滴滴作为中介收取佣金。在收入确认时,所确认收入为GTV减去相关税费、司机所得和激励。消费者激励则作为销售费用进行确认。

2. 国际业务

1）概况

滴滴出行国际业务包括海外出行业务和外卖业务两部分。2018年,滴滴出行开始开拓其国际市场,目前滴滴已经将其业务扩展至14个除中国以外的国家。根据艾瑞咨询和CIC数据,从2020年交易量上看,滴滴已经成为拉丁美洲第二大网约车平台以及墨西哥第二大网约车与外卖平台。在过去的三年间,滴滴出行的国际业务年均活跃用户数已经达到6 000万。截至2021年3月31日,滴滴出行的国际业务年均活跃用户数已占全球用户总数的12%。

2）平台功能

滴滴海外网约车平台由于不同国家的习惯导致与国内版本相比有一些特殊之处。例如,在日本地区,司机开车时必须佩戴手套,于是为方便操作App,在App中增加了AI语音助手功能。在巴西,很多人没有银行账户,滴滴增设滴滴卡功能,帮助乘客完成结算。

滴滴海外外卖平台包括定位选择区、搜索区、食物类型选择区以及定制化推荐几个部分。客户可以根据自身需要选择搜索或者推荐。该项业务目前已经在墨西哥全国范围内开展。

3. 其他业务

1）车服业务

滴滴出行的车服业务包括租赁服务、加油服务和保养维修服务三个方面。

租赁服务方面，根据 CIC 数据，截至 2021 年 3 月 31 日，滴滴有中国最大的汽车租赁网络，其租赁网络中有超过 60 万辆汽车。滴滴租赁平台中的车辆，约有一半是由其租车合作伙伴提供。通过滴滴的车服服务进行租赁的前 10 款车型，平均租赁价格比直接租赁约低 20%。

加油服务方面，截至 2021 年 3 月 31 日，滴滴与全国超过 8 000 个加油站合作，通过提供燃油折扣等方式为司机提供优惠服务。

保养维修服务方面，滴滴所提供的服务范围覆盖从轮胎和机油更换到汽车事故后修理多个方面。目前，滴滴通过自身店铺和与第三方店铺合作的方式提供服务。

滴滴的共享出行业务与车服业务已经形成"双轮效应"，循环导流作用显著。在共享出行领域，随着更多的司机加入平台，乘客的等待时间和成本下降，吸引更多乘客选择使用滴滴的共享出行服务。同时，由于客单的增加，司机收入提升，使得更多司机愿意加入平台。在车服业务方面，由于滴滴利用自身平台的规模优势可以为司机争取到更优惠的服务，降低了司机的经营成本，更多的司机被吸引加入平台，从而为共享出行业务提供了更多的储备资源。

2）电动车业务

滴滴的电动汽车业务主要是为其共享出行业务服务。目前，滴滴已经与中国一家领先的电动汽车制造商合作开发和制造了 D1（世界上首台为共享出行诞生的电动车）。一方面，D1 通过优化车内空间，提高了用户体验；另一方面，D1 通过更好的驾驶体验，提升了司机的运营效率和安全性。

3）自动驾驶业务

滴滴目前正在开发自动驾驶技术并尝试将其应用于共享出行业务，有望通过该技术建立大规模的自动驾驶车队，但该技术的商业可行性仍需在结合共享出行平台后才能得到验证。目前，滴滴拥有一个超过 500 名成员的团队和超过 100 辆自动驾驶汽车的车队，同时，正在与全球多家领先的汽车制造商合作，在他们的汽车上测试其自动驾驶硬件和软件。滴滴计划将自动驾驶汽车派遣到非极端天气下的普通或略复杂的场景，而对于非常复杂的场景或极端天气条件，依旧派遣人类司机。该模式已经在 2020 年 6 月开始在上海测试。

滴滴为采用自动驾驶车辆搭载一系列硬件与软件。硬件包括雷达、照相机以及自动控制控件等；软件包括全球导航系统、路线规划系统、预警系统等。除此以外，滴滴还建设了一系列辅助自动驾驶的基础设施和模拟设备。

4）共享两轮车业务

滴滴于2018年推出自行车和电动车共享服务。其收费模式采用免押金模式,在收取基础费用之上,按照时间收取额外费用。

截至2021年3月31日,滴滴已经在中国220个城市部署了520万辆自行车和200万辆电动车。该业务收入从2018年的2亿元增加到2019年的15亿元和2020年的32亿元;从2020Q1的3亿元增加到2021Q1的9亿元。该业务对滴滴的网约车业务有重要的"引流"作用。约40%使用共享单车或电动车服务的客户,每月也会使用至少一次滴滴的打车服务。

5）同城货运业务

滴滴于2020年6月推出了同城货运服务。在其开展同城货运业务后的6个月里,即2020年7月到12月,他们在8个城市完成了1 100万订单。

6）社区团购业务

社区团购业务于2020年6月疫情期间启动。通过滴滴平台,同一社区的消费者下单后,组长作为代表统一交付。购买的商品在第二天一次性发货,统一交付到一个指定的提货点。这种模式集中了消费者需求,并通过集中配送,提高了"最后一公里"的物流的效率。2021年3月30日,由于滴滴对社区团购业务股权减少,该业务预计不再在财报中进行披露。

7）金融业务

滴滴与多家金融机构合作,提供各种金融服务,包括信贷、财富管理和支付解决方案等。

21.2 滴滴出行的营销策略

21.2.1 价格策略

在价格策略上体现了滴滴出行与腾讯的合作关系。最初滴滴出行采取红包补贴方式。当乘客完成订单后,就会有红包的补贴,一般通过分享给好友获取优惠券,通过朋友间的分享带动,更多的人知道了滴滴出行这一软件,在一段时间内滴滴出行的用户急剧增加。加之最初对司机与乘客的每单奖励两元补贴,各种打车与折扣券叠加使滴滴出行的价格比传统出租车的价格更加便宜,吸引了广泛消费者。不仅仅对消费者,对司机也有补贴,最初对车辆的要求也不高,仅依据司机的订单量、星级评价等奖励策略,吸引了大量的私家车车主加入。

21.2.2 产品策略

1. 培养消费习惯

滴滴最初与快的竞争,都是猛发优惠券促进消费者的消费,最终以滴滴与快的联合的方式结束了这场没有硝烟的战争。通过大量优惠券让消费者觉得滴滴出行安全可靠,方便快捷,更重要的是价格优惠,使得消费者打车就想到了滴滴出行。随着时间的增长,人们越发依赖互联网打车,慢慢地养成了消费者的打车习惯。

2. 产品差异化策略

滴滴出行无论是针对传统出租车行业还是对其他打车软件来讲,它的差异化非常明显,在服务方面,滴滴出行与其他平台相比服务态度非常好,产品种类也较其他平台多。通过价格差异化给消费者留下了偏好的主观形象。

21.2.3 促销策略

在互联网时代,滴滴出行最初是通过发放优惠券或者红包补贴的方式,以很低的价格吸引消费者出行选择滴滴。但这不是长久之计,当打开消费者市场后,它便走情感营销的方式,引起消费者的共鸣。

21.2.4 跨界营销策略

1. 跨界红包策略

滴滴出行选择与敏捷集团进行跨界合作,在活动上推出"轻松出行"的线上活动,这个活动发放了 2 000 万元的红包,消费者通过敏捷地产提供的微信公众号等多种渠道登录活动页面,输入手机号,就可以领取滴滴出行优惠券。滴滴出行还联合森马服饰等各行业商家送打车券和专车券等。这种跨界联合给消费者发红包的举措,可以使联合的商家相互借助提升知名度。

2. 蒙牛的跨界营销

滴滴出行的品牌理念是"出行让生活更美好",蒙牛的品牌理念是"只为点滴幸福"。从品牌理念来讲,滴滴出行与蒙牛两者不谋而合,它们最终目的都是为了人们更好地生活而提供服务。它们的营销主题为"牛运红包幸福年"。

3. 其他广告营销

2014 年,滴滴专车和电影《一步之遥》进行了联合营销,广告语为"全力以赴的你,今天做好一点",这句广告语引起很多年轻人的共鸣。2015 年,滴滴与昆仑山联合,"挑战青藏高原昆仑雪山自驾寻源之旅",滴滴出行跨越寒冷的雪山,滴滴出行勇敢无畏挑战,滴滴出行致力于提升客户体验。2015 年父亲节前一周,滴滴联合京东到家为父亲献礼,让网友晒出自己与父亲的温馨合影,没有合影的用户如果够幸运,将获得免费乘坐滴滴专车回家与父亲合影机会,这也与京东到家的"品质生活"相吻合。滴滴还和很多品牌展开了跨界公益,推出"滴士节"活动,是滴滴出行联合敏捷集团进行的跨界公益,为广东的出租车司机发放饮料、充电宝和纸巾等,增加了司机对滴滴品牌的好感度。滴滴与石家庄 36524 便利店共同打造了"滴滴候车室",为出租车司机提供免费休息的空间,提升品牌文化和美誉度的同时吸引潜在的滴滴"服务商",也就是司机。

21.3 滴滴出行商业模式的创新

21.3.1 企业价值链创新

在"互联网＋"环境下,滴滴出行通过搭建互联网平台将传统打车行业中的出租车信息与乘客信息进行匹配整合,减少车辆空载率。同时滴滴出行利用在线支付,可以获得大量的用户信息。对这些乘客信息进行深度开发,并与微信、湖南卫视等多种优质信息平台进行合作,基于用户共享与流量互动,实现合作伙伴之间的共赢,最终实现价值链增值。

21.3.2 营销创新

在"互联网＋"环境下,滴滴出行针对不同情况采用多种方式制定营销策略,进行营销活动。通过采用"推广营销＋精准营销""线上结合线下""出租车司机＋乘客"等多种方式,逐步营造在线支付与网络打车的正向互动,同时提高打车用户与司机对滴滴出行的忠诚度。其中滴滴打车通过同时对乘客与司机进行双向补贴,并耗费巨资大力推广其手机App,最终使得其可以迅速占领移动打车市场。而滴滴专车则是利用名人效应,基于多种网络媒体传播,迅速拓展自己的潜在客户。同时滴滴打车以手机作为媒介,实现线上线下的融合。通过手机来发布接单信息,基于 LBS(Location Based Services)技术实现乘客与司机的精准定位,极大地提高了打车的便捷性与准确性。此外,滴滴打车在实现在线支付后,还可以向自己的微信朋友圈发送红包,在完成支付的同时实现了自己的二次营销。

21.3.3 信息对称模式创新

在"互联网＋"环境下,信息对称模式创新可以解决在传统商业模式中由于信息不对称所导致的一系列问题。首先,该创新大大提高了传统模式的效率,比如滴滴出行就可以很好地将乘客与司机信息进行匹配,很大限度上提高了乘客打到车与司机找到客源的效率,有效解决了传统模式中乘客守株待兔的问题。其二,该模式创新可以减少不必要的中介成本,比如滴滴出行就是直接将乘客信息与用户信息进行匹配,从而减少了诸如代驾等中介机构的成本。其三,该创新进一步提高了信息的透明化,增加了信任度。比如在滴滴出行中乘客可以查看过往乘客对该司机的评价,司机也可查看乘客的信用度,这极大地加强了双方间的信任。

21.3.4 产品与服务的创新

在"互联网＋"环境下,产品与服务模式的创新是一个企业成败的决定性因素。传统的出租车模式一直没有根据顾客的不同需求提供不同的服务。但是,滴滴出行却根据顾客的多样化需求,对顾客群体进行了细致的划分,并且针对不同的需求用户群体提供了不同的产品服务。比如滴滴出租车,针对的是传统的出租车行业;滴滴专车,面向的是高端有需求的群体;滴滴快车,面对的是低端打车需求者;滴滴顺风车,面对的是那些愿意搭便车减少消费的顾客;滴滴代驾,专门针对那些临时有事而又不便开车的用户;等等。

21.4　滴滴 App 下架

21.4.1　事件梳理

2021 年 7 月 2 日,网信中国发布《网络安全审查办公室关于对"滴滴出行"启动网络安全审查的公告》。公告称,将对"滴滴出行"实施网络安全审查,审查期间"滴滴出行"停止新用户注册。滴滴回应将积极配合网络安全审查。

2021 年 7 月 3 日,滴滴副总裁李敏回应称,看到网上有人恶意造谣说"滴滴在海外上市,把数据打包交给美国"。

2021 年 7 月 4 日,根据举报,经检测核实,"滴滴出行"App 存在严重违法违规收集使用用个人信息问题。国家互联网信息办公室依据《中华人民共和国网络安全法》相关规定,通知应用商店下架"滴滴出行"App,要求滴滴出行科技有限公司严格按照法律要求,参照国家有关标准,认真整改存在的问题,切实保障广大用户个人信息安全。

2021 年 7 月 16 日,国家网信办会同公安部、国家安全部、自然资源部、交通运输部、税务总局、市场监管总局等部门联合进驻滴滴出行科技有限公司,开展网络安全审查。

2021 年 12 月 3 日,滴滴官宣在纽交所退市、赴港上市后,滴滴出行旗下部分 App 在苹果中国应用商店恢复上架,包括滴滴加油、DiDi-Rider。

21.4.2　滴滴回应

滴滴回应表示,"滴滴将积极配合网络安全审查。审查期间,我们将在相关部门的监督指导下,全面梳理和排查网络安全风险,持续完善网络安全体系和技术能力。"

2021 年 7 月 3 日,滴滴副总裁李敏回应称,看到网上有人恶意造谣说"滴滴在海外上市,把数据打包交给美国"。

滴滴坚决落实国家有关部门的相关要求,已于 7 月 3 日暂停新用户注册,滴滴出行 App 将严格按照有关部门的要求下架整改。

已下载滴滴 App 的用户可正常使用,乘客的出行和司机师傅的接单不受影响。

真诚感谢主管部门指导滴滴排查风险,我们将认真整改,不断提升风险防范意识和技术能力,持续保护用户隐私和数据安全,防范网络安全风险,持续为用户提供安全便捷的服务。

21.4.3　对滴滴的影响

1. 存量用户

本次监管事件导致滴滴需要下架滴滴出行相关 20＋的 App,以及限制新用户注册滴滴出行,但是已经安装了 App 的用户是可以继续用的。换手机的时候,用"克隆"服务把老手机数据整体迁移到新手机,App 也可以正常用。这样看来,用户量确实没法增加了,不过目前滴滴已注册用户将近 4 亿人,体量已经很大了。根据 CNNIC 的数据,截至 2021

年6月,我国的网约车用户规模是3.97亿。这也意味着,就算滴滴没有新用户注册,也可以有很多订单。

而滴滴旗下、专注下沉市场的低价打车软件花小猪,并没有在这次下架的App列表里。换句话说,在主要增量市场里头,滴滴并没有掉队。

2. 生产要素难以复制

劳动力:截至2021年3月份,滴滴的年度活跃司机数量为1 500万。这在叫车环节有很大的优势,它本身会形成一个网络效应——司机越多,乘客就越快能叫得到车。其他对手要在短期内招募到这么多的司机,难度并不小。

数据与技术:在数据与技术这个生产要素上,滴滴凭借订单数优势累积了大量数据。滴滴智能控制首席科学家唐剑在2019年就提到,"滴滴每天处理数据超过4 800 TB,日均车辆定位数据超过150亿,每日处理路径规划请求超过400亿次"。这些数据可以在叫车环节优化派单算法和拼车效率,用户可以更快地叫到车。网约车数据调度的复杂程度,是远远超过快递和外卖的"单向运送",因为它需要完成乘客和司机"双方位移的即时匹配"。在乘车环节,数据除了可以更好地规划路线,也可以提高乘客的安全系数。

比如,滴滴会通过人脸识别验证司机身份(这点美团打车等也实现了),并通过疲劳驾驶预警系统判断司机的精神状态。

资本:打车是价格对于司机或者乘客来说都是敏感的,而资本,无疑是支付环节的最重要的要素。现在快车市场渗透率较高,多一块补贴都是致命的。滴滴的规模效应形成了,那么要想通过补贴这个方式拉垮滴滴,那就需要投入更多的钱:根据方正证券估算,现在想重新建立全国网约车平台,年投入至少要达到百亿级别。另外,烧钱能带来的增量是短效的:一旦停止补贴,渗透率会迅速下降。比如2018年,滴滴顺风车业务因为发生安全事故下线,美团趁机而入,在司机端就烧了3.7亿元补贴。但即使在美团打车火力最集中的上海,渗透率最高也不到7%。而且美团打车停止补贴后,上海乘客端的日活用户短时间就从峰值下降了33%(极光大数据)。

21.5 滴滴出行存在的不足

21.5.1 软件研发亟待完善

1. 打车软件干扰司机驾驶,存在安全隐患

我国道路交通安全法实施条例明确规定司机在行车过程中禁止接打手机。司机开车时使用网络约车软件会分散精力,无法集中注意力,降低突发事故的应急处理能力,大幅度增加交通事故率,存在严重的安全隐患,并且可能引发一系列的社会问题,造成不利影响。归因于实时播报的订单语音需要司机去认真听取才能从中挑选中意的订单。司机抢单的过程中必须通过用手指触控手机屏幕来实现,这一过程极大地分散了司机在驾驶过程中的注意力,降低了司机对外界交通情况的应急能力,带来很大的安全隐患,一旦发生交通事故,司机将无法第一时间知觉,从而造成严重的社会损失。

2. 网约车容易泄露用户信息，影响社会稳定

用户在使用过程中，司机可以知道乘客的真实姓名以及联系方式，对个人隐私的保护形成了不利的影响。同时，滴滴出行 App 使用过程中要搜集大量的乘客、司机以及车辆信息，包括一些隐私，这些隐私一旦泄露，被不法分子利用，有可能造成十分不利的社会影响，影响到个人的权利和社会秩序。原因在于软件开发过程中并没有注意到这一点，无法从根源上避免信息的泄露。不论是司机乘客还是软件公司的工作人员都有可能接触这些涉及个人隐私的信息，一旦被别有用心的人获取，可能产生隐私泄露，侵害相关人员的合法权益，乃至产生扰乱生活秩序等社会问题。2021 年 7 月 4 日，滴滴出行经网络安全审查后，核实到滴滴出行 App 存在严重违法违规收集个人信息问题。国家互联网信息办公室依据《中华人民共和国网络安全法》相关规定，要求各应用商店下架滴滴出行 App，进行整改。

3. 操作程序复杂，影响部分群体使用

网络约车的复杂软件对于年轻人而言很容易上手，进而普遍反映使用网络约车方便，但该运营模式缺乏伦理考量，破坏了伦理公平，忽略了老年消费者，因他们不会操作其复杂的程序而成为弱势群体。网约车的出现使会用智能手机的人们更快打到车，那些急需打车而不会使用该软件的人们却更难打到车。互联网巨头马云曾经向媒体抱怨过，自己的母亲因为不会使用智能手机而经常打不到车。现在针对中老年人的智能手机还不够普及，软件在开发过程中没有考虑到这一受众群体，复杂的人机交互界面过多的按钮选项加剧了中老年人等不会使用智能手机群体在使用过程中的困难，使得这一部分人群用户体验极差。

21.5.2 监管制度亟待健全

网络约车运营过程中缺乏有效的监管手段，如果发生纠纷，双方各执一词，网约车公司没有证据往往很难做出公正的处理，乘客与司机的权益无法得到保障。从当前的法律法规来看，私家车进入网约车市场并非合法的交通出行方式。由于非法运营，监管制度便无法起到作用，因此乘客与私家车之间产生的经济纠纷并不在主管部门的监管范围内，消费者只能向网约车软件公司投诉，由于缺乏第三方监督，经常会出现消费者投诉无门的情况。加之网约车缺乏认证机制，门槛过低，使得人们有辆车就可以轻易注册载客，使"黑车"越来越多。这些"黑车"没有客运资质，政府很难进行有效监管，网约车公司也无法对其做到有效监管，致使司机构成鱼龙混杂，乘客打车没有安全感。"黑车"司机抢单，由于不需要遵守政府对出租车行业制定的标准价格规定，可以随意要价，会扰乱正常的出租车市场秩序，甚至会导致乘客的生命和财产安全受到侵害。

21.5.3 "烧钱补贴"模式亟待改变

滴滴出行入市首先需要培育市场、培养客户，为此不断增加市场投入。它必须通过提供免费产品和优质服务来赢得用户的口碑，进而获得巨大的用户群和市场份额，最终才能有机会获得利润。正如当年淘宝网的发展一样，十年免费和优质的服务才最终发展为如

今中国消费者青睐的首选网购平台。网约车软件开发出来后,需要乘客和出租车司机知晓、认同并接受,进而才开始使用,吸引乘客、司机使用是网约车软件运营发展和市场推广的关键。"滴滴出行"最开始的营销方式是给消费者直接发放打车补贴,让许多人可以只支付一两元甚至不花钱乘坐出租车,支付公交车的价格,享受出租车的快捷,使得人们愿意去尝试这一新兴产物。网约车公司对司机和乘客进行补贴,对于司机来说,补贴和加价提高了收入,补贴生产者可以看作降低成本,在客运高峰时变相提高供给,缓解打车难问题;对于消费者来说,既享受了网络约车叫车服务,又得到了补贴,补贴消费者可以看作降低价格,在客运低峰时拉高消费需求,减少空驶率。这种"烧钱补贴"模式绝非一般中小企业可以负担得起的,需要巨额的资金支持,也就是所谓的"烧钱"。经过不计后果的"烧钱",许多企业纷纷败下阵来,市面上仅剩的几家企业又随着"滴滴出行"和"快的打车"两家"烧钱"巨头的合并而被碾压,只能苟延残喘。易观国际调查数据显示,网络约车行业80.9%的市场份额属于合并后的"滴滴快的"公司,可以肯定地说,合并后的"滴滴快的"垄断了整个网络约车市场。可见,中国的网络约车市场已进入垄断阶段。中小企业的创新软件因为没有巨额的资金支撑来发放补贴,无法进入市场,无法得到用户,被拒在网络约车市场的门槛之外。

讨论题

1. 谈谈我国网约车发展进程。
2. 请对滴滴进行 SWOT 分析。
3. 简述滴滴出行和 UBER 经营模式的区别。
4. 滴滴出行如何实现高质量发展?

参考文献

[1] 郑瑞旭.在互联网时代滴滴出行的营销策略分析[J].营销界,2020(47):17-18.

[2] 张婉露.互联网平台企业商业模式创新影响因素研究——基于滴滴出行的案例分析[J].价值工程,2019,38(06):38-41.

[3] 崔东方.网络约车行业发展的问题与对策——以"滴滴出行"为例[J].重庆交通大学学报(社会科学版),2018,18(02):64-70.

第 22 章　哈啰单车

　　哈啰出行是国内专业的本地出行及生活服务平台,致力于应用数字技术的红利,为人们提供更便捷的出行以及更好的普惠生活服务。哈啰出行于 2016 年 9 月在上海成立,从共享单车业务起步,逐渐进化出其他业务。

22.1　哈啰单车发展历程

　　2016 年 9 月,哈啰单车正式成立。2017 年 10 月,与永安行低碳科技有限公司合并,合并后的新公司仍由哈啰单车团队运营。2018 年 9 月,哈啰单车在上海宣布企业正式更名为哈啰出行。2019 年,哈啰顺风车业务、哈啰电动车业务、哈啰换电业务正式启动。哈啰单车从 2018 年 4 月开始占据市场第一,每天的骑行数相当于 ofo、摩拜和青桔单车的总和,份额占整个市场的一半,日订单量达到 2 000 万次。2018 年 4 月,哈啰单车获选第一季度"胡润独角兽排行榜"最年轻的新晋独角兽企业之一,同年 7 月,哈啰单车获选第二季度"胡润独角兽排行榜"上升势头最快的"独角兽"之一。2019 年 10 月胡润研究院发布《2019 胡润全球独角兽榜》,哈啰出行排名第 84 位。截至 2019 年 9 月,哈啰单车已入驻 360 多个城市和 340 多个景区,注册用户达 2.8 亿。截至 2020 年年底,哈啰共享单车进驻全国超 400 个城(含县级市),用户累计骑行 184 亿公里,累计减少碳排放 50 万吨。目前在总体规模上,哈啰单车成功入围共享单车行业的前三名。

22.2　哈啰出行业务布局

　　哈啰出行于 2016 年 9 月在上海成立,从大家熟悉的共享单车业务起步,逐渐进化为包括两轮出行(哈啰单车、哈啰助力车、哈啰电动车、小哈换电)、四轮出行(哈啰顺风车、全网叫车、哈啰打车),以及酒旅、到店服务等的多元化出行及生活服务平台。

　　2020 年 12 月 9 日,在北京举办的 WISE2020 新经济之王峰会中,哈啰出行联合创始人、执行总裁李开逐指出,哈啰的商业视角已经从以业务为中心变成以用户为中心,基于数亿用户基数,哈啰将构建基于出行的综合性普惠生活服务平台。

22.2.1　哈啰单车

　　2016 年 11 月,哈啰单车 1.0 正式投放市场,车辆已迭代至 4.0。哈啰单车的精细化运营已经进入 2.0 阶段——即智慧运营,基于哈啰大脑这一智能决策与指挥中心,驱动智能供需预测、智能规划、智能调度、智能派单等单车全链路运营智能化。

2018年3月13日起,哈啰单车启动全国范围信用免押骑行,芝麻分650以上的用户,即可在全国免押金骑行哈啰单车。同时,为了方便用户在出行过程中临时停车,每日首次换骑15分钟内免费。Hellobike的工作人员通过夜间巡检和数据分析发现,市民对于这种新型的出行方式接受度高,在地铁、公交停运后,有大量用户有出行需求。Hellobike宣布夜间骑行免费,做城市出行系统的补充。

哈啰单车作为基石业务,基于单车广泛而高频的流量入口,哈啰正拓展更多高成长性的多元业务。已在全国300余所高校落地哈啰校园业务,惠及近百万大学生用户群体。未来哈啰将致力于满足用户多场景、多距离的一体化智慧出行生态服务。

22.2.2　哈啰助力车

2017年9月,哈啰出行推出哈啰助力车。它的外形与自行车相似,但更智能。它是以电机、电池作为辅助动力,搭载智能传感器系统,根据骑行者脚踏力的大小,给予动力辅助,实现人力骑行、电机助力一体化的新型交通工具。

该车采用汽车工业级别锂电池,最大续航里程50 Km,电机180 W,限速20 km/h,电线隐藏在车内防水。车身采用烤漆,采用液压减震器和实心胎。同时采用NFC电子智能锁,通过App解锁,后台可同步监控,手机App端显示剩余电量和可续航里程。

哈啰助力车深入耕耘城市,为各城市提供标准服务的同时,不断创新,用新技术、新模式、新思路开辟新天地,为社会承担更多应有的责任,助力精准服务更多人群。

1. 勤务智巡系统定制服务

基层公务人员在执法、巡逻,网格化管理时,多没有固定车辆,采用租赁或购买个人电动车的形式出勤,缺乏安全性和统一性,不利于管理。哈啰助力车为警务、城管、网格巡逻员等定制了智巡系统,线上搭建了可以打卡、查看工作轨迹、执行任务清单的工作平台,结合线下哈啰助力车定制车身、语音提醒等服务,为基层勤务人员提供了标准、安全、低碳的工作保障。已经为温州、嘉兴、呼和浩特、无锡等城市提供定制化服务。

2. 乡村振兴计划

2019年,哈啰助力车已入驻全国100多个县城,哈啰助力车配合当地政府开展乡村共享助力车公共交通建设系统,助力乡村振兴基础设施建设,完善县城交通便利,改善交通安全。与政府共同选取当地运营商,招募学校、卫生所、退役军人、村干部家、新农人家等有威望的人来管理负责,让村民享受更多互联网的便利服务,为村民提供更多就业机会,切实受益于该项目。部分骑行收益将注入振兴基金资金池,振兴基金用于协助解决扶贫、微基建、创业帮扶等"三农"问题。

已经在广西东兴市、乐陵市、巩义市、余姚市、慈溪市、靖江市、崇州市、洪湖市、新津县等地试点实施,陆续还有更多的城市加入。

3. 新旧动能转换服务

哈啰助力车探讨新旧动能转换服务新模式。与公共自行车通过数据、信息、技术等新生产要素为支持,探讨公共自行车车桩充电服务,智慧驿站合作模式,培育壮大新技术,改造提升传统模式,推动新旧动能平稳接续、协同发力,促进产业转型升级。哈啰助力车已经在南京、成都等地达成合作意向。

22.2.3　哈啰电动车服务

哈啰电动车服务业务是哈啰出行构建智慧出行生态圈重要举措之一。哈啰出行利用自身的哈勃大数据、物联网科技,通过流量共享、GPS 定位系统、线上线下一体化服务方案,为未来智慧城市提供低碳出行的全套解决方案。

哈啰电动车服务平台面向用户提供包括租售一体、本地化服务、智能出行、安全保障、统一标准化换电等车服内容。

22.2.4　小哈换电

小哈换电业务基于移动互联网、大数据和智能硬件技术,开创性地推出极速换电模式,为广大两轮电动车用户提供高性能锂电池组的自助换电服务。

22.2.5　哈啰游玩

2017 年 4 月,哈啰出行游玩业务正式启动。基于景区出行"最后一公里"的出行痛点,以及国家对于全域旅游、智慧旅游的政策导向,哈啰面向景区提供情侣车、亲子车、家庭观光车、助力车等定制化产品。同时,依托移动互联网技术、智能移动终端、智能单车 GPS 定位、车辆骑行轨迹等实现底层大数据的收集,哈啰出行同步为景区综合开发智能扫码租车系统、智能规划停车系统、高效车辆运营系统及智能后台管理系统。通过一系列清晰的模块化系统,为现代景区量身定制智慧出行解决方案,从而为游客用户提供自助舒适、智慧便捷、即停即景的景区游玩体验,助力景区提升出行管理效率及品牌形象,推动智慧升级。

作为哈啰出行在特色细分市场的重要举措之一,凭借在城市端共享单车的丰富运营经验和过硬技术实力,哈啰迅速切入旅游景区的智慧出行领域,以"骑游服务一体化运营"的创新模式服务全国。

22.2.6　哈啰顺风车

继"哈啰单车""哈啰助力车"两轮业务之后,哈啰出行在四轮领域全新推出拼车服务业务,致力于成为值得信赖的拼车服务平台。

2018 年 12 月,哈啰出行 App 上线顺风车司机招募业务,2019 年 1 月 25 日,哈啰顺风车业务在六个城市试点上线,2019 年 2 月 22 日哈啰顺风车业务已在全国 300＋城市运营。截止到 2019 年 7 月,车主注册量破 700 万,平台发单乘客量破 1 800 万。

顺风车是共享出行的典型业态,符合哈啰出行"绿色低碳·共享出行"的发展理念。哈啰出行始终围绕用户需求,为用户提供多元、便捷、优质且安全的一站式出行服务。哈啰通过顺风车的运营,以安全、便利为核心,让顺风车回归这种出行模式的本质,并立足"大出行"定位,满足用户短、中、长途的出行需求。

22.2.7　哈啰打车

2018 年 10 月,哈啰出行上线了打车业务,携手合作伙伴嘀嗒出行及首汽约车,为用户提供更多元的出行服务,打车业务覆盖城市超 110 个。

通过更新后的哈啰出行 App 或者哈啰出行支付宝小程序上的"打车"入口,即可便捷使用一键叫车体验网约出租车服务。

22.3　哈啰运营分析

22.3.1　战略管理

PEST 模型为一种企业所处宏观环境分析模型,P 指(政治)E 指(经济)S 指(社会)T 指(技术),其中政治属于企业所处的大环境背景,一个国家的稳定是企业发展的基础。在我国绿色、共享的新发展理念下,共享单车得到了广阔的发展空间,经济是企业发展的重要保障,离开社会经济的发展,企业难以存活。企业只有在完善的市场环境下,竞争才能发挥作用,从而促进企业良性发展。社会环境是企业产品能否得到认可与发展的条件,在基础设施完善的中国,人民对共享和绿色充分认识的今天,共享单车得以迅速发展。技术是企业在市场中站稳脚跟的必要条件。技术的创新是企业降低成本,提升竞争力的利器。下面将从以下四个角度对哈啰单车进行分析。

1. 政治(P)

自 2018 年起各地方政府加强对共享单车的管理力度,北京、成都、武汉、昆明等地纷纷出台管理条例,维护市场有序规范运营,发挥其构建绿色低碳系统、解决短距离出行需求、治理交通拥堵方面的积极作用。2019 年 3 月 19 日,交通运输部发布交通运输新业态用户资金管理办法(试行),新规就共享单车等交通新业态资金和押金管理办法向社会征求意见。

2. 经济(E)

共享经济整合线下的闲散物品或服务,提高了资源利用率,具体到共享单车领域,为解决短距离公共出行提供解决方案。我国共享单车烧钱模式破产,探索新型盈利模式成为企业转型的关键。

3. 社会(S)

我国城市化进程加快,城市公共交通压力加剧,交通拥堵现象时有发生,作为解决"最后一公里"的交通工具,共享单车成为城市交通换乘的重要组成。尾气污染使得雾霾现象日趋严重,环保需求成为公众交通出行的重要因素。共享单车同时满足用户的绿色出行需求和健身需求。

4. 技术(T)

WiFi 热点和 4G 网络技术的普及为共享单车市场提供了智能硬件终端,GPS 定位技术、云计算、大数据技术的成熟,为用户提供智能化的精确服务。移动支付环节成熟,优化了用户体验,便于付费骑行,利于行业良性循环。共享单车纳入社会征信体系,减少用户违规用车,降低企业运营成本,有助于城市公共管理。

22.3.2　用户留存

AARRR 转化漏斗模型,该模型主要从用户生命周期环节入手,以用户的运营情况为背景。以活跃率和留存率为指标来衡量用户留存情况。其中用户的生命周期主要分为五个阶段,AARRR 转化漏斗模型中第一个 A 为获客能力,是一项产品发展的核心指标,通过激活使用 App 为新用户的初次体验。通常产品都会选择送优惠,体验服务的方式来获得新客。第二个 A 为用户的活跃,用以判断客户是否在体验服务后形成了客户黏性,核心指标是用户的使用时长,表现为用户更多地停留在产品中。第一个 R 为留存,客户是否连续使用产品,该产品是否跃升为顾客的常用软件。其中核心指标为次日留存、七日留存、三十日留存。通常企业采取推送短信召回、节日活动等。第二个 R 为收入指标,是企业的最终目标,企业最终还是要实现获利的,顾客愿不愿意为产品消费是企业产品的最重要环节。最后一个 R 为传播,在产品实现了顾客喜爱与盈利后,该产品能否实现推广是企业获得用户的规模经济的基础。通常企业采取邀请好友、朋友圈分享来激活潜在顾客。以下将从这几个角度对哈啰单车进行分析。

1. 获客

在进入市场初期,哈啰单车通过与宁波政府签订协议将哈啰的共享单车以市为单位进行投放。在共享单车发展的初期,与政府签订协议,是获得用户的最好方式。在发展中期,由于蚂蚁金服的入股,哈啰与蚂蚁金服交换客户,客观上说是从支付宝获得客户。战略上,哈啰通过与拥有大量潜在客户的组织进行合作。

2. 活跃与留存

客户的获取是第一步,如何将手中客户进行激活是第二步。在依托强大的组织背景下,哈啰通过首单免费,新用户获得免费月卡,无限次使用哈啰单车为手段,吸引顾客,提升顾客黏性。在免费获得月卡的帮助下,顾客的留存率显著提高。这里哈啰在产品运营上以大数据为手段,使用 AARRR 对后台数据进行分析,发现 40% 的客户在交押金步骤上退出产品。后续哈啰在与蚂蚁金服成功牵手后,通过芝麻信用进行免押金骑行,大大提升了用户活跃与留存。

3. 收入

在共享单车市场上,ofo 与摩拜在共享单车的市场竭尽全力去吸纳客户,目的在于吸引腾讯和阿里的投资,这两个单车品牌的盈利主要依靠于外部融资和政府补助。与之相反,哈啰单车,在调研了市场后,将自己的目标客户群体定位于在校大学生和都市白领。将共享单车与大数据结合,通过大数据进行单车的投放与运营,最终将共享单车的折旧与运营成本控制在 0.3 元,实现无限接近盈利。

4. 传播

哈啰单车在获取潜在客户群体上,战略上通过与政府和蚂蚁金服合作、以此来完成客户群体的引渡;在营销上,哈啰单车通过推出景区优惠、夜间单车免费、亲子单车方式,打开景区和学校市场。值得注意的是,在 ofo 与摩拜疯狂占据一线城市时,哈啰单车从二线城市入手,走农村包围城市的策略,实现自身的发展。

22.3.3 哈啰单车的营销策略

1. 目标市场选择

2016 年哈啰单车进入市场时,OFO、摩拜等共享单车品牌已经占据了大部分一、二线城市的市场,此时哈啰选择专注于开拓二、三线城市,在目标市场选择上避开强有力的竞争对手。在二、三线城市站稳脚跟后,才向一线城市发展。此外,其他共享单车品牌也未进入景区市场,这一块市场竞争相对较小,因此定价空间较大。哈啰再次选择差异化战略,进入景区休闲骑行市场,并在景区获得较高的利润回报。

2. 产品策略

在产品的设计思路上,哈啰单车将产品的安全舒适性和智能化视为核心思路,持续改进单车设计。经过详尽的市场调研后,哈啰充分考虑用户使用需求,2017 年年底推出了第三代单车。航空级 6061 铝合金车身、轻量化设计、高分子材料、真空一体发泡坐垫、车身减重 25%,实现车辆颜值、舒适度和功能的全面提升。可以实现 1 秒钟之内开锁,并在开锁后伴随一声象征性的"hello"提示音,进一步加深了用户对品牌的感知度。哈啰坚持智能车的设计理念,可以通过车身传感装置及时向后台反馈车辆的生命体征、用户的骑行数据、停放区域,除了可以方便、及时、精准实施运营维护,还能间接促使用户有序停放车辆,降低对城市道路的随意侵占。易观网 2019 年发布的专题显示,共享单车企业车辆健康状况评比中,哈啰出行排行榜首。2019 年 7 月,共享单车小程序和 App 月活跃用户排名中,哈啰出行均占据第一名。此外,针对景区市场,哈啰单车研制了多人车、亲子车、山地车,还提供专用的景区单车,让游客获得新的游玩体验。另外,在哈啰单车成功占领市场后,哈啰在 App 端相继推出助力车、电动车等共享租赁产品以及顺风车等业务,持续深化产品线的构成。

3. 定价策略

因为不同城市品牌的运营成本有差异,哈啰单车的计费方式有所差异。以武汉地区为例,哈啰单车计费方式为 1.5 元/30 分钟,超出的部分正常计费。另外,客户可以购买不限次卡,30 天不限次卡原价 25 元,首次开通该卡时,可以优惠到 13 元左右;90 天不限次卡,原价为 75 元,首次开卡为 36;7 天骑行 5 次卡,售价 4.8 元。不限次卡客户的单次使用时长为 120 分钟;次卡用户单次使用时长为 60 分钟,超出的部分正常计价。2018 年 3 月 13 日,哈啰宣布,芝麻分超过 650 分的用户可以在全国任一城市免押金骑行,如芝麻分不满 650 分,用户也可通过购买提供免押资格的月卡,获得免押金骑行体验。此项策略执行后,短短两个月,哈啰单车的注册用户实现 70% 的增长,日骑行订单量翻了一倍,进一步证实了共享单车用户对价格的敏感性。而在另一目标市场——旅游景区,由于用户对价格敏感性相对较低,哈啰单车的定价则高出不少,客单价达到 14.6 元。

4. 渠道策略

除了通过常规的 App、小程序向消费者提供骑行服务,哈啰单车还采取了与地方政府和监管部门深度合作的方式推广产品。哈啰出行官网显示,哈啰出行与杭州、合肥、泉州、东营、荆州、襄阳等 70 多个城市签署了战略合作协议,在绿色环保出行、大数据应用、智慧城市建设、安全骑行教育等领域加强合作,加快推动智能公共交通出行体系的构建。可以看出,哈啰不再将自身定位于单一的共享单车企业,而是尝试转型为城市智慧交通运营商,这一定位十分受二、三线城市政府部门的欢迎。在竞争压力相对较小的景区出行市场,处于业内领先地位。在渠道合作方面,由于阿里巴巴在 2018 年 5 月成为哈啰出行第一大股东,哈啰单车开始与支付宝展开深度合作,利用支付宝的强大用户流量,在支付宝平台嵌入了哈啰单车扫码骑行功能,且能够直接获取用户的芝麻信用分,为免押金骑行提供便利。

5. 促销策略

在促销方面,哈啰单车采用了线上线下相结合、跨界营销等策略。例如,在 2017 年"双十一"大战开启前,哈啰单车与京东在华南地区展开跨界合作,哈啰单车的车身篮筐处贴上了"京东好物节"的宣传牌,用户扫描身边的哈啰单车,每骑行两次即可获得一次拆礼包的机会。停车落锁后,手机系统会弹出名为"舒服就好、京东好物大礼盒"的界面,用户点击相应按钮即可获得由京东电商提供的好物,而好物的礼品也精心设计,有女性卫生用品、针对体育爱好者的功能性饮料、针对居家一族的暖心毛毯等,使合作双方的品牌均赢得了较好的促销效果。

22.3.4　竞争战略

1. 差异化战略

哈啰单车一开始就选择避开 ofo 和摩拜占据的一线城市,从二、三线城市开辟出一片蓝海。当摩拜和 ofo 在一线城市展开激烈角逐之时,二、三线城市的市场有很大空缺,哈啰单车发现商机,果断选择从二、三线城市开始布局,打开这部分市场后,进军并占领一线城市。这也是哈啰单车审时度势,在分析共享单车市场竞争态势以及市场需求的基础上所做出的正确的战略决策。首先,行业巨头摩拜和 ofo 连同其他单车品牌已经占领了大部分的一线城市市场,在先入为主的情形下,对于后进入者的哈啰单车,在一线城市市场上基本没有竞争优势。并且,一线城市虽是最成熟的市场,但是竞争愈演愈烈,在这片红海之中,新进入者哈啰单车会面临很高的进入障碍,将一线城市作为目标市场势必遭受很高的进入壁垒,并且很难形成竞争优势,很可能在激烈的竞争下被资本的力量淹没。其次,随着人们收入的增长和生活方式的转变,共享单车在二、三线城市也有市场,并且由于这些城市的交通系统不够完善,市民出行不便,对于共享单车的需求可能超过一线城市,而这部分市场尚未进行有效开发,因此,市场空间较大。最后,进驻中小城市更容易获得政府的支持。为促进和规范共享单车行业有序健康发展,国家出台了相关鼓励和规范性政策,中小城市政府在国家政策的支持下,为进一步促进城市交通系统的优化升级,适应市民多样化的出行需求,为市民提供更便捷的交通服务,积极引进和发展共享单车。

哈啰单车"农村包围城市"的市场进入战略的实施,一方面,哈啰单车得以顺利进入共享单车行业,避免了与ofo和摩拜在一线城市的正面交锋,为其赢得一片蓝海,为后续的发展崛起奠定了基础;另一方面,优化了中小城市的交通系统,满足人们多样化的出行需求,丰富了人们的出行选择,使人们的交通出行更加便捷、高效、节能。同时为哈啰单车积累了用户,为占据二、三线城市进而进军一线城市打开局面,并且能够让二、三线城市的市场价值被更多投资者发掘,进而为其吸引更多投资,推动哈啰单车的进一步发展。

2. 信用免押策略

共享单车入市之初,为了保障单车的安全,降低运营风险,并稳定和巩固现有客户,很多品牌的单车在使用时都需要交一笔数额不小的押金,如摩拜收取299元,ofo收取199元。在实际运营过程中,高额的押金是行业发展的一大障碍。一方面,有相当数量的潜在用户因为押金过高问题而等待观望;另一方面,一些单车品牌相继被爆出押金退还难等问题,用户在选择和使用共享单车时更加谨慎。高额的押金支付,限制了使用门槛,并且其退还得不到有效保障,甚至可能被企业挪作他用,增加了预付资金的风险,降低了资金的安全性。在权益得不到保障的情况下,用户对共享单车的信任降低,造成用户数量的损失,阻碍了共享单车的发展。此时,哈啰顺势推出信用免押,凡是芝麻信用积分达到650分及以上均可免押金骑行;对于芝麻信用积分不满650分的用户,提供购买免押资格的月卡等其他免押方式,由此开启全国信用免押新时代。这一举措大大提高了哈啰单车的品牌竞争力,在信用免押政策推出后,短短两个月,哈啰单车注册用户增长70%,日骑行订单量翻了一番,进一步证明了免押政策符合用户的需求。哈啰单车的信用免押政策,是基于其布局和当时的市场形势所做出的战略举措。首先,相较于一线城市,二、三线城市用户的购买力相对较弱,对价格比较敏感,高额的押金更是共享单车推广的一大阻碍。其次,在哈啰单车推行全面免押金政策之前,已经被爆出一些共享单车品牌挪用用户缴纳的押金、押金退还难甚至无法退还等问题,造成了用户对共享单车的信任危机。最后,由于摩拜和ofo较早进入市场并拥有大量用户,很多的用户已在这两个共享单车平台上支付了押金,并且由于先入为主,顾客已经对其形成了一定的品牌忠诚度。因此,用户不太可能再为第三个共享单车平台支付押金,且这个品牌刚刚进入市场,尚未形成品牌形象和顾客认知。哈啰单车免押金策略既是形势使然,也是一种竞争策略。哈啰单车通过免押金的方式,一方面为其与摩拜单车和ofo等先入品牌争夺用户、抢占市场获得一定的竞争优势,使其作为一个后进入者得以在激烈的市场竞争中有一席之地;另一方面,通过全面免押金的方式,避免了预付式消费的风险,避免初始投入过高造成的用户等待观望而错失发展机会,或者由于信任危机造成用户损失;同时,较低的使用门槛,有利于吸引价格敏感型用户,为其赢得更多用户。

3. 精细化运营模式

在其他品牌的粗放式发展给自身和市场带来恶果的同时,哈啰单车的精细化管理成为其核心竞争力。哈啰单车自成立以来,便坚持以数据和算法驱动的精细化运营,在不断优化升级的过程中,智能化程度不断提升,哈啰已实现了线下运维的可视化。以哈啰大脑为智能决策与指挥中心,利用哈勃大数据平台、智能运维 BOS 系统、哈啰智能锁,实现整个运营过程的智能化,不断提升运营和出行效率,从而能够更好地满足用户的使用需求,不断提升用户使用体验,为其赢得更好的口碑和更多的用户。哈啰自主研发的智能大数据平台"哈勃"系统,不仅能够实时监控和管理运营中的车辆,指导线下车辆运维工作,还可远程管理维护调度控制中枢,运维人员可以运用大数据管理车辆的骑行轨迹、城市热力图、车辆生命体征等,从而可以更精准地掌握车辆的状况,发现问题能够及时解决,对问题车辆能够及时维护、保养和更换。与哈勃大数据平台紧密连接的智能运维 BOS 系统,是哈啰自主研发的单车运维管理系统,通过 BOS 系统不仅可以让运维专员有效监控单车的使用信息及停放、维修等状态,还可快速寻回、修理故障车辆,从而能够保证对车辆的有效监控和及时维修,实现科学智能管理。BOS 系统与哈勃系统的结合应用,有效保证了车辆的科学投放和及时维修,提高了日常运营管理的智能化水平。此外,作为共享单车的核心智能硬件,哈啰单车以智能车路线为依托配备智能锁,哈啰智能锁拥有 GPS、北斗、基站、蓝牙四重定位,双向通信,实现精准定位。最新一代的哈啰智能语音锁能让单车定位精度提高近一倍且定位时间缩短 70%以上,开锁时间可缩减到 0.99 秒,通过提高车辆定位精准度,缩减用户找车时间,给用户提供更便利的用车体验,提升顾客满意度和体验感。可见,哈啰单车在发展过程中不断深化精细化运营,不断提高运营效率和智能化管理水平。相较于其他品牌的粗放式运营,哈啰单车高效、科学、智能的运营能够有效降低管理成本,减少运营管理上不必要的失误成本,提高效率的同时给用户更好的使用体验,精细化运营为其赢得明显的竞争优势。

22.4　哈啰目前的形态

过去五年,哈啰分别从"共享单车进化到大出行",接着从"大出行进化到新兴本地生活平台"。现在,哈啰又开始亲自下场制造两轮电动车。打开哈啰出行 App 就会发现,哈啰已经在朝着这一方向迈进。在哈啰出行 App 首页,不仅有"打车""顺风车"应用,还有包括"单车""火车票""酒店""民宿公寓"等应用,这完全就是一个"服务平台商"的雏形。

哈啰其实是抓住了互联网企业竞争的本质,即对私域流量的高效率运营。"流量运营思维"在互联网界是地心引力般的存在。比如说百度的价值直接取决于平台活跃用户的数量,以及 UP 主对流量的转化效率;阿里巴巴的价值也来自平台用户的货币转化效率……那么,对于哈啰出行而言,要做到对流量高效率运营需要两步。第一步,具备刚需、高频的核心应用,吸引足够多的用户进入 App,进而形成私域流量池。对哈啰而言,这个核心应用有两个,分别是哈啰单车与哈啰顺风车。私域流量池规模方面,仅哈啰单车的注册用户就接近 5 亿。第二步,植入丰富的低频且与核心应用密切相关的服务来形成生态体系。"火车票""民宿公寓"及"哈啰电动车零售"等即属于这一类。这一类应用的作用是提高用户对哈啰 App 的使用时长,形成更高的 ARPPU(付费用户平均收入)。

22.5 结 论

22.5.1 选择了异化的市场定位

在共享单车行业,一线城市已是一片红海,而二、三线城市还是一片蓝海。哈啰单车选择定位于二、三线城市正是采取了蓝海战略,通过在竞争较为缓和的二、三线城市确立生存的根基,进而择机向一线城市扩张。并且,哈啰在一线城市的投放逻辑与其他共享单车企业也有所不同,它瞄准的首先是用户有需求但还没有足够单车覆盖的区域。此外,哈啰单车还在竞争程度相对较小的景区率先发力,解决了景区内"最后一公里"的旅游交通痛点。借助这一系列的差异化,哈啰单车成功地避开了市场竞争,一跃成为共享单车行业的前三名。由此可见,选择了差异化的市场定位是哈啰单车能够后来居上的一大关键。

22.5.2 营销策略与市场定位相匹配

哈啰单车定位于二、三线城市和景区市场。这些市场既有优势,也有劣势。但是,哈啰单车采用与其市场定位相匹配的营销策略,从而成功地克服了这些劣势,如二、三线城市人口密度相对较低,付费能力较弱,这就使得单车使用率不高;而且二、三线城市人口素质相对较差,车辆偷盗损毁率可能相对较高。针对这一问题,哈啰单车采取与地方政府和监管部门进行深度合作的策略。首先,不同于车满为患的一线城市,大多地方二、三线的政府对于这一新业态持包容鼓励态度,率先进行管理机制保障工作,且多数市民对共享单车持欢迎和支持态度,这为哈啰单车提供了良好的运营环境;由于哈啰单车还帮助政府建设城市公共出行体系,政府的采购也为其提供了收入来源,使得其能够持续发展。

22.5.3 清晰的盈利模式

大量初创企业因为无法找到清晰的盈利模式而面临倒闭。在共享单车行业中,这一问题尤为突出,目前绝大多数共享单车企业并未实现盈利。而哈啰单车通过清晰的盈利模式,成为为数不多的能够自我造血的共享单车企业。一般而言,共享单车企业主要依靠押金、用户支付的费用和少量广告收入来盈利。相反,哈啰单车从诞生之日起,就以大数据为依托,完善自己的运营,降低运营成本和推广成本,通过将单车折旧和运营成本降低至 0.3 元,实现了无限接近盈利,从而保证了稳定的收入来源。

22.5.4 与高新技术结合,优化自身产业结构

在互联网和大数据飞速发展的今天,利用好现有技术企业实现自身的升级与转型是必要的。哈啰单车通过后台大数据的应用,精准发现押金问题是潜在用户发展成为用户的阻碍。通过蚂蚁金服中的芝麻信用积分来推行免押金服务,最终实现自身用户的转化。在运营上,哈啰单车通过聚类分析精准测算出单车的使用位置与数量,将单车进行最优化投放。与此同时,通过现代化技术进行单车运营,控制成本,实现共享经济下的盈利。

讨论题

1. 共享经济的特点是什么？
2. 谈谈我国共享单车的发展历程。
3. 简述哈啰单车的主要运营模式。
4. 哈啰单车的主要盈利模式有哪些？

参考文献

[1] 蔡力.共享单车企业竞争战略探究——以哈啰单车为例[J].科技创业月刊,2021, 35(06):80-82.

[2] 杨璠玙.永安行并购哈啰单车绩效评价研究[D].天津:天津商业大学,2020.

[3] 查琳.我国共享单车企业发展现状及对策[D].武汉:华中师范大学,2020.

[5] 李甜甜.共享单车品牌竞争策略 以哈啰单车为例[J].全国流通经济,2019(5): 95-95.

[5] 李砚池,欧阳雅哲.哈啰单车发展的障碍与对策探析[J].大众投资指南,2019(22):280- 281+283.

[6] 张爽,文浩.传媒行业:哈啰出行全梳理:共享单车切入本地生活赛道 飞轮效应最大化平台价值[EB/OL].天风证券,2021-05-31. https://data.eastmoney.com/report/zw _industry.jshtml? encodeUrl=I6bFoXQ3QSpQk9d0SZ/7G299hCSRuXWsVHkQSnY8XzU=.

[7] 市值观察.创立五周年,哈啰为何能不断打怪升级?[J].2021-09-18.

第 23 章　曹操出行

曹操出行是世界 500 强车企吉利集团布局"新能源汽车共享生态"的战略性投资业务,致力于成为"互联网＋出行"领域首个建立新能源汽车出行服务标准的专车品牌。曹操出行贯彻落实国家"双碳"战略,秉持"低碳致尚、服务至上"的核心价值观,将全球领先的互联网、车联网、自动驾驶技术以及新能源科技,创新应用于共享出行领域,为用户打造和提供一站式的健康、低碳、共享出行生活方式。2015 年 11 月 25 日,曹操专车在宁波公开测试上线,统一使用新能源汽车,配备经过专业培训的司机团队,定价方式根据乘客出行的距离动态确定。2019 年 2 月 14 日,曹操专车改名为曹操出行,依旧实行原有的"新能源＋公车公营＋认证司机"的 B2C 模式,还涵盖了机场接送、城际快车、同城快递,以及为政府、企业等大客户提供一站式预约、公务接待和对公结算等多元化的经营模式。

23.1　曹操出行的成立——吉利集团的转型尝试

吉利集团董事长李书福认为,"曹操专车是吉利从传统制造商向道路运输服务商转型的尝试。如果不能尽快适应汽车业变革,那么传统的汽车制造商就可能被淘汰,就像诺基亚在智能手机时代被抛弃一样。"因此在他的授意下,2015 年 4 月,曹操专车项目开始启动,注册资本金为 1 亿元,由刘金良带着三名员工开始了曹操专车的创业之旅。自 1995年加入吉利集团之后,刘金良辗转于多个岗位,是吉利内部流传的李书福麾下"四大金刚"之一。

传统汽车制造商做出行是必然的,这与汽车行业的未来相关。汽车行业的未来是电动化、智能化、共享化。未来的汽车,就是一个带着电池的移动空间。而作为汽车制造商,如果不能适应这个未来,不能让汽车变成一个生活场景的智能移动终端,肯定是要被淘汰的。因此,传统汽车制造商为了生存和转型发展,一定要跟上形势,进入出行领域就是很好的切入点。

出于对汽车行业未来的考虑,吉利推出曹操出行,是战略转型和持续发展的需要。从汽车保有量角度看,现在美国汽车保有量为 760 辆/千人,中国为 160～200 辆/千人,刘金良判断中国汽车市场并不会发展到美国的程度,尤其是现在很多大城市道路拥堵,消费者开车意愿下降,未来的汽车应该是从拥有权向使用权转换,因此共享出行便成为趋势。据统计数据,欧美有 30% 的汽车走向了出行市场。如果吉利不参与国内的出行市场,很可能像诺基亚那样被淘汰。

曹操专车的优势是背后有吉利汽车,可以实现车辆的定制化生产,定制用户体验更好、运营效率更高、更能规避(作弊)风险的车辆。出租车、网约车、长租和短租、分时租赁等都是出行解决方案,都要以车为载体,而造车的人参与出行解决方案,更利于充分了解和满足用户的体验,比起互联网造车新势力降低了与代工厂沟通的成本。

在刚起步时,市场上已经有滴滴、优步、神州和易到,竞争压力很大。不过,由于对汽车产品、市场和汽车用户不够熟悉等多重原因,这些公司容易走弯路,均未实现盈利,将一部分钱烧在了修饰数据上面。但烧钱与补贴也培育了市场,一是培养了用户手机叫车的习惯,二是培养了手机支付的习惯,这方便了曹操专车,再进入市场时,就不需要在这上面过多投入。

曹操出行目前由吉利科技集团控股,持股 77.33%。2021 年 8 月初,曹操出行发生工商变更,新增股东浙江吉利控股集团有限公司,同时注册资本由约 3.66 亿人民币增加至约 4.33 亿人民币。这意味着吉利控股集团向曹操出行增资约 7 000 万元,持股比例达到 15.42%,为第二大股东。

23.2　曹操出行的概况

23.2.1　发展历程

2015 年 5 月 21 日,曹操专车成立,并于同年 11 月 25 日在宁波上线公测,随后在各大城市开始逐步正式运营。2016 年 11 月 24 日,浙江省财政厅下发关于增补杭州优行科技有限公司(绿色公务·曹操出行)为公务出行车辆租赁定点服务机构的通知。2017 年 2 月 28 日,曹操专车获得全国第一张新能源共享出行平台经营许可证。在同年 9 月 3 日,曹操专车成为在杭州举行的第十三届学运会指定出行服务商。中国汽车论坛组委会宣布,曹操出行以"低碳健康"的服务形象成为 2018 中国汽车论坛官方指定出行服务商,保障这次盛会的顺利召开。2018 年 1 月 17 日,曹操专车完成 A 轮 10 亿元融资,投后估值超 100 亿人民币。3 月曹操专车[高新区(滨江)杭州优行科技有限公司]入选了浙江省发改委公布的第二批省级低碳试点名单,并成为省级近零碳排放交通试点。同年 9 月 20 日至 23 日,第二届全球未来出行大会在杭州国博中心举办,作为汽车产业跨界融合的产物,吉利集团战略投资的互联网+新能源出行服务平台——"曹操专车",再次应邀成为本届 GFM2018 大会官方指定出行服务商,提供专业用车服务。

2019 年 2 月曹操专车全面升级为曹操出行,并在 9 月将出行范围拓展到 50 个城市,在杭州、成都两座城市上线顺风车。12 月曹操出行正式接入"耀出行"。2020 年 1 月 2 日,曹操出行在巴黎启动公测。1 月 17 日,曹操出行代驾业务和金融业务上线。1 月 26 日,曹操出行在武汉成立"应急防控保障车队",在 1 月底至 2 月,曹操出行陆续在全国近 20 座城市成立应急防控保障车队。4 月,曹操出行上线支付宝小程序。

2020 年 12 月,中央经济工作会议做出了 2030 年实现"碳达峰",2060 年实现"碳中和"的重要决策部署。曹操出行作为国内首家主打新能源汽车共享出行服务的网约车平台,认真贯彻落实国家"双碳"战略,在 2022 年 1 月 13 日,公布了碳中和目标,即 2023 年实现运营碳中和,2035 年实现全部出行订单的净零排放。2021 年 9 月 6 日,曹操出行在苏州举办2021年战略发布会,宣布已完成B轮融资38亿元,并正式对外公开"N3"(N立方)战略。

曹操出行通过参与各个级别的活动,积极响应国家政策,扩大自己的影响力,在全国各个城市逐步站稳脚跟。

23.2.2 平台App架构

1.基础功能

1)专车服务

专车服务包含现在、预约、接机、送机、包车等5种服务类型,基本可以满足用户对于专车出行的基础需求。用户可以根据不同场景的出行需求,对出行的时间、车型、使用时长进行自主选择。

现在也就是即时出行,其使用流程与其他平台大致相同,但针对不同用户数以及使用场景方面,在叫车的过程中,用户能够自主选择车型(现有新能源型、舒适型、商务七座、豪华型)以满足不同场景下的需求(不同车型的收费标准不同)。例如,日常接送子女,选择新能源车型的即可。

曹操出行的使用流程图如图23-1所示。

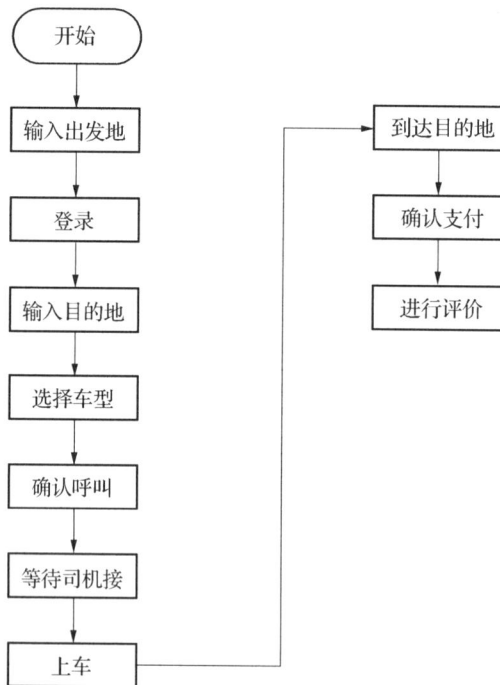

图23-1 曹操出行的使用流程

用户使用预约服务时,相较于即时出行的流程,仅多一步,即对于用车时间的选择。预约功能设有30元的最低消费。

接送机是预约功能的细分。接机功能,仅需要用户输入目标航班号,选择航班的时间,平台便能自行获取出发地与出发时间,顺利地完成接机,免去了和司机预约沟通的麻烦,大大方便了乘客。由于是公司平台分配车辆,平台可以提前派车,也可以就近派车,这样就避免了像"滴滴"平台上可能出现的司机因故取消订单,又没有附近车辆接单的问题,这也是B2C重资产运营的优势。送机则是目的地明确的预约服务。

用户根据需要出行的时间点以及专车使用时长,进行信息的填写以呼叫专车。该包车功能,非自驾租车,而是配备司机的。包车功能分为两种时长选项,对应两种里程数,4小时(50千米)和8小时(100千米),若在使用过程中超出预订的时间或里程,将额外收取费用。

2) 绿色公务

绿色公务采用的是B2B运营模式,致力于为政府、企业等组织提供智能高效、便捷多元化的公务出行解决方案,助力企业创造更多价值。短短几年,它不仅与多家知名企业签约合作,同时也取得了不错的成绩。企业和平台达成协议后,员工根据用车权限使用车辆,费用由企业统一支付。该功能可以简化公务出行流程,提高处理效率,方便企业统一开票,省去报销流程。此外还能够满足企业多元场景的用车需求,如员工日常用车、会议用车、推广用车等。

曹操专车的基础功能是一个网约车App应有的基本功能,能够满足用户在不同场景、时间点、时长的专车出行需求。其他专车平台也都开设有相同功能,但是曹操专车的优势在于采用B2C的模式,平台对车辆、司机有统一的管理,规范性更高,能带来更好的用户体验。同时,专车服务普遍存在收费较高的情况,而曹操专车的优势在于采用了动态议价的模型,即根据实际路况等给予用户一定的优惠。

2. 其他功能

1) 帮忙

帮忙是曹操专车由出行延伸的同城配送功能,目前处于试运营阶段。用户填写详细的信息后,即能下单,将物品送/取的任务交给平台。其优势在于解决了其他平台无法解决的路程长的问题,满足了客户对同城时速的需求,同时也满足了客户放心的需求。由于曹操出行是B2C重资产运营,这对客户物品的安全性起到了保障的作用,同时,由于曹操出行的价格相对其他高端网约车而言并不是很昂贵,这也是曹操出行能够发展这一业务的原因,这是其他网约车无法做到的。其他网约车的运营模式下,有些是车主带车加入,这样对物品的安全性无法做到真正的保护。有的网约车平台是自有车辆和自有司机,但是价格昂贵导致这一业务发展受到限制。因此,在运营车辆和价格的限制下,"帮忙"这一业务在其他网约车平台无法做到有效的扩张。该功能对于平台而言,是一条解决网约车平台盈利模式单一的新出路。但是,在收费方面要明显高于其他同城配送、跑腿公司的收费价格,且只能满足用户对于物品需要加急配送/收取的需求。

2) 低碳U品

一个以"积分+金钱"的形式购买物品的商城。商场的物品种类较为齐全,且部分商品的价格相对于专卖店低很多。平台设立类似蚂蚁森林的机制,在用户每次乘坐后,会获得一定的碳资产(积分)。用户可以基于自身账户已有的碳资产,再加上一定数额的人民币进行购买(见图23-2)。将碳资产与商城结合,曹操专车能通过商城内活动、产品的运作来带动用户对App的使用频率,以提升用户的使用时长,并向市场宣传低碳理念。

//曹操商城

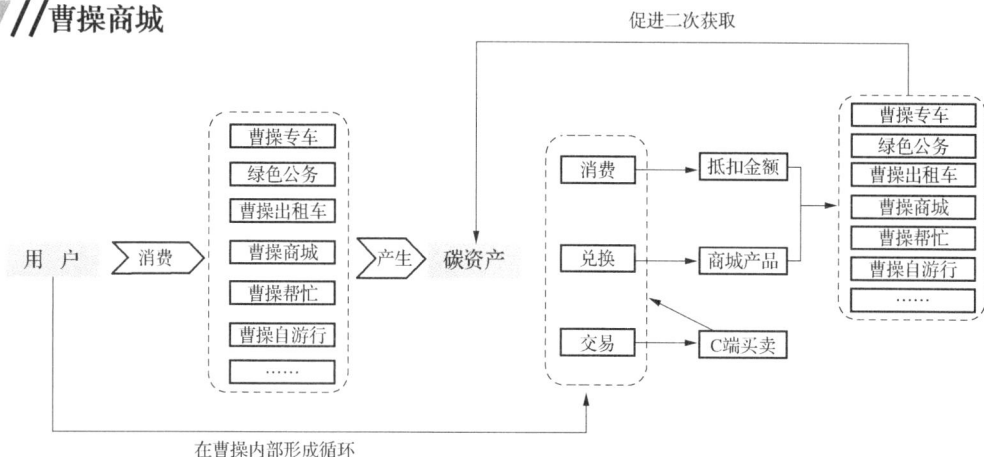

图 23-2 曹操出行的低碳U品

3) 曹操碳银行

这一模块能够提醒客户不断地为环保事业奉献自己的一份力量,也体现出曹操出行对环境保护的注重。在这一模块中,平台还加入了与乘客互动的功能,乘客可以根据出行节约的资源和为环境保护做出的贡献兑换相应的礼品(见图23-3),这是既将环保做到了出行中,也将环保做到了娱乐中的体现,这不单体现了一个企业的责任,也体现了一个企业的胸怀。这一份环保的力量能够大大地激发客户的乘车乐趣和社会责任,同时也增加了与乘客的互动,保持客户的黏性。

图 23-3 曹操碳银行

4) 设置

在"设置"中设有"司机黑名单"和"客服电话"这两个功能。乘客可以根据乘车经历,把不规范的司机加入黑名单,这样的乘车反馈对自身和"曹操出行"而言都是有益处的。乘客把司机加入黑名单中,就可以避免再次接受这一司机服务,如果同一司机被多名乘客加入黑名单中,公司就会考虑这一司机是否能够继续任职。乘客可以通过客服电话及时地联系公司平台处理问题,遇到问题也能够及时得到解决,这样的乘车体验能够大大地方便乘客用车,同时也能充分赢得客户的信任。同时设有"发票"一栏,方便乘客及时处理行程发票,避免忘记索要发票的情况发生。

23.3　曹操出行的内外部环境分析

23.3.1　外部环境

1. 经济环境

2020 年,受到疫情影响导致运力恢复较慢的情况下,曹操出行推出了 pro-A 政策,开放司机自由度,吸纳更多司机加盟。国内的网约车市场一直是滴滴出行一家独大,已经连续 4 年占据市场 90%的份额。自 2021 年 7 月滴滴被监管部门要求下架后,长期以来一直被压制的第二梯队开始抢占市场。据全国网约车监管信息交互平台统计,全国网约车监管信息交互平台 7 月份共收到订单信息 77 656.4 万单,环比上升 10.7%,众多腰部平台的订单量在 7 月份快速增长。七麦数据显示,曹操出行 7 月份总下载量为 909 610 次,较 6 月份环比增长 99%,尤其是 7 月 5 日单日下载量高达 41 185 次。截至 2021 年 11 月,曹操出行已经上线全国 62 座城市,注册用户超 7 000 万。

极光发布的《2021 年 Q3 移动互联网行业数据研究报告》显示,三季度末曹操出行MAU 达到 1 101.5 万,同比增长率高达 62.5%,在腰部网约车平台中位列第一。2021 年 9月初,曹操出行完成了金额达 38 亿元的 B 轮融资,是今年以来网约车企业获得的首笔国内股权投资。12 月 15 日曹操出行的运营主体杭州优行科技有限公司发生工商变更,法人代表由刘金良变更为龚昕,后者还同时担任公司 CEO 一职。龚昕曾在滴滴担任过专车事业部总经理,负责代驾、专车、区域网约车业务,去年离开滴滴后加盟了支付宝。用更专业的管理人员替换创始团队,是企业战略调整的一个信号。随着监管的不断收紧,网约车市场的竞争愈发激烈,让更懂网约车的人来管理,能够帮助企业抢占更多市场份额。

曹操出行也存在不小的隐忧。据了解,曹操出行共有直营、加盟注册车辆、驾驶员27 949 人,日均活跃 9 430 余人,有 16 家加盟商,除直营 1 700 辆外,其余为个人带车加盟。加盟车辆占比过大,严重降低了曹操出行的合规率。根据交通运输部最新数据显示,2021 年 11 月份,曹操出行的订单合规率在订单量超过 30 万单的 17 家网约车平台中位居第 10 位,订单量较 10 月份同比下降 16.8%。

2. 技术环境

新能源汽车正在逐渐代替燃油车,曹操出行全部采用新能源汽车,这一选择走在了时代潮流的前端。依托吉利的车联网系统,曹操出行平台可以实现后台监控运营车辆的派单状态和行驶公里数,可以根据其状态为其选择距离最近的车辆,不但缩短了派单时间,而且提高了派单的效率。在吉利的全国网络系统下,曹操出行平台的司机和车辆都能够有所保障。据了解,曹操出行与国家电网、特来电、万马、星星充电等国内所有主流电装企业达成战略合作;在中国吉利的线下网点多达 2 000 多个,这样曹操出行平台的运营车辆就可以就近选择售后网点进行售后服务,平台要求每辆车每个月必须进行一次保养检修,以保证出行中的行车安全。就吉利集团而言,曹操出行可以作为其大数据采集的终端,吉利集团可以通过对用户的大数据采集,整理出一些具体数据,通过对数据的分析,传送给吉利集团的新车研发部门,这种大数据的采集和应用将对吉利产品开发带来巨大的帮助,同时,曹操出行给用户带来吉利汽车的直接体验,相当于免费的广告,效果非常好,提高了吉利集团的汽车销售额。

但是,新能源车辆的发展目前依旧受制于充电桩的发展,我国的充电桩的建设模式尚未健全。由于充电时间过久,无法快速充电,造成运营时间会大大缩减。

23.3.2 内部环境

1. 背靠吉利集团,协同效应显著

曹操出行作为吉利集团的全资子公司,作为吉利集团由汽车制造商向出行服务商转型,并试水新能源共享出行平台的重要尝试,在其成立之初,便获得了吉利集团的全力支持。而随着专车服务品质的不断升级,以及同城寄送、旅游出行、公务出行等业务板块的完善,曹操出行背靠整车厂所能获得的规模效应、协同效应和资源优势将更加明显。

作为吉利集团布局出行市场的专品牌,曹操出行统一低价采购吉利新能源汽车,主要投放车型以帝豪为主,车辆使用成本较燃油车降低一半左右。同时,借助吉利的车联网系统,平台所有车辆的派单和行驶里程信息都可以实现后台监控,有效缩短派单时间,推荐更近的司机为用户服务,增加用户的用车便捷性。另外,背靠具有研发、制造优势的整车厂,曹操出行能够快速响应市场需求,实现车辆的定制化、智能化发展。共享吉利集团遍布全国的加盟商网络,曹操出行在业务拓展方面可以快速地实现规模化、集约化发展,借助核心的商业网络布局,快速组建城市运营线下模块,有效发挥汽车制造与平台运营的协同效应。

2. 车辆运营合规,保障出行安全

相较于其他共享出行服务平台,服务品质有保障、业务合规性是曹操出行的另一大优势。曹操出行坚持公车公营,统一培训专职司机,注重乘客满意度管理,以规避网约车服务水平参差不齐、乘客安全无保障等问题。因此,曹操出行不仅成立曹操学院,大力培养优质服务的专业认证司机。而且,在人车互联上也更加细化。曹操出行 App 不仅能与司机手机进行通信,还能与车辆进行通信,实时获取电流、电压、电量、巡航里程、故障情况等数据。

3. 准确把握市场需求

曹操专车准确把握了市场的刚性需求,这种需求是多种因素造成的,包括出租车体验差、私家车出行不便、公共交通条件不足等。因此,人们的出行方式存在替代和升级需求。把握住硬需求,在此基础上敢于面对风口浪尖,是曹操专车能够面世的基本前提。2022年 4 月 22 日,曹操出行新产品"曹操专车"在重庆上线,同时推出主打平价网约车服务的曹操"惠选",此次升级,主打了一个新的概念——"国民专车",希望成为每个老百姓都打得起的专车。相较于目前市场上通用的"专车服务",曹操的"国民专车"有底气喊出"让老百姓坐得起专车",根本原因在于推出的车以及运维成本更低。根据曹操出行发布"N3 战略"(New Car 定制车、New Power 新能源、New Ecosystem 生态体系),通过统一车型保证统一研发、定制,摊薄成本,实施新能源、新生态体系为降本增效提供基础设施。吉利计划于 2025 年建设 5 000 座换电站,覆盖 100 个主要城市,服务 100 万辆换电车型。

4. 清晰独到的品牌商业模式

曹操专车秉持的品牌商业模式是"营运新能源车辆＋认证司机服务"模式(见图 23 - 4)。其中,"营运新能源车辆"符合国家《关于 2016—2020 年新能源汽车推广应用财政支持政策的通知》等系列文件,享受到了国家政策的"保驾护航"。"认证司机服务"通过线下司机认证服务,考察司机素质等指标,并利用零散时间租用具有营运资质的新能源汽车,形成了曹操专车的安全竞争优势。大量使用新能源新车,既符合国家的政策导向,又降低了运营成本。目前,曹操专车使用的车辆 90% 以上都是新能源专车,不是传统的燃油车,它具有成本的领先优势,可以形成平价竞争力。

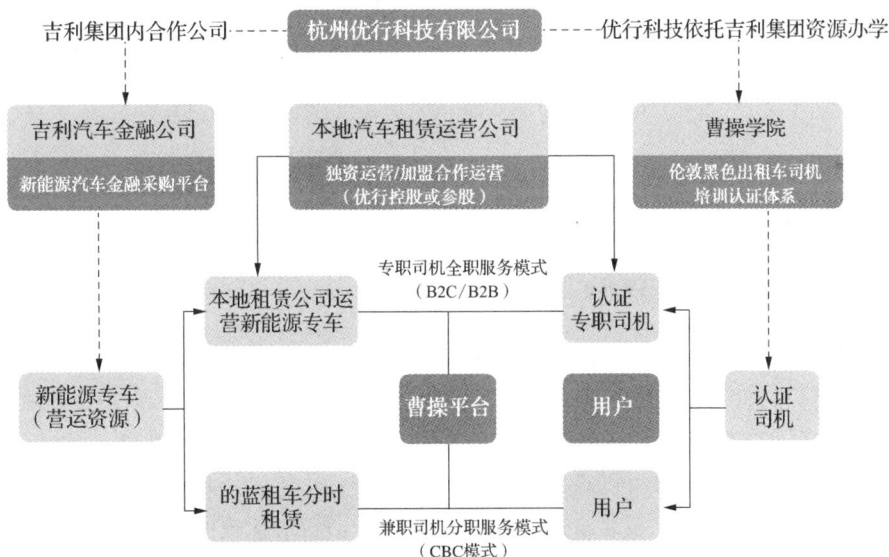

图 23 - 4 曹操专车的商业模式

5. 在四种主体间准确定位

相对于传统的出租车行业,作为一个公共性与商业性兼备的平台公司,曹操专车要处理的关系更复杂。专车行业共涉及四类主体,分别是政府、专车公司、司机和消费者。曹操专车较好地处理了与其他主体间的关系(见图 23 - 5)。首先,在政府方面,积极地争取政府认可,不仅包括许可证的获取,还包括贴合当前的新能源发展政策,符合公务出行绿色化、低廉化的要求。其次,在用户方面,曹操专车取义"说曹操,曹操到",即有需要,马上出现,形象生动地表现出曹操专车随叫随到、轻松便捷的

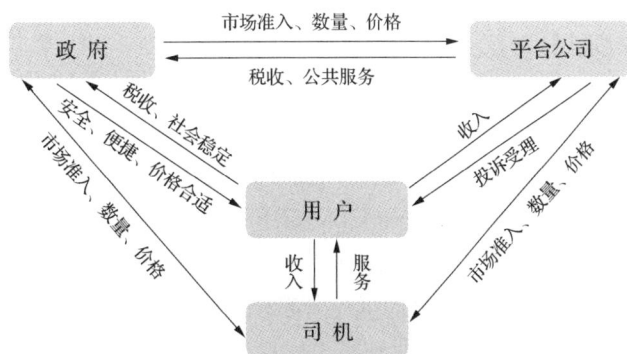

图 23 - 5 曹操出行四种主体间的定位

服务理念和品牌内涵。以曹操为品牌名,也表示曹操专车深刻注重细节服务,致力于为客户提供至臻至善的高品质出行服务。最后,司机方面,曹操专车主打司机雇佣化,给予同比有竞争力的薪资与社会保障缴纳力度,加强了司机的忠诚度。

6. 扁平高效的管理结构

目前,负责"曹操专车"的职员约 500 人,三年内可能会扩大到 5 000 人。面对体量较大的运行团队,曹操专车实行扁平化管理结构,下管一级和下管多级并存。新项目一般由一个项目经理带领着他的整个团队去做,但是成熟的项目则会有众多的层级一级一级地负责。

除此之外,曹操专车为员工提供了流畅的晋升通道,分为管理通道和专业通道两种类型。管理通道的晋升是标准化的,包括"绩效考评—领导提名—公司审核—任命公示",没有固定的晋升周期。专业通道则较为烦琐,晋升流程一般为建立标准员工提报人力审核专业委员会审核—现场评价陈述,时间周期约为一年。

23.4 曹操出行 B 轮融资后的新出发

23.4.1 "N3"战略

据介绍,截至 2021 年 11 月份,曹操出行在 62 座城市运营,注册用户超 7 000 万,月活用户 1 350 万,累计服务的政企员工超 1 000 万,目前注册司机 300 万,曹操出行在部分城市已经取得盈利,7 月订单需求量创下历史新高,是 2020 年同期的 150%。在发布会上,曹操出行 CEO 龚昕表示,未来市场会逐渐趋于良性发展,曹操出行将专注自身业务能力,将 B 轮融资用在技术研发、业务扩展、服务品质提升、司机群体保障等关键工作上,从而进一步提升企业竞争力。"New Car"指的是定制车,曹操出行将联动吉利汽车集团,加大换电为主的网约车定制车型研发和投放,不断提升充电效率,节约运营时间成本。

"New Power"主要是指新能源,尤其是换电布局,依托于吉利科技集团在换电模式的布局计划,推进全国换电网络建设。龚昕表示,这些触手将是曹操出行跨入新能源网约车"换电时代"的重要保障。

"New Ecosystem"是指曹操出行将依托于吉利控股集团智慧立体出行生态以及苏州智能网联汽车生态两大优势,打造集新能源科技、车联网、智能驾驶等前沿技术领域的一体化共享出行新生态。

一定程度上,"N3"(N 立方)战略透露了曹操出行在网约车下半场竞争中的策略方向,未来曹操出行将聚焦产品线多元发展,满足细分用户的多样出行需求。龚昕表示,上至生产环节、智能化研发环节,下至出行平台及用户数据,"N3"(N 立方)战略将打破环节壁垒,使整个产业链深度契合为一个有机体系。

"N3"战略给曹操出行未来硬实力的发展做出了指引,但发展目标迭代升级,人才战略和团队建设等企业软实力建设也是关键。业内资深人士直言,优秀的管理、运营团队是重中之重。

吉利控股集团董事长李书福表示,曹操出行布局长远,制定了长期发展战略,同时也引入了国际化专业化的优秀人才。

"我们后续将持续引进有线上线下运营经验、主机厂背景、人工智能等方向的高级人才,建设一个多维度人才团队,并进一步提升团队综合实力以支持新的发展策略的实现。"龚昕透露,此次融资后,公司将根据发展战略、市场变化情况,升级人才布局策略和人才引进模式,注重多元化人才培养,打造一支高素质、高能力、高效率的优秀团队。

对于行业竞争,龚昕的看法是:2015—2020 年是共享出行的 1.0 阶段,现在已经从单一维度竞争的 1.0 时代迈入生态体系竞争的 2.0 时代。

针对这两个阶段,龚昕对曹操出行 2021 年 5—7 月接单量爆发式增长的解释中透露了曹操出行会采取的策略。他说:"在共享出行 1.0 阶段主要提升司乘匹配的效率,其中营销、补贴是一个非常重要的驱动因素,在未来只靠营销、补贴是肯定拿不下这个市场的,曹操出行过去几个月快速发展都取决于我们过去六年的积累,包括我们如何去管理大规模司机服务的体验、在很多基础能力上建设。"

23.4.2　2.0 时代曹操出行成为腰部第一

作为行业高速发展中涌现出的极具代表性的优秀平台,曹操出行的数据表现十分抢眼,截至 2021 年三季度末,曹操出行月活用户数已超过花小猪,达到 1 101.5 万(见图 23-6),同比增长高达62.5%,在腰部网约车平台中位列第一。

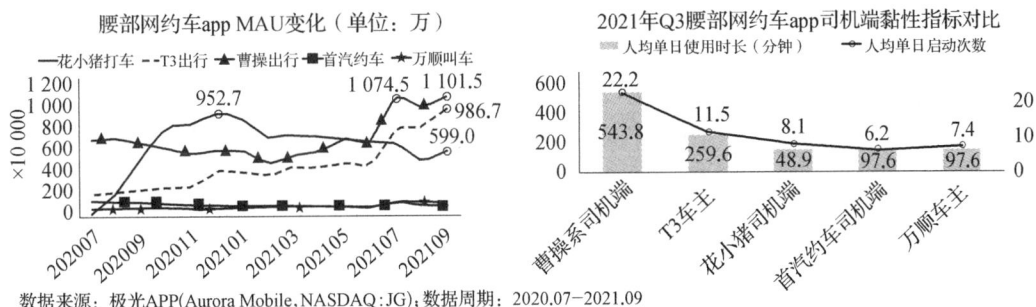

数据来源:极光APP(Aurora Mobile,NASDAQ:JG);数据周期:2020.07—2021.09

图 23-6　腰部网约车相关统计数据

随着网约车进入存量用户争夺的时代,平台精细化运营,提升整体黏性的重要性更加凸显。从司机的黏性指标来看,曹操出行 App 司机端人均单日使用时长高达 543.8 分钟,甚至超越了其他四家腰部平台之和。这一数据,足以体现司机打开曹操出行 App 接单的次数多、在线时间长,为月活用户的大幅度提升奠定了基础。从用户情况来看,曹操出行的重度和中度用户占比均为最高,分别达到了 11.6% 和 20.2%,超三成用户每月至少有 4 天使用平台叫车出行,用户认可度和依赖度有显著提升。

曹操出行抓住了时代造就的机遇,另一方面则是源于曹操出行的"打铁自身硬":多年来重视用户体验与司机福利,以前瞻眼光率先布局新能源领域,搭建出行生态体系。

其中最宝贵的是,曹操出行懂得用户体验是出行服务的根本。如今的乘客会因为价格而做出新的尝试,但这并不意味着他们会因为价格而放弃体验。在众多品牌的激烈竞争中,曹操出行更加强调每位用户每一次的出行体验。

高效与便捷是每位用户出行的核心需求,为综合减少用户等待时长,优化区域内的接单效率,曹操出行建立了一个车联网智能派单系统,利用大数据和车联网技术,保证每次行程的司机和乘客达到最优匹配。依托吉利大出行生态的定制车型,则为更多个性化出行需求提供方案。

用户安全感的营造,来自为用户的个人安全隐私筑立屏障的数据安全体系,针对司机群体制定的线上线下"全周期标准培训体系"与"司机正能量项目",有效提升了司机的服务意识和正义感,反馈到乘客端则是满满的安全感。这样的培训和管理体系,也让曹操出行的司机群体更有职业安全感和获得感。吉利的大出行战略,与基于新能源战略的换电体系,也让他们的运营成本更低,更添便捷与智能。

乘客端与司机端的努力结果在彼此间循环,形成了让服务端与被服务端双重满意的利益闭环,让曹操出行在网约车平台中脱颖而出,成为时代的佼佼者。

23.5　曹操出行的绿色出行实践

23.5.1　实践成果

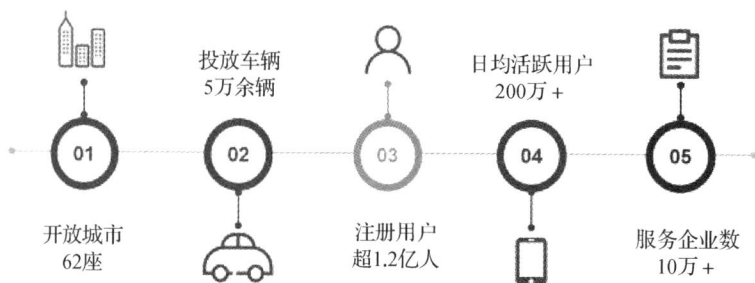

图 23－7　曹操出行的实践成果

作为"引领 B2C(重资产投入型)网约车市场"的排头兵,从 2015 年 5 月到 2022 年 4 月以来,曹操出行已在国内省会城市、副省级城市、新一线城市、东部百强县市、中西部区域中心城市等 62 座大中城市上线运营,并于 2020 年 1 月登陆法国巴黎,开启全球化征程;累计投放车辆 5 万余辆(该项数据为自营车辆,加盟车辆数达 33 万余辆),累计注册用户超过 1.2 亿人,日均活跃用户达到 200 万以上,服务的企业超过 10 万家;合作充电桩覆盖全国 66 个城市,接入全国桩数的 90%,运营商接入超百家,快充桩数超 10 万,通过与合作桩企及吉利旗下易易互联科技换电站的互联互通,正打造出聚合充换电第一平台。同时推出新能源公务出行服务平台——绿色公务、"曹操帮忙"、"曹操包车游"等品质服务。

对公加盟业务是曹操出行打造"移动出行开放生态"的重大战略举措,通过秉持"资本联营,共建共赢"的合作理念,面向具有资质的出租车公司、汽车租赁公司等开放移动出行经营平台,创新"曹操经营供应链平台",加盟商拥有并经营资产(车＋司机)"的合作模式。

对公业务开展以来发展迅速,即使 2020 年遭遇疫情,业务规模依旧快速增长,是 2019 年
业务总量的 28 倍,为曹操出行的运力提供了有效保证,实现了平台车辆和用户人数的双
螺旋式增长。

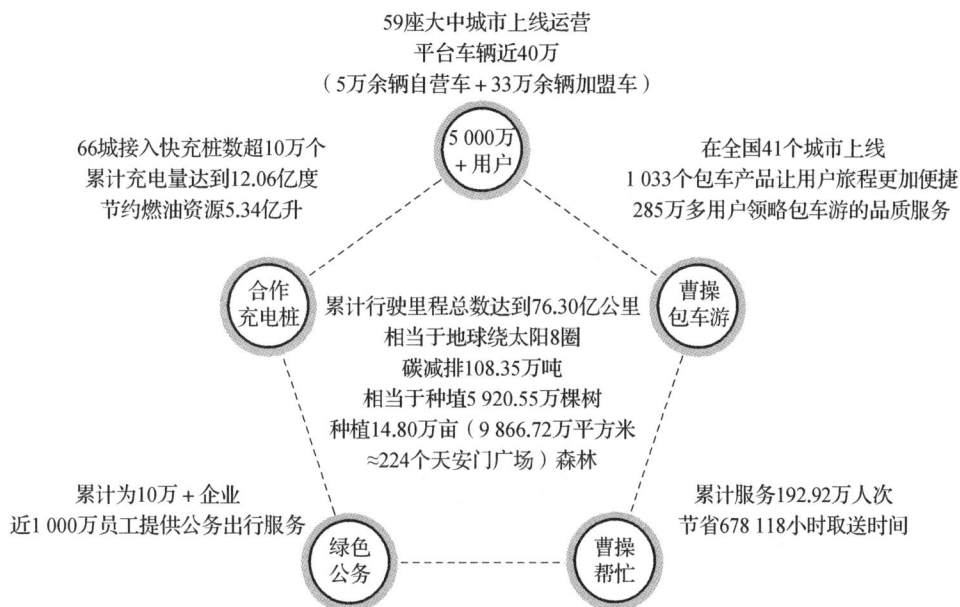

66城接入快充桩数超10万个
累计充电量达到12.06亿度
节约燃油资源5.34亿升

59座大中城市上线运营
平台车辆近40万
(5万余辆自营车 + 33万余辆加盟车)

在全国41个城市上线
1 033个包车产品让用户旅程更加便捷
285万多用户领略包车游的品质服务

5 000万
+ 用户

合作
充电桩

曹操
包车游

累计行驶里程总数达到76.30亿公里
相当于地球绕太阳8圈
碳减排108.35万吨
相当于种填5 920.55万棵树
种植14.80万亩(9 866.72万平方米
≈224个天安门广场)森林

累计为10万 + 企业
近1 000万员工提供公务出行服务

累计服务192.92万人次
节省678 118小时取送时间

绿色
公务

曹操
帮忙

图 23 - 8　曹操出行六周年成绩单

基于绿色出行的基底,曹操出行正着力构建"绿色 +"的出行生态产业链:绿色产品链
条与绿色公益链条"双轮驱动",减排与增量"两翼齐飞",不断接入、夯实、凸显曹操绿色出
行的基本色。

1. 绿色产品链条

六年来,曹操出行已从单一的专车业务产品线构建起了大出行闭环生态群,除了专车
出行服务,还有包车游、绿色公务、曹操商城、曹操帮忙、代驾、新能源租车等用户出行服
务 + 产品场景。

2. 绿色公益链条

围绕环保、教育、旅游、农业等公益性关键词,六年来,曹操出行累计开展 200 余场生
态活动,包括参与由中国绿化基金会联合气候组织、联合国环境规划署发起的"百万森林
计划";联合中国扶贫基金会开展"扶贫路上她力量"活动,以购代捐式助力四川石棉黄果
柑销售 30 余万斤;联合旧衣环保公益平台发起"曹操旧衣回收计划",倡导低碳环保生活
理念。此外,曹操出行还积极利用车身传播、车载杂志传播、打车 App 终端线上传播等流
量优势,向 5 000 多万用户推广汶川县甜樱桃、汉源县花椒、丹棱县丑柑等 20 余个县域经
济圈的特色农产品;同时斥资采购价值 10 000 斤的仁寿县枇杷、10 000 份退伍军人扶贫茶
叶等,助力乡村特色农业发展。

23.5.2　未来绿色崛起的发展策略

1. 延展绿色出行服务谱图

1）延伸服务种类

以专车业务产品线为基础,进一步丰富与延展包车游、绿色公务、曹操商城、曹操帮忙、代驾、租车等出行服务场景,构建大出行闭环生态群。

2）延伸服务城市

一方面在国内省会城市、副省级城市、新一线城市、东部百强县市、中西部区域中心城市的基础上,向三、四线城市辐射蔓延;一方面在巴黎试点的基础上,进一步丰富与延伸跨国出行服务的欧洲城市群、东南亚城市群。

3）延伸服务车辆

在曹操出行的 App 上,目前提供有特惠型、快选型、优选型、舒适型、豪华型、商务型 6 种车型,包括直营车、加盟车近 40 万辆。未来,曹操出行平台将进一步扩大直营车的直投数量、生态车型、换电车型,以及加盟车的接纳数量,同时通过建立一整套的对运力的招募、培训、管理、运营沉淀的系统经验,支撑服务图谱快速延展。

2. 发挥绿色出行引领作用

作为国内首家由汽车主机厂直接投资的新能源出行品牌,作为极光大数据认定的国内排名第一的 B2C 式重资产出行品牌,曹操出行未来将从 4 个方面着手,持续发挥绿色出行引领作用。

① 持续培养绿色出行消费习惯。通过碳银行、碳储值的激励作用,通过打折与优惠的刺激作用,通过节能减排的荣誉赋予等一系列组合拳,吸引乘客持续采用绿色出行方式。

② 通过共享降低家用车出行频率。有调研结果表明,60%的乘客会在聚餐出行、会务出行上采用网约车出行,以此避免酒驾、泊车难、停车费、代驾费等。基于此,曹操出行将在夜间出行上阶段性开展优惠放送,降低家用车出行频次。

③ 持续助推绿色出行政策环境。积极携手各地政府部门、企事业单位等开展"绿色公务"业务对接,优化服务半径与服务种类,简化报销方式与报销流程,让绿色公务出行更加便捷。

④ 推动绿色出行购买力转化。通过纯电动车的电池质量、续航里程等硬实力,推动新增汽车购买用户选购、采购纯电动车作为家庭自用车。

3. 深化绿色出行安全革命

在通过一键报警、车载智慧传感系统、行车记录仪等互联网络科技手段,通过业务培训、案例分析、警示教育等不断提高网约车驾驶员自我修养等人文化育手段,通过安全知识系列讲座、安全设备使用配置、安全操作现身说法等实训实操手段,在确保传统出行安全的坚实基础上,不断瞄准国际国内疫情变化趋势,大力推动疫情时期的新安全革命:消杀制度化、清洁标准化、通风换气经常化、乘坐体验精细化。

从技术层面来讲,安全车型也在试点。2020 年 1 月,曹操出行在巴黎开城试运营,投入车辆是吉利集团与伦敦电动汽车(LEVC)合作研发的全方位健康版英伦 TX 车型。全方位健康版英伦 TX 全车采用健康环保材料,具有高环保性、低散发性,保障车内空气无污染、无异味。而在乘客经常触碰的拉手、扶手、按键系统等区域,则采用抑菌、抗菌材质,使其具备抑菌或表面杀菌的能力。未来,这种试点的全方位健康版汽车将逐步应用到曹操出行全系运营城市的大谱图中。

23.6　发展困境

虽然政府大力推广新能源车,但是目前阶段新能源配套设施还不完善,这在一定程度上也限制了"曹操出行"的发展。由于曹操出行是完全的 B2C 模式运营,没有个人带车加入的情况,故而在需求的高峰期,也无法做到因需调整车辆来满足市场需求。在需求的低谷期,则会有一些车辆的闲置,造成资源的浪费。车辆数量受限于 B2C 模式,不能随着用户的需求及时调整车辆数量。由于运营车辆少,故而使用用户的量也就不大,在针对客户分析的时候,就会由于数据量的缺少,而造成数据反映的问题不真实,对用车大数据收集、分析较为不利,限制其未来出行布局。平台仅上线疲劳驾驶提醒功能,并未设置服务时长的上限。武汉曹操出行某司机因"白加黑"超长驾驶 14 小时,突发脑出血住院。有司机指出,司机为完成业绩与平台考核,许多时候不得不超长驾驶。由于公司设置相应的考核机制,在一个新市场的开拓时期,超负荷工作也无可避免。由于这种超负荷驾驶会带来安全的隐患,故而在司机端需要增加相应的功能,只有这样才能保证行车的安全。

企查查数据显示,从 2021 年 10 月 11 日以来,曹操出行运营主体杭州优行科技有限公司的行政处罚记录快速攀升,仅在 11 月 1 日,曹操出行就连续接到 8 条行政处罚消息。其中,处罚单位以深圳市交通运输局、南京市交通运输局、北京市交通委员会为主,绝大多数处罚理由是曹操出行司机未取得出租车驾驶员证。处罚背景则是曹操出行在部分城市的加速扩张。在网约车市场短暂的窗口期,全职司机无法满足曹操出行运力快速扩张的需求,非全职司机的体量正在增长。刘金良曾经将曹操出行 B2C 模式的优势归纳为重资产模式下对车辆和司机掌控能力强,服务能力强。但据《经济观察网》报道,曹操出行存在司机管理机制混乱现象。有司机表示,带车加盟司机除审车验车需要一周时间外,只需培训一个上午。而这与曹操学院严格培训司机的对外宣传形象相距甚远。

当前的曹操出行扩张过度依赖补贴。公开信息显示,曹操出行的补贴手段包括但不限于新人福利、会员办卡、邀请新用户奖励,以及折扣代金券等。一旦平台转入追求盈利阶段,补贴政策逐步退出,用户忠诚度或将大幅衰退。

总体而言,曹操专车既要承担当前共享出行行业内高额的补贴战、烧钱战的竞争风险,也要面临竞争对手对市场空间的不断蚕食。母公司吉利集团车辆销售下滑、行业竞争加剧、烧钱式扩张难以为继、客户议价能力不断提升等问题共同导致了曹操专车当前面临的运营发展。尤其是在当前行业竞争格局下,国内出行市场日趋饱和进一步压缩了曹操专车的发展空间。各种内外部因素的影响下,曹操专车要在用户、市场扩张以及商业模式创新等方面实现破局面临非常大的困难。

在滴滴出事后,网约车市场上竞争格局从"一超多弱",变成了"一超多强",这也是未来整个网约车的发展格局。随着C2C模式下的安全问题频频出现在公众视野,以B2C为模式的网约车崛起势不可挡。特别是整机厂转型出行服务商,"公车公营"的管理模式,能够给顾客带来乘车的安全性和稳定性。曹操专车作为首家以新能源汽车为驾驶车辆的B2C企业,满足了追求安全的消费者差异化出行需求。

网约车行业内普遍存在盈利困境,曹操专车同样遇到了相同的困难,其直接影响到了公司运营发展,应将中高端出行客户列为主要目标客户,整合企业资源,充分利用曹操专车在产品、技术、市场上的优势,不断向深度和广度发展,纵向一体化和横向一体化相结合,增强与战略伙伴的合作,扩大生态圈网络建设,早日破解共享出行盈利难题。

讨论题

1. 曹操专车的主要竞争对手有哪些?
2. 简述曹操专车的主要发展模式。
3. 谈谈曹操专车的近年盈利情况。
4. 无人驾驶技术对出行行业的影响有哪些?

参考文献

[1] 曹操出行的游击战[EB/OL]. https://baijiahao. baidu. com/s? id = 1717035728208634043&wfr=spider&for=pc,2021-11-21.

[2] 完成B轮融资的曹操出行——如何与互联网移动出行进行差异化竞争[EB/OL]. http://guba.eastmoney.com/news,dcblog,1083963262.html,2021-09-10.

[3] 曹操专车董事长刘金良揭秘:吉利汽车为什么要做共享出行[EB/OL].http://www.360doc.com/content/20/1022/14/72056340_941730876.shtml,2020-10-22.

[4] 郭建玲.共享出行企业的服务模式创新分析——以曹操出行为例[J].广西质量监督导报,2019,(08):135-136.

[5] 苏金超.曹操专车:制造业娩出的新经济"黑马"[J].杭州(周刊),2018(23):22-24.

[6] 曲振东."曹操出行"网约车平台市场营销策略研究[D].长春:吉林大学,2019.

[7] 张齐楠.曹操专车发展战略研究[D].天津:天津大学,2020.

[8] 曹操出行绿色发展6周年大数据报告[EB/OL].https://www.163.com/news/article/GAK2UADO00019OH3.html,2021-05-22.

[9] 曹操出行完成38亿元B轮融资 对外公布最新战略[EB/OL].https://baijiahao. baidu.com/s? id=1710223201744301195&wfr=spider&for=pc,2021-09-07.

第 24 章　神州租车

　　神州租车(CAR Inc.)成立于 2007 年 9 月,总部位于北京。神州租车是中国知名品牌和出行服务供应商,为个人及企业客户提供汽车租赁及车队租赁服务。公司以技术和创新作为业务推动模式,并结合有效的价值链扩张战略,为客户提供与时俱进的汽车出行解决方案,不断提升用户体验,在汽车出行服务行业的革命性变化中把握未来增长机会。结合我国消费者的消费习惯,神州租车设置了专业化的汽车租赁服务,以"客户为中心",颠覆了烦琐的租车模式,为客户提供短租、长租及融资租赁等更加安全、便捷、专业化的汽车租赁服务。从成立以来获得了国家级、世界级的荣誉称号,被评为最具有增长潜力以及投资价值的企业,也是中国租车市场最具有品牌认知度的企业。

　　神州租车在中国的各个一、二线城市遍布服务网点,以 24 小时的专业化取还车服务为服务核心,可以让客户方便、安全地用车。神州租车的使命是以推动绿色出行和新型汽车消费文化为己任,引领中国汽车出行服务行业的发展。

　　截至目前,神州租车自营车队规模接近 11 万辆,服务范围覆盖全国 300 余个主要城市,设有 3 500 余个服务网点,1 000 家自助取车网点,已服务超千万个人客户。

　　在神州租车成立之初,陆正耀几经考察,决定把用户端作为切入点。对于神州租车,他考虑的只有两点,一是产品和服务是不是有人愿意买单,这里的买单是真正的花钱,而不是靠补贴制造出来的;另一个是,提供产品和服务后,自己的成本结构里还有没有利润空间。于是,对于陆正耀来说,这一次需要强调和遵循的还是商业逻辑,就是把账算清楚。正是在陆正耀如此坚持下,虽然期间经历多次波折,但神州租车成了互联网租车龙头。借鉴国际上成功的汽车租赁模式,神州租车为客户提供短租、长租及融资租赁等专业化的汽车租赁服务,以及全国救援、异地还车等完善的配套服务。

　　面对共享时代的到来,陆正耀借助自身优势,果断选择了独有的商业运营模式:B2C。2015 年 1 月,神州专车在全国 60 多个大中城市同步上线神州专车,为用户提供高品质的网约车服务。

　　陆正耀一心专注于用户体验和成本结构,接受媒体采访时坦言,"我要求我的团队必须要坚持这个商业逻辑,多花时间深入地研究技术、客户和产品,在此基础上任何时候我们都有机会"。正是陆正耀的这份坚持,才让神州专车快速上马并迅速切入专车市场。通过对全国 35 座城市 91.9 万多居民样本的调查统计,神州专车荣获 2017 年中国专车服务"消费者满意度第一品牌",服务品质及品牌形象获得双重认可。

　　陆正耀借助互联网技术革命和汽车技术革命,深度改变着客户的消费习惯,以及一定成本结构下最好的用户体验与商业逻辑,布局着他的人车生态帝国。他采取的战略,就是在这场革命中，以客户为中心，以技术为驱动，通过商业模式的不断创新，发挥业务板块的协同效应，引领行业变革。

在一个简单的神州专车叫车的场景中，背后却是一个智能优化环环相扣的持续过程。用户下单信息即时传递给后台服务器；后台根据位置信息快速筛查直线 5 千米范围内的车辆，并确认服务状态；及时根据订单发起时间，通过实时获取的交通流量、道路路径等大数据，计算出预计到达时间（ETA）；第一时间调取公司数据库信息，综合司机派单优先级、驾驶车型、司机服务质量等因素，派出司机与车辆，同时将车辆、司机等信息发送给乘客。

神州优车将在未来充分利用丰富的行业资源、线上线下优势，凭借庞大的用户、车辆规模，极具价值的汽车产业链大数据和全面的产业链协同效应，依托领先的智能技术平台及运营经验丰富的管理团队，持续关注汽车金融、保险、智能汽车、智慧出行、大数据营销等领域，推动公司在全产业链的业务提升，实现汽车全产业链及全生命周期的整合与革新，重塑人车生态圈。

24.1　神州租车的概况

24.1.1　发展历程

2005 年，陆正耀出资成立的联合汽车俱乐部（UAA）。2007 年，将原有的汽车服务业务整合转型，进军汽车租赁市场。9 月在北京注册成立了神州租车控股有限公司。12 月 1 日，神州租车面向我国 11 个城市开展租车业务，拥有的车辆共计 300 多台。2008 年 8 月启动 29 届北京奥林匹克运动会的租车提供服务。

历经几年发展以后（见图 24 - 1），2010 年 3 月携手平安产险上海分公司推出理赔代步车服务，5 月与中国人保财险缔结战略合作关系，首推京城代步车保险产品，9 月取得了上海联想国际控股投资的 12 亿人民币，实现跨越式发展。2011 年 3 月与全球最大租车公司 Enterprise 签署战略合作协议，合作开通境外租车网络，共同为中国客户提供国际租车服务。在 2012 年取得了华平投资提供的 2 亿美元资金。2012 年作为美股上市交易失败。2013 年，经过一系列的调整，重整旗鼓，已经完全退出了中国租车市场的赫兹重新涉足国内市场，对北京神州租车公司进行一次重要的战略性的投资。2014 年顺利上市，目前已经获得了广大客户的青睐和认可。2015 年 2 月神州租车牵手"芝麻信用"，4 月与高德达成战略合作。2021 年 7 月 8 日上午 9 时是神州租车历史性的一刻，从香港联交所退市并正式成为安博凯的全资附属公司。

2007.9
神州租车有限公司成立

2010.12
车队规模突破10 000台，成为国内首家车队规模过万的汽车租赁企业

2014.9
港交所主板上市

2015
神州专车业务上线

2021.7
北汽收购神州租车，企业从港交所退市

图 24 - 1　神州租车发展时间线
数据来源：艾媒咨询

2005 年建立到如今,公司已经获取了多项荣誉,成为行业内最有发展前景的租车企业,也成了我国境外租车服务市场当中有较高影响力的租车企业。

24.1.2　业务服务

秉持"Any one、Any where、Any time、Any car"的服务理念,胸怀世界无距离的梦想,神州租车以推动绿色出行观念的普及和新型汽车消费文化的发展为己任,致力成为中国消费者最信赖的汽车租赁服务品牌,并立志为推动中国的汽车租赁产业和汽车工业的发展而努力。

1. 产品类型

① 短租自驾。租期在 30 天(含)以内的,客户自行驾驶的汽车租赁服务,按天计费的租赁方式。

② 长租自驾。租期在 3 个月以上的,客户自行驾驶的汽车租赁服务。

③ 长租代驾。与第三方上海畅泰驾驶员服务公司共同服务。

④ 顺风车。根据消费者异地还车时留下的车辆进行调配。

⑤ 国际租车。全球 6 大洲,150 个国家,10 400 个服务网点。中国驾照英文认证书,24 小时紧急救援,中文 GPS 导航异地异国还车。

2. 服务平台

① 服务网点。神州租车在 300 多个城市拥有 3 500 多家服务网点,会员超过 2 000 万,年营收近 80 亿元,在中国汽车租赁行业处于领导地位。将过去传统租车的大门店改成直营服务网络,网络又划分为标准店、服务点和虚拟服务点。彻底打破传统门店概念,用户"眼中无门店,处处是门店",遍地都可租车;之前创新的"轻门店"模式一改到底,由轻变无。提供长租取还车服务、紧急替代车服务以及上门送车等个性化需求服务。

② 大客户服务中心。企业客户有专属客服人员,在全国 12 个大区有专人调度资源。全国统一客户定制的服务标准以及服务流程标准化,可异地还车换车。

③ 全国 200 家维修服务供应商。提供上门取还车修理服务、急修服务、例保服务。

④ 24 小时呼叫中心。随时提供车辆操作指导、事故处理指导、英语服务和受理投诉建议。

⑤ 手机客户端。设有 LBS 定位,帮助寻找最近的服务网点。

3. 产品对比购车优势

① 降低管理成本。客户不需要设立专门的车辆管理部门,节省公司管理成本。

② 可充分提高资金利用率。不必一次性支付高额购车费用,有利于资金的利用效率,产生更多收益。

③ 可保证良好的财务状况。自购车辆必然会造成固定资产增加、借款增加、流动资产减少,使财务出现不良状况,而租赁车辆将有效回避上述风险。租车计入花费性支出,可以在冲抵利润达到合理避税的目的。租车费用固定,费用预算更为准确。

4.产品服务方案

1)代驾服务

神州租车为客户准备了一支技术过硬、素质精良的专业司机队伍。客户只需在预订车辆的同时预订代驾服务,便可以享受到这些专业司机提供的优质的代驾服务。

2)GPS服务

为客户提供GPS行车导航系统,具备最佳路线选择、定位、导航等行车功能,方便客户随时获得最直接有效的道路指南。

3)保险增项服务

按照客户需求可以提高相应保额和增加险种作为现有车险的补充。

4)多语种服务

提供代驾司机、客服人员及GPS导航的多语种服务。

24.2 神州租车的内部环境分析

24.2.1 企业能力

在汽车服务业中,汽车租赁是资金需求最大、资金最重的行业,租赁服务依托于大量的个人用户随性的用车,它需要一定的规模才能达到营利的目的,而大规模的营业必须要有大量的资金的注入,车辆的购置(见图24-2)以及管理系统的搭建,少量的资金投入不足以形成初步的规模。资金的投入以及客源是神州租车前进的动力,和同行业相比,神州租车前身是国内最大的汽车俱乐部(UAA),UAA的运行在国内累积的经验和客户信息是神州租车最宝贵的资源之一,管理汽车的经验是神州租车后期服务的基础,汽车的保养、维修、调度、运营以及二手车处理,还有其对人才的培养、人才队伍的建立以备神州租车的发展做了充分的准备。在资金方面,2010年联想控股注资12亿元,在2011年3月;神州租车与全国最大的租车公司Enterprise签署合约,共同为中国客户提供国际租车服务,也就是客户在国外也能享受到神州租车的租车服务。神州租车的资金量雄厚,车辆使用周期24个月,并且购买车辆以融资的方式进行,使得神州租车资金周转灵活,拥有一定的能力去扩展市场。2021年,神州选择主动私有化,以更大的自由度完成改革所需的架构调整和企业转型,谋求新的未来。在迎来新股东安博凯之后,股权结构逐渐稳定,融资渠道随之打开,先后成功发行本金总额为1.75亿美金的可转债,及发行本金总额为2.5亿美元的优先票据,之后陆续获得近10亿人民币的新增授信。与此同时,在过去一年,神州租车也采取稳健的财务管理措施,从短租市场以及二手车两端,稳住运营收入,迅速回血;并在运营模式上,通过神州租车、运营助手、神州二手车三大App,神州租车全面链接企业与客户、员工及合作伙伴,赋能租车行业完整闭环打造,以模式创新驱动实现平台和用户的双重价值,为公司在迎接市场需求回暖的策略提供强有力的支持。

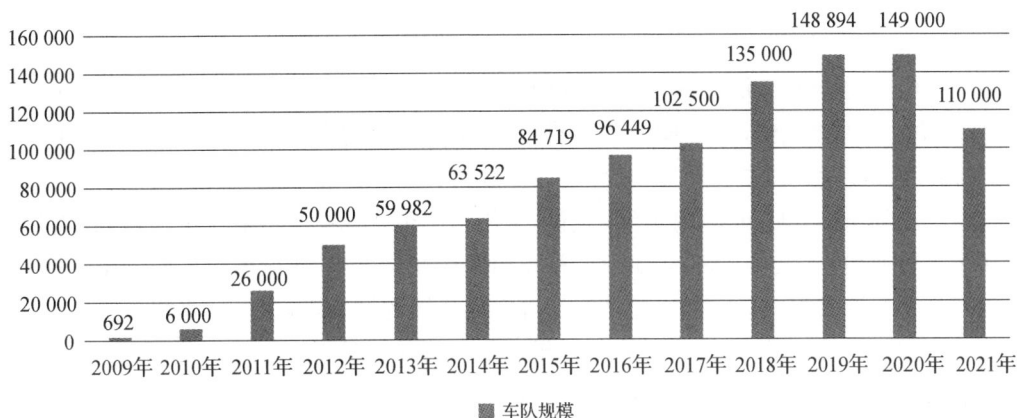

图 24-2 神州租车车队规模

数据来源:神州租车官网

24.2.2 市场竞争环境

目前神州租车的竞争对手有滴滴打车、Uber、一嗨租车等租车企业,随着互联网技术的发展,神州、一嗨从 1.0 时代升级到的 2.0 时代。租赁行业的 2.0 时代超越了传统 1.0 时代,具有更加专业的特征。但是,以滴滴快的、Uber 开创的 P2P 汽车租车模式的到来,意味着租车行业 3.0 时代的到来,价格、车辆规模都是具有优势的。神州租车做到了因时而变、顺势而为、乘势而上,在移动客户端预约车辆的次数相对传统转型企业来说已经名列前茅,并且还在迅速猛增。传统租车企业对租客的服务差、无安全保障是其发展的屏障,神州租车打破了这一壁垒,以用户为中心,利用互联网平台,针对客户的需求提供优质的服务,在网络营销中以病毒的传播方式传播在各个网站平台。神州租车从始至终注重用户的体验,以优质服务在业界打造良好的口碑,使得消费者形成依赖,把潜在的用户变成长期的用户。

24.2.3 竞争优势

在 2021 年,神州租车迅猛发力,全线打破以往的车辆出租纪录,出租率屡刷历史新高,全国单月出租率峰值 78.6%,打破神州自成立以来的单月出租率纪录;全国单日峰值出租率达到 96.9%,也打破了神州租车单日出租率纪录。2021 年上半年神州租车实现核心主营业务汽车租赁收入近 20 亿元人民币,同比增长 18%,调整后 EBITDA 同比增长 33% 至 10.83 亿元人民币。随后在同年 10 月底,神州租车宣布总金额约 9 298.5 万美元的票据回购已交割完成,这也向资本市场释放了神州租车目前现金流充足与经营稳健的信号。2022 年 4 月 8 日,神州租车宣布获得华夏金融租赁提供的 30 亿人民币的合作额度,创造了 2021 年以来的租车行业的金融合作记录,同时也是华夏金融租赁 2022 年开年以来在租车行业最大的一笔合作意向。2021 年以来,神州租车已经累计获得超 80 亿元的授信。在资本愈发谨慎、疫情之下考验企业经营能力的大背景下,神州租车接连获得融资,打破了融资封闭的状态,从侧面展现了神州租车的抗风险能力以及在经营上的安全系数。

2019 年 5 月,神州租车引入了全球租车行业的领导者赫兹,神州租车已经成功合并了赫兹在中国的全部业务,并成为赫兹在中国业务的唯一合作伙伴。神州租车在 2019 年 12 月正式启动加盟战略,进一步扩大地域覆盖,最大限度地提升了客户体验和品牌影响力。神州租车高速规模扩张积累的牌照资源,成为其独有的竞争优势,构建行业竞争的刚性壁垒。作为中国互联网最大的租车企业,神州租车车队规模与覆盖城市一直稳步前进,常年位居行业前列,仅在 2021 年 11 月,神州租车就在全国 45 座城市开设新的服务网点,覆盖至旅游资源丰富、交通要冲、经济枢纽等发展各异的城市,编织了一张覆盖更广、以点带面、区域联动的服务网络。这反映出神州租车不断升级服务能力,以满足用户不同场景出行需求的决心。截至目前,神州租车已为超千万客户提供用车服务,拥有庞大的用户基础,在全国直营连锁租车企业中处于优势地位。

基于 LBS 与移动支付技术,客户可以通过手机 App 完成租车业务的全过程(预订车辆、查找门店、导航指引、在线支付、评价分享),实现全业务移动化。2020 神州租车 App 7.0 版本焕新上线,新版 App 界面全新升级,新增帮助他人下单、他人代付、自助修改、取消订单、换车等五大亮点功能,并利用大数据分析及人工智能技术,优化预订、取还车流程,进一步提升用户体验。新版 App 可自动显示用户所在城市及定位,并按照距离优先原则展示附近门店及可租车型信息。同时改变原来日租、工作日套餐、周租、月租等相对复杂固定的产品结构,依据租期越长越便宜的原则提供日租、套餐两种价格产品供客户选择,操作更加智能便捷。新版 App 还支持预订人、承租人、担保人分离,这使得用户可帮他人下单、代付、担保,这将大幅提升企业、家庭、朋友预订使用的便捷性。在用车过程中,用户可自助修改、取消订单。租车后如遇意外情况,在 App 上简单操作即可实现车辆出险、线上报案及换车等功能,大幅提升用车体验。此次更新 App 是一次里程碑式的突破,在产品构架和功能上更加互联网化,贴近年轻用户使用习惯,引领汽车租赁行业智能化变革。这也是神州租车继续落实智能化和移动化战略的重要举措,并将进一步增加用户黏性,提升运营效率,降低成本。

24.2.4 发展困境

1. 神州租车业务范围窄

神州租车现在已经是我国汽车租赁行业规模最大的企业,但是结合我国的人口比例来看,远远小于赫兹租车的规模,而且现如今滴滴打车软件的盛行促进了 P2P 汽车租赁模式的发展。神州租车租赁业起步晚,在这个瞬息万变的互联网时代,其抵御市场风险的能力差。神州租车在中国的规模较大,但是发展仅限于较发达的城市,至今未遍及全国。从目前市场发展形势看,神州租车在北京、上海、深圳、广州等经济发达的城市发展局势稳定。从行业整合资源的程度来看,神州租车的市场占有率极小,和其他国家租车公司的整合程度差距较大。在互联网环境下,神州租车的产品和服务并不具备差别化,核心竞争力的力度不够大,使得 P2P 模式的可替代性较大,没有形成多元化的服务体系,只是盲目扩大车辆规模,不能形成规模经济。

2. 重资产阻碍神州租车发展

神州租车是中国最大的汽车租赁企业,企业的运营车辆归企业所有,运营成本大,在没有充分进入互联化的时候,神州租车的负债率极高,从 2010 年到 2012 年负债率增长到99.7%,负债过重阻碍了神州租车 2012 年在纳斯达克上市。很多潜在的投资者认为,投资神州租车的风险极大。神州租车的模式不被外国人看好,认为神州租车资不抵债。他们认为轻资产发展模式更有发展前景,所以在该行业他们看好 P2P 租车模式。但是,P2P轻资产模式的发展不适合中国的国情,2015 年很多利用 P2P 盈利模式运营的企业都面临倒闭,很多 P2P 模式的诈骗案件频频爆出,使得人们对这种模式的发展堪忧。例如,滴滴打车和快的打车合并,他们一直以 P2P 模式的发展为主流,但是从中国的市场前景来看,并不被看好,安全问题是其发展的屏障,还有很多地域政策不允许私家车运营。所以对重资产模式发展的神州租车来说是一次机遇也是一种挑战。

3. 网络化不足,品牌化不高

神州租车的服务网络没有形成全面化,使得异地租车用车的服务不能系统有效地展开,不能充分发挥汽车租赁的便利性。神州租车目前是中国最大的租车企业,但是在国际上还未形成气候,现在和赫兹汽车租赁企业协作,发展国际租车服务。从国内来看,神州租车在一、二线城市受 Uber、滴滴打车等租车企业的竞争,品牌化的发展模式仍然需要加强;对于三、四线城市来说,很多人的消费习惯还未被改变,网络化覆盖在三、四线城市未全面实施,很多人只是在电视广告上看到过神州租车的广告,在本地还不知道神州租车这个品牌,没有真正体验过,所以大力宣传品牌,扩展业务也是神州租车发展的关键。

24.3 神州租车的商业模式

24.3.1 重资产模式

首先就是关键资源与能力。重资产管理模式下将重资产资源作为一个企业具有核心综合竞争力的资源,进行内外资源整合,利用企业规模驱动效应,从而有效实现投资企业长期财富的累积与企业资本高额增值回报。对于神州租车来说,其重要资源就是数量惊人的自有车队和其运营车队的能力。神州租车,花费大额资金每年添置万辆新车,有利于充分利用车队规模化,提高对汽车供应商的市场议价控制能力,获取最高的客户购车优惠折扣,降低公司购置大量车辆的经营成本。规模化也利于摊薄直营租车公司运营过程中的租车运营管理成本,神州租车在 2018 年年底已经在覆盖全国所有重点省份的城市有300 多家门店和 500 多个服务点。每家门店一般至少需要 7 至 8 名工作人员,此时的员工工资、福利,还有门店的水电各种期间费用都是一笔固定负担,车越多,单车摊销的成本越小。并且,由于限牌政策的实施,神州租车初期车队的购入积累,容易阻断竞争者的进入,形成行业壁垒。

其次是业务系统。企业通过向各自的行业优势领域不断集中经营资源,探索深化相关产业整合重组。神州租车的业务主要由短期租赁业务、长期租赁业务、二手车销售业务组成。其短租业务以向个人和机构提供短租服务为主,一般低于90天。长期业务面向各类政府服务机构、企事业法人单位,通常长于90天。不同于新型轻资产模式P2P出租这种商业模式,公司只是建立了中间出租平台,不需要购买更多车辆,客户可以借助出租平台直接下单,租车工作人员也会通过出租平台获取订单,可有效减少平台出租企业的运营支出,也能获取更多收益,然而用户群的归属度较差,也不能为用户提供更加安全性的服务。神州租车的短租、长租车等业务所需要的车辆都为自主购入车辆,所以对于二手车辆的销售也完全可以直接作为租车公司后期整体业务运营的关键环节中的一环。

最后是盈利模式。盈利模式主要包括营业收入利润来源、成本支出、计价计算方式等主要内容,是企业在创造预期价值进程中最终赢得预期利润的主要路径与办法。从表24-1可以发现,短租方式与长租租赁方式可以帮助公司获取更多收益,并且超过99%的收入都来自此渠道,短租租赁收入依然是重中之重。并且二手车销售收入占总收入的比重在逐年上升。作为重资产运营模式中最具代表性的神州租车公司,租赁公司车辆运营折旧和直接运营成本主要包括人员工资、门店运营开支、保险费、维修及车辆保养费、燃料费开支及其他二手辆的销售运营成本等。

表 24-1　2016—2018 年神州租车收入来源　　　　　　单位:千元

	2016 年		2017 年		2018 年	
	人民币	占租赁收入百分比	人民币	占租赁收入百分比	人民币	占租赁收入百分比
短租收入	3 533 550	70%	3 792 184	75%	4 484 784	8%
长租收入	1 438 926	29%	1 234 870	24%	836 397	16%
其他收入	36 263	1%	21 291	0.42%	18 951	0.35%
租赁收入总额	5 015 716		5 048 345		5 340 132	

数据来源:神州租车官网

24.3.2 "互联网+"盈利模式

1. 盈利对象

18岁及18岁以上持有驾照的人在网上注册实名登记(面向全世界租车用户)。

2. 盈利点

"网络服务+实体服务"的一体化模式,实现线上预订、线下服务、收取租车佣金,同时还可实现相关的网络增值服务获取盈利点。(神州租车目前还未有增值业务)

3. 盈利来源

主营长短租业务、融资租赁、专车服务、二手车市场、咨询服务、车辆维护、GPS导航、道路救援等一系列关联服务。

4. 盈利措施

以互联网技术建立自己的网站,并研发自己的App手机客户端。通过移动互联网链接全国各地服务网点,满足用户随时随地的需求。

5. 盈利屏障

利用互联网技术可以获取大量的客户信息,但是现在很多互联网大公司利用自己的微信、QQ、百度注册用户来获取用户信息,优先在移动用户的手机上实现关联服务,使得用户比较有依赖性地选择自己企业的打车软件,利用优质的服务使得用户依赖该服务。神州租车利用互联网技术处于初级阶段,虽然在实体服务中比较占优势,但是神州租车在互联网技术中比较落后。现在很多企业都开发了自己企业的 App 软件,进入这个行业的门槛越来越低,所以竞争者也会越来越多,如今人们有更多的选择,所以提高企业自身服务和管理维护升级自己的 App 是企业发展的关键。

24.3.3　O2O 模式

O2O 即为 Online To Offline,指的是对线上网络平台与线下商铺进行融合,让消费者在平台进行交易的同时能够体验传统线下模式的服务,租车行业线上线下一体化,还有中间海量数据的挖掘、分析、运用、共享,是最典型的 O2O 模式。

2013 年 6 月,神州租车在行业领域最先推出"云战略",并成为发展该企业之后五年的行动要领,全面渗透到产品设计、技术开发和优化服务等每个方面。在云概念与云技术的前提下,依照一定的标准对车辆进行采购,对企业服务网点展开密集铺设,开创更多的资源池,跟随社会高科技发展完善共享车资源,让企业的每位客户享受到随时随地用车、根据需求支付费用、方便快捷等服务。利用云战略,神州租车企业将满足每位客户对不同车型的多样化需求,让客户方便快捷地进行租车业务,让客户拥有低花销,一站式租车服务,拥有完整的使用车辆管理报告,建立我国企业与个人租车用车的新局面。

目前神州租车公司已完成网站及手机客户端建立,达到行业领先水平,其可以帮助自家客户完成从查询(包含门店、车型、价格)、下单预订到网络付款的整个交易全过程。凭借其全球 GPS 定位服务的特点,神州租车手机或网络在线客户端能让客户定位到距离最近的服务网点并自带导航服务。更重要的是,客户能够在其网络客户端上进行预先下单及付款。全国各个网点都能支持实体店线下服务,相比很多线上强、线下弱的租车公司,神州租车的线上服务有强大的线下实体店做支撑,这是神州租车实现 O2O 运行的有效保证。

数据分析可促进有效运作,神州租车作为一个技术主导型公司,已搭建起具有高效性、可靠性及扩展性强的信息技术平台,完美配合线上和线下的服务。其信息技术平台汇集了业务管理的各个方面,包含交易、收支情况、客户信息分析、车队管理的财务管理水平情况分析。通过这个信息技术平台,神州租车采集到了海量客户交易数据,通过分析这些数据可以了解客户产品喜好,改善客户消费体验,提高企业运营水平。

互联网线上和实体店线下的完美对接,良好的汽车条件、便捷的汽车租赁程序,以及所有运营城市内提供 7×24 小时的服务,使神州租车形成一个 O2O 良好的封闭的循环,刺激客户量的高速增长。客户的海量数据(包含年龄、性别、喜好、消费水平等)又源源不断地被处理和分析,为神州租车应对不同时间以及不同地域范围的价格、库存的调整做依据,提高运营效率。

24.4 神州租车私有化

24.4.1 经营情况

在长期"烧钱"扩张及重资产模式下,近年来神州租车营收和利润均出现下滑。财报显示,2019 年神州租车净利润仅为 3 077.6 万元,同比暴跌 89.3%。据了解,2016—2019年,神州租车仅在购置车辆方面的支出便高达 163 亿元。

突发的疫情也让神州租车元气大伤。数据显示,神州租车 70% 的收入来自汽车租赁业务,而汽车租赁业务收入来源为旅游市场及商务旅客,但受疫情影响,出行受限和国内旅游市场萎缩。2020 年神州租车总营收 61.2 亿元,上半年神州租车营收仅为 27.6 亿元,亏损 43.38 亿元(见图 24-3),2019 年同期净利润则为 2.79 亿元。其中,核心业务汽车租赁下半年收入较上半年增加 28% 至 21.05 亿元,全年汽车租赁营收 37.55 亿元。二手车销售收入 21.3 亿元,全年录得自由现金流流入 49.3 亿元。主要关键数据在下半年有显著增长。受新冠疫情及大额股权投资减值及拨备等影响,神州租车全年净亏损 41.63 亿元,去年同期则为净利 3 100 万元。

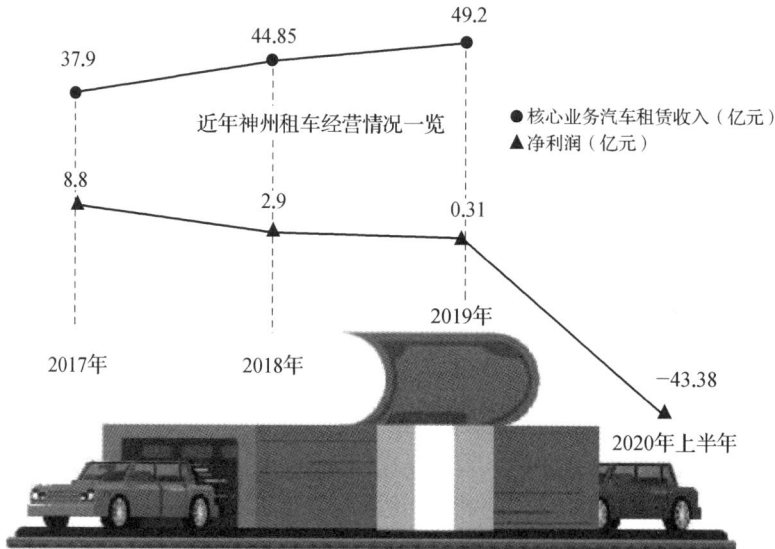

图 24-3 近年神州租车经营情况一览

2020 年第一、第二季度,神州租车平均日租金大幅下降的情况下,车辆利用率也仅为48.4% 及 50.0%。不过,伴随着下半年国内疫情的控制和更有针对性的营销策略的使用,配合各项优化管理手段,神州租车业务大幅改善,第三、四季度车辆使用率攀升至 56.9%及 58.8%。财报显示,录得自由现金流流入 49.29 亿元,创下历史新高。现金流转优,给予神州租车巩固规模优势、上线新车等业务调整极大空间。

神州租车债务结构也有所改善。财报显示,2020 年,公司按期向放贷人偿还总计人民币 80 多亿,债务结构大幅优化,债务总额对经调整 EBITDA 由去年同期为 4.3 倍降为

3.3 倍,债务净额对经调 EBITDA 较去年同期 2.6 倍降为 2.2 倍。截至目前,神州租车已偿还 3 月到期的 3 亿美元优先票据以及 4 月到期的 7.5 亿元人民币优先票据。

在新股东加持之下,神州租车加快自我调整和升级的步伐。最为核心的,当属其对主营业务的深耕和专注。运营层面,神州租车推出降本增效、营销组合拳,如持续优化无纸经营,以智能化手段深化无人运营模式,缩减人力成本;营销层面,上线多项针对用户的特惠营销活动;随着租车需求明显回暖,神州租车陆续在全国投放万辆新车,以更好地服务后疫情时代的出行租车需求。此外,据悉神州租车会员系统将于 2021 年 8 月 1 日全新升级,升级之后租车会员将解锁更多的专属权益。

截至 2021 年一季度,神州租车交出一份提振信心的财报,一季度实现总营收 12 亿元,净利润 600 万元,扭转 2020 年同期亏损 1.88 亿元的经营状况实现净利微增。其中,在车队规模减小及受就地过年出行政策影响汽车租赁需求减少的情况下,核心业务汽车租赁收入录得 8.83 亿元,较去年同比略微上升 0.5%。第二季度,伴随着清明、五一等小长假及暑期的来临,租车旅游等出行需求进一步释放,国内旅游市场加快复苏。神州租车《2021 年五一租车出行大数据》显示,国内“五一”黄金周租车市场再创新高,北京、成都、西安等超 170 个城市出现“一车难求”现象。进入 2021 年 6 月以来,随着业绩向好、现金流转优,神州租车陆续在全国范围内对自有车队进行升级,在北上广深等多地投放万辆新车,覆盖大众朗逸、日产轩逸、大众帕萨特、别克 GL8 等多款车型,满足不同消费群体租车需求。

就在近日,神州租车正式入驻飞猪平台,用户在飞猪一键下单,直接预订租车服务。基于两者在旅游出行垂直领域高度匹配的用户属性,这项合作将进一步帮助神州租车开拓年轻化流量,高效地触达和服务用户。此举或表示神州租车私有化之后以开放、守正创新的姿态应对行业挑战。

2021 年上半年,两家国际评级机构——标普、穆迪均上调神州租车的企业信用评级,并展望稳定。穆迪将神州租车主体信用评级由原来的 Caa1 上调至 B3,即“展望稳定”。标普将神州租车主体信用评级由原来的 B-展望稳定预备评级调整为正式评级。神州租车于 3 月 26 日发行的 2.5 亿美元债券评级也由 B-预备评级调整为正式评级。

神州租车一直面临严峻挑战,其中包括外部环境的不确定性,导致出行及消费热情减弱,虽然神州租车已推出许多促销方案及各种数字营销活动,以缓解过去较低的汽车租赁需求,但公司的财务表现仍面临压力。随着疫情的有效控制以及租车需求的强势回弹,疫情对神州租车的影响逐渐式微。安博凯方面表示,“我们倾向于维持神州租车现有主要业务,并将协助神州加强创新发展,推进其业务发展”。

24.4.2　私有化完成

在目前限购城市无法获取号牌,近年来租赁、共享汽车企业接连倒闭的情况下,神州租车拥有大量号牌,其中在北京所拥有的号牌数量便超 1 万张,并且还拥有庞大的车队规模及网点数量。神州租车试图打造的租赁市场闭环,通过间接收购方式,将宝沃汽车纳入麾下,进军整车制造领域,采购车辆部分都来自宝沃汽车,使得其在采购环节的成本依旧低于行业其他竞争对手。所以尽管目前整体亏损,但完成私有化后,神州租车的先期布局将完全属于安博凯,有利于其进一步扩张其汽车租赁市场版图。

7月5日,神州租车发布公告称,截至7月5日,对神州租车的强制性收购已完成,即日起生效,神州租车正式成为安博凯的全资附属公司。

2020年12月,安博凯收购了神州租车大股东神州优车持有的全部股权,获得约20.86%股份,成为神州租车第二大股东。2021年2月28日,安博凯持股比例增至52.11%,成为该公司最大股东;3月4日,安博凯持股比例升至94.01%。6月2日,神州租车公告显示,因要约人持股比例超过90%,根据开曼群岛公司法将对余下要约股份的持有人寄发强制性收购通知,收购剩余独立股东的股份。这一针对剩余股东的"强制性收购"自然流程完成后,安博凯持股比例将达100%,成为神州租车唯一股东。

安博凯这一大股东落定之后,神州租车对于现金流、融资渠道等的后顾之忧将随之消解,行业优势和强大造血能力将得到充分发挥。随着神州租车信用评级上升、债务结构持续优化、融资渠道进一步打开,通过极具竞争力的定价策略、科技加持推动的高效运营、差异化的增值服务,其有望抓住行业变局的利好机会,实现业务的稳步增长与良性循环,持续引领国内租车市场。

24.4.3　打造绿色出行

神州租车一直在积极研究电动车的业务模式,包括在合作模式上,尝试以多种模式和电动车品牌进行试点合作,合作范围覆盖从车辆投放、运营、维修到退运的全周期;在品牌选择上,更加精准地投放不同类型的电动车型,以扩大用户的出行选择。神州租车已持续投入超2万台各类新车,包括受年轻人欢迎的大众朗逸、日产轩逸,舒适省油的大众帕萨特、雪佛兰迈锐宝,绿色环保的新能源汽车小鹏G3、大众 ID.4X、大众 ID.4 CROZZ、大众 ID.6 CROZZ、大众帕萨特混动、大众迈腾等,到适合多人出行的 MPV 代表别克 GL8,还有沃尔沃 S90 等高端豪华车,平台可选车型多样,足以满足用户不同场景下的出行需求。

通过深化智能大数据技术的发展,神州租车也在不断推进企业生产运营的低碳绿色转型,加大科技投入来推进线上化、无纸化流程管理,包括智能化运营平台、线上工单制管理,通过移动端 App 完成调拨、维修及质检等车辆生命全周期管理,最大限度地减少纸质单据及文件的使用,减小碳足迹,践行可持续发展的理念。

在城市布局方面,神州租车2021年陆续开设鄂尔多斯、乐山、南充、曲阜等超70个新城市,便于用户在全国范围内使用租车服务。在网点选址上,神州租车首选铺设至机场、高铁、火车站等交通枢纽,一方面可以更好地帮助消费者实现"大交通+落地租"的灵活组合出行;其次,在城市的核心商圈、热门景点等区域也设立了服务网点,满足消费者随时随地的用车需求。

神州租车相关负责人表示,此次大举入驻下沉市场之下,神州租车覆盖的市场规模进一步扩大,全国范围内的服务网络密度再度加深,其带来的不仅仅是45个独立的租车市场,更编织了一张覆盖更广、以点带面、区域联动的全国直营服务网络,承载更加多样化的需求,方便用户在全国范围内使用租车服务,打造强有力的租车品牌。

讨论题

1. 神州租车近年来的主要财务指标如何？
2. 简述神州租车的主要发展模式。
3. 如何实现神州租车的市场下沉？
4. 租车行业的国内、国外发展模式有什么不同？

参考文献

[1] 张婷."互联网＋"神州租车的盈利模式及财务效果研究[D].兰州:兰州财经大学,2016.

[2] 徐雅薇.O2O 商业模式下神州租车财务战略研究[D].广州:广东工业大学,2019.DOI:10.27029/d.cnki.ggdgu.2019.001412.

[3] 李曼歌.神州租车重资产商业模式的价值创造研究[D].长沙:长沙理工大学,2019.DOI:10.26985/d.cnki.gcsjc.2019.001105.

[4] 神州租车持续推进移动化应用和智能化创新 App 7.0 版本焕新上线[EB/OL].http://news.sina.com.cn/o/2020-03-19/doc-iimxyqwa1670470.shtml,2020-03-19.

第 25 章　EVCARD

25.1　引　言

　　传统的城市出行方式无外乎公共出行和私有出行,伴随互联网和智能化的发展,共享出行成为一种全新的选择。如今人们已然来到一个共享经济的时代,随着共享单车、互联网打车软件在国内的兴起,时下共享汽车也日渐成为一种全新的出行方式,因此,汽车共享应运而生。作为全球最大电动汽车分时共享品牌,EVCARD 将就城市变革和消费升级的热点话题,利用商业数据和互联网数据对中国城市的商业魅力做出评判,探讨汽车共享,丰富城市个性化出行。

　　EVCARD 现已覆盖全国 24 个主流城市,拥有电动共享汽车 9 000 辆,活跃用户超过74 万人,平均订单速度 4.6 秒/单。在未来,将有越来越多的城市受益,即是对汽车共享,重新定义城市出行格局最好的诠释。

　　以分享为理念依托张江国家自主创新示范区嘉定园区汽车产业集聚优势,环球车享搭建起共享经济时代背景下"EVCARD 电动汽车分时租赁"平台,致力于解决出行"最后一公里"的交通问题。EVCARD 在公司文化上始终致力于成为国内领先、国际知名的新能源汽车共享交通服务营运商,让我们的出行更便捷、更环保、更友好。

25.2　EVCARD 的基本情况

25.2.1　品牌定位

　　EVCARD 是一种全部采用电动汽车,以分钟为单位计费(0.5 元/分钟起)的车辆租赁服务。2016 年由上汽集团和上海国际汽车城集团旗下两大分时租赁品牌强强联合,成立了全新的 EVCARD。依托上汽集团的产业及行业资源优势,EVCARD 以"分时共享"起步,采用新能源汽车,以"解决城市短途出行"为目标,运用"A 借 N 还"租赁模式,积极发展城市联运和多城互动,深入长三角、珠三角、成渝、京津冀等城市圈实施战略布局,填补了城市中长距离移动出行的空白,逐渐成为大众城市出行的全新选择,引领中国汽车租赁行业步入共享时代。

　　多年来,EVCARD 坚持以用户体验为中心,为用户提供 24 小时在线服务、道路救援服务,配合多种车辆保险,为用户的出行提供无忧保障。同时 EVCARD 坚定提升服务品质与运维能力,在全国 64 个城市提供服务,有效覆盖长三角、珠三角等经济区,成为城市公共交通的有效补充,并赢得"全球最大电动汽车分时租赁"的殊荣。

25.2.2　发展历程

1. 创立阶段(2016 年)

2016 年 5 月 16 日,由上海汽车集团与上海国际汽车城(集团)有限公司共同出资,整合双方优势资源,强强联手,组建成立了"EVCARD"品牌,双方旨在打造中国乃至全球领先的新能源汽车分时租赁运营企业,以电动汽车分时租赁来引领用户美好出行生活,致力于 EVCARD 就是电动汽车分时租赁,电动汽车分时租赁就是 EVCARD。

同年 6 月上海第 1 000 个网点建成,EVCARD 会员数突破 10 万,9 月份 EVCARD 开始进入成都,12 月上海首次日租车订单量突破 1 万,2016 年年底 EVCARD 进入南京。截至 2016 年 11 月底,EVCARD 电动汽车分时租赁在全国已有 2 500 个服务网点投入运营,其中上海市网点 2 200 个。从张江示范区出发,分时租赁模式肩负引领重任,逐步在全国范围内构建智能网联车创新运营模式示范作用。

11 月 9 日,EVCARD 同中国人民财产保险股份有限公司、中国太平洋财产保险股份有限公司、中华联合财产保险股份有限公司三大保险公司在共同签署战略合作协议并联合发起"安心畅行百分百"安全出行倡议。协议主要围绕车辆保险、承保理赔服务、车辆维修、品牌推广及会员服务等展开多角度深入合作。上海国际汽车城(集团)有限公司董事长、总经理荣文伟是中国新能源汽车推广领域的"先锋",发表了关于中国新能源汽车"示范、应用和商业模式推广"的主题演讲。

2. 逐步发展阶段(2017—2019 年)

2017 年 1 月,EVCARD 进入海南;2017 年 3 月,EVCARD 正式进驻上海六大交通枢纽(浦东机场、虹桥机场、虹桥火车站、上海火车站、上海南站、上海西站);2017 年 8 月,EVCARD 运营车辆破万,会员破百万;2017 年 12 月,6 000 台荣威 ERX5 上线。

截至 2017 年 12 月底,EVCARD 已在中国布局 60 个城市,向用户提供服务、投入运营的租还网点超过 9 000 个,投入运营的车辆超过 2.5 万辆,注册用户实现指数级增长并超过 170 万,每 2.4 秒就产生一笔订单,用户口碑位列行业第一。相比于竞争对手 Gofun、盼达用车、一度用车、微公交等,EVCARD 已经在中国建构起整体领先竞争优势。

2017 年,EVCARD 已经探索和验证出了"EVCARD 模式",建构起中国领先优势。所谓"VCARD 模式",即围绕城市、车辆、用户、技术和营销,实现快速城市布局与精耕细作;车辆最优组合与密集投放;卓越用户体验和口碑;前瞻技术驱动和协同营销,同时拓展衍生增值业务建构护城河,最终实现 EVCARD 无处不在,用户随地可取、随时可用,对用户即时响应、即刻反馈。

通过发挥钉子精神,在有限的资源约束下,横向做广,快速城市布局,抢占分时租赁上半场仅剩的增量红利;纵向做深,聚焦重点城市或者关键性城市,扎根进去,推进精耕细作,探索和验证出上海、南京、成都、嘉兴和丽水五大特色样板城市。

2018 年 3 月,EVCARD 月订单突破 200 万单;2018 年 8 月注册会员突破 300 万;

2018年9月车辆规模突破4万台。EVCARD积极与芝麻信用、银联等企业展开深度战略合作,推出创新合作与服务。EVCARD接入银联手机支付控件,为用户提供优惠、便利、快捷的出行服务;同时EVCARD进入"云闪付App"平台,实现云闪付和EVCARD的服务共享。2018年年底,EVCARD正式上线了近10 000辆全国首款纯电动休旅车——荣威Ei5,新车在空间、续航里程和节能方面进行了重大优化升级,成为行业技术创新的代表作。

截至2018年12月,EVCARD已进驻全国64个城市,注册用户超过400万,运营车辆超过4.5万辆,网点超过1.3万个,平均每1.2秒产生一笔订单,在城市覆盖、运营网点、车辆规模及用户规模等方面位居同行业首位。凭借强大的创新驱动力,EVCARD还在2018 ECI Festival国际数字商业创新节上成功摘得最具创新力品牌桂冠。

2019年1月,10 000台荣威Ei5上线;2019年4月,5 000台别克VELITE 6上线;2019年12月,注册用户突破750万。首批10 000辆定制化车型于2019年正式投入使用。这也是继2017年6 000辆荣威ERX5上线后,EVCARD和上汽荣威的再次重磅合作。

3. 战略转型阶段(2020年—)

疫情期间,EVCARD为保证用户健康,不惜成本,首创共享出行领域的"小E健康码",全程后台数据监控,与"全国一体化政务服务平台"进行云端的个人信息匹配与检测,检测为绿色,方可正常用车,监测为红色,即立刻停止服务。

12月18日起,上汽集团旗下共享汽车品牌EVCARD正式入驻享道出行App,为其面向个人用户的全新业务板块"享道时租"提供所有运营服务,在上海、南京、苏州、郑州四大城市率先开启服务。即日起,登录享道出行App,通过"享道时租"板块,即可一键预约EVCARD租车服务。

2020年5月,注册用户突破800万;2020年7月,"小E健康码"上线,2020年10月,EVCARD积分商城开启;到2020年年底,EVCARD作为全时共享租车平台,业务拓展累计覆盖30＋个城市,投入运营30 000＋辆新能源汽车,全国累计注册会员1 000万＋。

2021年2月,EVCARD会员卡正式上线,EVCARD率先在行业中完成"从分时租赁到全时租赁"的战略转型。EVCARD与携程租车的首轮合作项目于2月正式落地,结合EVCARD网点布局优势,在全国多地设立"联合租赁网点",着重开设在机场、高铁、客运等特大型交通枢纽站地带,实现"飞机＋EVCARD""高铁＋EVCARD""客运＋EVCARD"的无缝链接。

25.3　EVCARD产品业务

EVCARD提供多种人性化租赁方案,通过日租、时租、月租服务,满足个人、工作、家庭等不同场景下的用车需求。时租:满足临时、短时用车出行需求,提供丰富的小时套餐、时段套餐,随租随还、绿牌畅行,适合短时用车;日租:稳定用车一整天,避免公共交通的拥挤困扰,平均时价更低,性价比更高,更适用于全天用车;月租:无首付、无贷款,减缓经济压力,无须购车养车,拥有长期租赁、定制化服务、价格优惠等优势,更适合拥有多样化用车需求。

25.3.1　分时租赁

分时租车是租车行业新兴的一种租车模式,意指以小时或天计算提供汽车的随取即用租赁服务,消费者可以按个人用车需求和用车时间预订租车的小时数,其收费将按小时来计算,以分钟计费。

分时租赁实际就是一种全新的租车模式,注重贴近客户,多人分时共享,按需付费,提供便捷、自助、随借随还的汽车租赁服务。

分时租车相比其他租车的优势:分时租车更加环保。所采用的所有租赁车型均为电动汽车,其中绝大部分为纯电动汽车,极少部分为插电式混合动力汽车。分时租车可以降低出行成本。分时租车就是为了提高车辆的使用率,为出行者减少购买汽车的费用和燃油费用支出,将资金效益最大化。

1. 价格

目前 EVCARD 的收费标准是,荣威和奇瑞按照每分钟 0.5 元收费,一天 24 小时按封顶 6 小时计费,即一天最高 180 元;宝马之诺每分钟 1 元,即一天最高 360 元。这样的收费标准相当实惠。比如 30 千米的距离,如果使用出租车或专车,需要打车费用 100 元左右;如果使用公共交通工具虽然费用低廉,但路程时间非常长。如果使用 EVCARD 的话路程时间仅需 40~60 分钟,费用仅需 20~30 元,实现用户经济效益最大化。

2. 车型

EVCARD 共享汽车全身为干净的白色,车身小巧别致,车内整洁卫生,收音机、空调一应俱全。它有荣威 E50、荣威 550、奇瑞 eq、宝马之诺四种车型可供客户选择,容量有 2 人座也有 5 人座,满足客户差异化需求,可以给客户带来不同的驾驶体验。

众多服务车型,满足不同出行需求。EVCARD 汽车共享作为全球最大的电动汽车分时共享品牌,以新能源汽车分时租赁为核心业务。相比于传统出租车、公交车,EVCARD 为城市解决私家车拥堵问题,增加更多公共停车位,提升公共出行运营能力,填补夜间公共出行空白,为都市夜归人保驾护航。

3. 服务

EVCARD 网点多,覆盖范围广,用户可以任意时间自行预订,任意网点自助取还车辆。另外,EVCARD 有专属充电车位,只要目的地附近有充电车位,即可以随时还车,能给客户带来更好的体验价值。

超过 6 000 个热点全面启动,从预订车辆、取车驾驶到最后还车结算,全部过程通过手机 App 完成,无人工干预。众多热点任意租还,用户可以通过手机 App 查找最近的租还热点预订车辆,驾驶到目的地后同样将车辆归还到离目的地最近的租还热点。

同时 EVCARD 还提供全程保险 24 小时救援:为所有车辆购买了完备的保险,用户可以放心使用,如驾驶途中发生事故或车辆故障,EVCARD 分时租车还提供免费的 24 小时的道路救援服务。

纯电动汽车低碳环保 11 000＋辆:所采用的所有租赁车型均为电动汽车,其中绝大部分为纯电动汽车,极少部分为插电式混合动力汽车。电动汽车不限行,轻能源轻松行,畅通无阻。目前国家鼓励推广电动汽车,EVCARD 分时租车的车辆目前在各大城市行驶,停车及使用环节都享有各种鼓励政策,如一些城市市区及高架道路不限行、路边免 2 小时停车、允许在公交专用道行驶等。

4. 租车流程

在具体的消费环节,客户需要完成"会员卡办理→车辆预订→网点取车→车辆使用→还车支付"5 个流程。

第一,会员卡办理:登录官网或者在手机客户端根据提示进行注册,公司审核后寄送会员卡。在实际的消费环节中,每个客户都需出示"共享使用卡",他们可以根据自己的需要来选择不同的电动车和不同的租赁方式。

第二,车辆预订:登录官网或者在手机客户端根据提示预订取车时间,会员预订车辆时间,会员预订车辆时需缴纳租车押金。

第三,网点取车:会员在预定时间内前往指定地点取车,需先确认车辆电量。若电力不足,需结束该订单,重新预订其他车辆。

第四,车辆使用:刷卡解锁,使用过程中如果有出行问题,需要电话联系客服,等待公司派出技术和服务人员。

第五,还车支付:前往任一 EVCARD 分时共享网点,将车辆停放到"分时租赁专用车位"上,刷卡落锁,在手机客户端换车并支付。

25.3.2　运营模式与网络策略

1. B2C 运营模式

EVCARD 采用 B2C 模式,是一种直接面向消费者提供服务的商业零售模式。消费者通过其 App 可以迅速找到最近的 EVCARD 共享汽车,并可以通过手机 App 直接查看汽车的里航和车辆内部卫生情况,然后选择要使用的车辆,通过 App 进行解锁;如果在地下车库遇到信号不佳,无法通过客户端开车门时,也可使用会员卡。

2. 网络策略

EVCARD 共享汽车主要借助于社交新媒体进行宣传,定期在官方微博或公众号上发布有关 EVCARD 的新闻吸引眼球,并通过邀请好友关注的方式增加用户信用值,并奖励其一定额度的使用红包或优惠券,以此提高潜在用户对 EVCARD 的品牌认知度。除此之外,企业还在运营网点安排工作人员驻守,向过往行人发宣传单页介绍品牌,并通过赠送礼品的方式鼓励潜在用户下载和注册官方 App。

25.3.3　业务推广

信息化智能、绿色生态的理念,对于城市的未来发展十分重要。随着能源危机、环境危机、城市资源危机的日益凸显,绿色智能的交通出行体系,一定是未来城市发展的一个重要标志。

EVCAED 新能源汽车分时租赁在其电动化、共享化、智能化、网联化的特点基础上，与当地政府紧密合作，结合各地经济发展的现状及需要，通过构建具有区域特色的共享模式，完成智能化出行在全国城市的推广。

有趣的是，在 EVCARD 使用方式上，EVCARD 对城市和用户的发展洞察得十分明确。比如上海是以工作为主旋律，休闲出行更集中于周末，日常以通勤为主；而成都更注重生活品质，追求 EVCARD 带来的城市个性化出行的轻生活方式……EVCARD 针对不同城市的用户特征制定了不同的发展模式和对策，在全国范围内拓展业务。

1. EVCARD 业务推广——上海

目前，在上海、北京、长沙、天津等地，开展新能源汽车分时租赁业务的企业不断涌现。我国电动汽车分时租赁行业已经进入新的发展阶段。典型代表就是上海市的 EVCARD 模式。

上海是不可动摇的中国超一线城市，正在积极打造科技创新、智能化出行的城市名片。EVCARD 源起上海，缘起上海安亭汽车城。上海作为 EVCARD 发源地，截至 2017 年 7 月底，EVCARD 全面覆盖上海 16 个区，共计 3 000 多个网点，会员数量更达 75 万以上，已经成为全球最大规模的新能源汽车分时租赁运营单体城市。同时，EVCARD 与高新园区进行紧密合作，有近 500 个网点落户在上海园区，其中，近 300 个在张江示范区各个分园，园区会员近 15 万人。

EVCARD 分时共享、随刷随用的特点，解决了上班族长距离上下班不便的问题。网点的多区域覆盖实现了市内智能化交通与飞机、高铁在便捷性上的承接，提高了上海作为国际化大都市的城市形象。

上海市 EVCARD 电动汽车分时租赁在初始建设阶段，需要选择一个有战略投资实力的运营商来统筹负责，政府给予必要支持并划拨少量的停车位；接着由运营商指定电动汽车共享网点，再由上海国际汽车城进行各方的协调，确定专用的停车位。汽车城集团联系电力公司完善网点的基础设施，建设充电桩等。运营商则需要对共享租赁业务提供必要的技术支持并负责日常的运营管理，汽车城集团帮助运营商发展网点附近的固定客户。

截止到 2017 年年初，上海市 EVCARD 电动汽车分时租赁模式的推进成效已经初步显现。在技术创新方面，公司不断改进充电桩的建设技术，增强了企业整体创新能力。分时租赁的车型也变得更加多样化，不仅有较为常见的上海本地生产的纯电动汽车，还推出了其他品牌的电动汽车。在基础设施方面，将继续在大型城市公共用地区域建设网点和充电桩。在产品营销方面，上海开发"分时租赁＋长租＋电动巴士"的复合产品服务，EVCARD 的运作模式越来越多样化，覆盖区域越来越多。EVCARD 项目在上海已经走出多元布局的道路，形成规模经济的大格局，在其他地区推广。

2. EVCARD 业务推广——成都

蜀都成都，2017 新一线商业魅力榜首城市。EVCARD 助力成都，为城市增添魅力指数，用设施建设推动绿色出行，树立西部智能化交通典范。《2017 中国商业城市魅力排行榜》就商业资源聚集度、城市枢纽性、城市人活跃度、生活方式多样性、未来可塑性这五大维度，对近 400 座城市进行专业测评，成都最终以最高综合评分稳居新一线城市首位。

成都作为一个讲求工作生活两不误的城市，在共享汽车的使用上，周末和日常的使用时长几乎无差。2016 年 7 月，EVCARD 正式进入成都，短短 1 年内，有效覆盖城市中心、机场火车站、居民小区、城区结合地点等 1 000＋个网点；2 000＋辆车有序运营中，同时根据成都市民生活娱乐属性，增添温江国色天香乐园、双流黄龙溪、洛带古镇等运营网点，为增添成都魅力指数锦上添花。

成都的 EVCARD 新能源汽车分时租赁项目于 2016 年 9 月 22 日正式启动。截至 2017 年 5 月底，已建成网点 575 个，分时租赁专用充电停车位 2 500 个左右，投入运营车辆超过 600 台。

政府作为 EVCERD 进入成都的推手，着眼于完善基础设施建设、更好地满足市民多层次出行需求、推进成都绿色低碳可持续发展、树立西部城市智能化交通的典范。

3. EVCARD 业务推广——海南

EVCARD 分时租赁创造了环岛自驾游出行新模式。EVCARD 进入海南致力打造"新能源汽车分时租赁＋环岛自驾游"的业务创新及差异化的出行服务新模式。为游客提供智能化、多样化旅游出行选择，从而推动旅游产业发展。

EVCARD 在海南的规划是，先通过全省统一规划，打造覆盖海南的便捷绿色的分时租赁网络。其次、综合景区与旅游产品，推出绿色轻自驾的分时与日租产品。

网点的环岛覆盖。海南全岛有三大机场、环岛高速、环岛高铁等交通线，在这些交通线上的网点铺设是打造环岛自驾游的基础。同时，在旅游景区及旅游产品的创新上，环球车享及旗下品牌 EVCARD 与海南省的运营公司签署了《新能源汽车分时租赁项目合作框架协议》。接下来双方将通过汽车分时租赁打造满足通勤出行、旅游出行、商务出行、候鸟出行等不同用户需求的智能化自驾旅游度假产品，以及会员增值服务。

25.4 EVCARD 竞争优势

25.4.1 共享商业模式研究与探索

当前，中国汽车产业发展面临前所未有的能源、环境、城市道路资源等各方面挑战，多重因素同时给电动汽车推广和商业模式创新普及带来前所未有的机遇。电动汽车产业是一个综合性产业，除了技术突破，还需要商业模式创新。2011 年，上海成为全国首批电动汽车示范城市，是中国唯一的电动汽车国际示范城市。嘉定区为中国（上海）电动汽车国际示范区，上海国际汽车城（集团）有限公司负责电动汽车国际示范区（EVZONE）日常运作。

然而，在推广电动汽车初期却遇到很大的困难，虽然有补贴优惠政策，但对于普通消费者来说购买电动汽车成本依旧较高，而且电动汽车的性能未获得消费者的普遍认同。因此，购买电动车未成为主流，消费者大多处于观望状态。这种情况下，嘉定迫切需要提出一种全新的模式，让消费者能以更低的成本接触到电动汽车。上海国际汽车城（集团）有限公司瞅准时机提出了"EVCARD 电动汽车分时租赁"创新的商业模式。这一全新模式将有助于增加私人消费者体验电动汽车的机会,增强对电动汽车的客观认知。

该公司总经理荣文伟介绍说,分时租赁实际就是一种全新的租车模式,注重贴近客户,多人分时共享,按需付费,提供便捷、自助、随借随还的汽车租赁服务。与一般以天计费的传统租车不同,租车者无须到网点办理租赁手续,只需通过运营方开发的 EVCARD 官网或者手机 App 完成注册,便可成为会员,并获得会员卡。凭会员卡即可打开预订车辆的车门,使用完后停放到共享服务网点充电,并通过 App 确认付款,整个租车流程就完成了。

25.4.2　收费低廉:极大降低出行成本

上海公共交通发达,地铁线路遍布全市,公交系统四通八达。但由于城市面积大,人员流动频繁,出行还是会遇到难题。特别是城郊,相对来说地广人稀,公交班次少,等车难、打车贵的问题一直存在。

与出租车不同,分时租赁按分钟与小时收费。其计费标准为:每分钟 0.5 元,首 30 分钟 15 元(即起步价 15 元)。以主打车型荣威 E50 为例,续航里程约为 120 千米,也就是说在充满电的情况下,该车可以往返人民广场和浦东机场一次,完全能满足一般市内交通需要。不仅如此,分时租赁更便利,从人民广场到浦东机场约 50 分钟的车程,打车约需 160 元,而采用分时租赁只需 40 元,大大节省了民众的出行成本。分时租赁能提高车辆的使用率,为出行者减少购买汽车的费用和燃油费用支出,将资金效益最大化。

25.4.3　精准定位:解决"最后一公里"问题

电动汽车分时租赁作为介于公共交通和出租车之间的一种清洁高效的出行方式,一经提出就受到张江高新技术产业开发区管理委员会(以下简称"张江高新区")的极高关住,并获得张江高新自主创新示范区专项发展资金支持。张江高新区一直致力于改善各分园园区的服务环境,建设"智慧园区""生态园区",为园区的企业提供最个性的服务,助力企业腾飞。而交通不便一直是困扰园区发展的一个大问题,张江高新区的 22 个分园虽然都与公共交通系统连接,但城郊的园区一直受困于公共交通不能满足需求,人员往来成本大、耗时长。电动汽车分时租赁的出现有望解决这一难题,极大地便利园区人员出行。

EVCARD 之所以决定先从城郊做起也是考虑到现实需要,城郊交通不便亟须得到改善。电动汽车在推广的过程中并不顺利,关键就在于定位不好,"电动汽车就像一个小孩子,你让他去跑沙漠、跑马拉松,当然不现实"。受到充电时间以及充电设施不完善等因素限制,真正适合电动汽车的区域还是城市,尤其是每日往返于市区和市郊的上班族对此需求非常强烈。目前,分时租赁项目在上海全市共有近 6 000 个点,主要集中在交通枢纽,人流比较多的酒店、宾馆、商务区,大型社区。张江高新区的 22 个分园也基本上全覆盖。

25.4.4　全程自助:互联网催生租车新模式

在早期,电动汽车分时租赁也经历过比较传统阶段。以北京的"绿狗"电动汽车租赁项目为例,发展初期用户需要到租车点取钥匙,现在通过对电动汽车的智能化改造,上海电动汽车分时租赁项目的用户只需要一张智能卡就可以刷卡取车。车型包括但不限于宝马、荣威、特斯拉、沃尔沃、丰田、比亚迪、众泰、高尔夫、雪佛兰等。

电动汽车分时租赁是互联网和汽车行业深度融合的产物,得益于日新月异移动互联网科技,人手一个智能手机的时代已经到来,用户也逐渐养成了通过手机消费的习惯。同时汽车行业的不断进步,使得汽车越来越智能化,提供的服务也日趋多样。

正是在这种大背景下,电动汽车分时租赁才得以出现。EVCARD 电动汽车分时租赁率先实现异地还车,当被问及"公司为何能达到全国领先水平?"EVCARD 的撒手锏就是一套自主研发的"分时租赁管理控制系统",这套系统直接进入汽车的控制总线。凭借此系统的优越性能,公司后台能远程控制每一辆车,实时监控电动汽车的各项数据,在客户驾驶遇到困难的时候也能第一时间予以指导和帮助。今后,针对不同用户群体,上海国际汽车城(集团)有限公司还将开发出更多的控制系统,力争为用户提供定制化服务。

现阶段,EVCARD 分时租赁的商业模式已经从运行发展为运营。通过大规模的示范,率先在应用规模上取得优势,统筹协调基础设施建设,逐渐形成规模经济。未来将在进一步完善电动汽车使用环境上下功夫,热点分布更贴近用户,为用户提供更便捷的出行方式。

25.4.5　倡导绿色出行

自 2019 年起,EVCARD 根据不同城市的规模、用车习惯,从用户的出行需求出发进行变革,先行而动逐步转向精细化运营。EVCARD 在网点布局、运营车辆等多个方面实现了不同程度的优化升级。网点布局方面,EVCARD 以"飞机/高铁＋EVCARD"出行模式覆盖了主要交通枢纽、大型商超、商业 CBD 等城市人流密集区域,配合全新上线的预约日租服务,满足了不同用户群体日常通勤、商旅出行、城际休闲出游等多种用车需要。

在运营车辆上,EVCARD 贯彻落实国家"碳达峰"与"碳中和"的战略号召,以优选的高品质新能源汽车为主要运营车辆,从新生代轿车到大空间 SUV 一应俱全,不限行、不加油等多方面的优势,让出行便捷高效的同时更低碳环保。特别是 EVCARD"日租",以主流高质量新能源车型为主,如荣威 Ei5、别克 VELITE 6、荣威 ERX5 等车型,平均满电续航里程均在 250 Km 以上,再加上全系绿牌、网点免费补能、部分城市拥有专用车道、市政路免费停车等优势,不论何时何地都能畅行无阻。

实际上,在当前众多的共享租车企业中,EVCARD 发展的不仅仅是共享经济,更多的是实现品牌、用户与自然三者之间的相互成就。EVCARD 通过优质的服务吸引用户用更环保的方式出行,用户也能够以更绿色的方式满足自己多元的出行需求。据统计,自成立以来,EVCARD 以"共享＋新能源出行"方式,总计节省碳排放量逾 28.5 万吨,相当于种了 1 558 万棵树。不止于此,EVCARD 全新发起了低碳行动,用户租用驾驶 EVCARD 电动汽车产生的行驶里程将换算成碳减排分值,累计可获取积分和成就徽章。通过丰富的奖励机制,引导用户更多地使用新能源汽车作为自驾出行首选方式。

25.4.6　EVCARD 从"分时"到"全时"

2020 年一场突如其来的疫情更是催生了共享出行领域的巨大变局,中小型企业纷纷折戟,甚至部分头部玩家也难以支撑。已在逐步变革中的 EVCARD,依托多年的运营经验和品牌积累,破局发展,率先在行业中完成"从分时租赁到全时租赁"的战略转型,打造在线全时全场景租车平台。

此次平台升级,EVCARD 用车时长从分时拓展到全时,服务车型从纯电车型拓展到全系车型;同时,根据不同用户所在城市特征、出行习惯及日常需要,量身定制更贴合自身出行需求的个性化套餐及高性价比的多种类选择方案。同时,EVCARD 以更开放的姿态面向企事业单位、政府机关及享道出行等平台提供自助共享租车服务,进一步增大服务规模和服务群体。

优质的服务是 EVCARD 留住用户的关键因素。升级后,EVCARD 服务由"分时租赁"向"全时租赁"延伸。EVCARD App"立即用车"板块保留分时租赁产品特色,24 小时自助取还,随时下单即定即走;"预约用车"板块,最长可提前 30 天预约,提供车辆整备服务并保证 80% 以上有效续航,提前预约省心出行。此外,EVCARD 还提供 7×24 客服救援保障,凭芝麻信用 650 分即可免押租车,省心高效。结合 EVCARD 主推的日租用车,用户无论是上下班通勤、商务出行,还是跨城长途、休闲出游,租车都将变得更方便。特殊时期,EVCARD 行业首创小 E 健康码,全程后台数据监控,进行个人健康信息匹配,确保用户用车安全。

相信升级为全时租赁的 EVCARD,今后将满足用户更多的出行需求,让每一次出行倍感省心舒畅,绿色环保。

25.5　EVCARD 的发展瓶颈

25.5.1　企业层面

1. 产品方面

EVCARD 共享汽车存在的最主要的技术缺陷就是充电难、续航短。EVCARD 都是纯电动的共享汽车,电池容量有限,行驶一定路程后必须及时用充电桩充电。但目前充电桩数量十分有限,用户必须提前计划好路程,不然可能会出现半路没电的尴尬局面。同时,EVCARD 各车型显示的剩余电量与现实可行驶里程有一定差距,用户在行驶过程中可能无法准确把握剩余的行驶里程,从而也无法准确判断在何时需要更换车辆或将其进行充电。另外,EVCARD 还存在的部分问题有车况隐患,刹车失灵、轮胎泄气、车辆抛锚、续航等。网点:可用车辆数量与 App 显示不符,网点少,可还车位更少,充电桩停车位被普通私家车占用等;运维方面,网点的维护人员"查无此人",无人问津,客服的电话再也没有打通过。在 App 方面也存在页面卡顿、流畅度低等问题。

2. 资金方面

共享汽车造价较高,充电桩建设资金需求也大,故企业难以大规模投入。据统计,一辆共享汽车维持 60%～70% 的小时出租率也要 3～5 年才能回本,其资金周转困难,所以共享汽车的发展必须有强大的资金链作为支撑才能形成规模效应。

3. 管理方面

企业监管力度不够,没有完善的车载监控系统对用户行为进行监控,有的用户出现人为锁车、毁车、圈车收费等不文明用车行为,这增加了企业的运营费用,也破坏了企业声誉;有的用户不遵守交通规则,随意停车,造成一系列安全问题,也影响了公共交通秩序。

25.5.2 社会层面

由于城市空间资源约束,EVCARD 在每个租还点设置的专用车位数量有限,有时会出现停满的情况,甚至经常会被其他车辆占用,以致用户不得不找其他停车位,从而降低了用户体验满意度。

25.5.3 政府层面

在国家出台有关于共享汽车的财税优惠政策后,政府缺乏事后的监督机制,使那些政策没能很好地发挥作用。有些企业打着"共享汽车"项目的旗号恶意骗取政府补贴,在政府拨款后企业就不再生产充电桩或者改进技术。政府也没有明确的法律文件规范共享汽车企业和消费者行为,导致共享汽车行业秩序较为混乱。

25.5.4 消费者层面

部分用户素质较低会影响其他客户的体验满意度。比如有些用户因为共享汽车不属于自己的私人物品,就在里面乱扔垃圾,不注重汽车内部卫生,这会让下一位用户的体验满意度大打折扣。更危险的是,如果前一位顾客的使用导致汽车内部零件或电子设备出现问题,但其怕追究责任,故意隐瞒,没有及时反映,这就可能为下一位顾客的使用埋下安全隐患。

25.6 EVCARD 未来发展展望

虽然目前 EVCARD 的发展态势较为良好,但为了能够长期保持竞争优势以在未来更加稳步健康地发展,EVCARD 仍需在多个方面不断改进。

25.6.1 努力提升产品与服务质量

为了给用户带来满意的驾驶体验,共享汽车运营商必须做好平台建设,力争达到计算速度快、反馈时间短、安全水平高。要不断改进技术,提高电池蓄电量,使电动共享汽车跑得距离更长,充电时间更短。要不断加强充电桩和停车位建设,努力解决停车难、充电难的问题,为用户带来更好的客户体验。

面临车况隐患,可以提高车辆清洁频次、缩短车辆清洗间隔时间;严格派维修人员定期维护车辆,严格遵照规章制度排查车辆,加强进入市场车辆的监管。在网点布局上,要分阶段采用密集网点布局、增加网点车辆配比、延长预约保留时间。还车阶段采用密集网点布局、增加车位、引入新技术,如电子围栏或虚拟网点或小型区域调度中心等。取车阶段采用密集网点布局,在 App 端增加网点位置图片。在运维方面,加强人员培训,提升客服人员的服务意识,不规避责任。同时持续优化 App 架构,提升使用流畅性,不断迭代。

25.6.2　寻求差异化优势

面对十多个共享汽车品牌的竞争,EVCARD 要想长期保持领先地位就要不断创新,努力追求产品差异化和服务差异化。对于产品实行差异化,可以提供不同车型、不同容量的车辆供顾客选择来满足顾客差异化需求;对于服务差异化,可以提供定制化服务,加强一对一服务,满足客户差异化需求,使用户使用更便捷。

25.6.3　确定合理的发展模式与发展战略

避免盲目跟风,照搬国外共享汽车品牌的发展模式,要结合自身的发展现状以及所拥有的资金情况,同时结合我国的宏观环境,找到适合企业自身的发展模式与发展战略。

25.6.4　充分发挥互联网的作用

随着互联网的不断发展,网络成为人们获取信息的主要途径。要想让更多的人知道和了解 EVCARD 品牌和产品,需要企业充分利用互联网和新媒体来扩大品牌影响力。

25.6.5　加强与政府和其他企业的合作

共享汽车行业的发展离不开政府的支持,企业应充分加强与政府的协调与合作,以谋求国家政策的更大支持。此外,共享汽车的运营需要雄厚的资金支持,需要与其他企业合作,以扩充资金加大共享汽车投放量,形成规模效应从而提高盈利。

国内共享汽车行业从 10 年前少数的几个传统租赁服务玩家,到如今多个互联网汽车租赁品牌的发展,共享出行行业得到了"井喷"式的发展,从 2016 年到 2021 年,仅仅 5 年的时间,其行业规模就实现了从 4.5 亿元到 93.4 亿元的爆发式增长。

持续走热的市场规模背后,是激烈的市场竞争,优胜劣汰是不变的行业规则。EVCARD 是电动汽车分时租赁市场的一个重要企业,在促进我国共享经济发展方面具有重大的推动作用。在当前共享经济不断发展的新前景下,EVCARD 作为共享出行新方式,应当不断调整来应对越来越多的竞争对手,同时也要适应当前社会经济的变化,以谋求自身的发展。

讨论题

1. EVCARD 的产品业务有哪些?

2. 截至目前,EVCARD 共在全国哪些城市进行了业务推广?典型代表城市有哪些不同的运作模式?

3. 简述 EVCARD 的竞争优势和发展瓶颈。

4. 对 EVCARD 的未来发展提出一些建议和展望。

参考文献

[1] 张祎.电动汽车共享系统运营特征分析——以 EVCARD 系统为例[J].交通与港航,2020,7(03):20-25.

[2] 张琪,王丹."互联网十"时代下共享汽车品牌 EVCARD 的运营策略分析[J].中国市场,2018(33):129-131.

[3] 陈卫东,杨若愚,杨浩博.我国新能源汽车分时租赁发展的现状、问题与对策研究——以上海市"EVCARD"模式为例[J].综合运输,2017,39(08):89-92.

[4] 一水.大力发展 EVCARD——促进城市出行交通的升级换代[J].交通与运输,2017,32(03):42.

[5] 荣萍.EVCARD 创新模式领跑全国[J].中国高新区,2016(20):47-49.

第 26 章 微 医

26.1 微医的基本情况

26.1.1 微医的发展现状

微医集团有限公司(原名挂号网)是国家卫生和计划生育委员会批准的全国就医指导及健康咨询平台,也是国际领先的智能化数字医疗服务平台。微医集团总部位于中国杭州,由廖杰远及其团队于 2010 年创建,十余年来始终致力于通过创新和科技推动中国医疗健康产业数字化、智能化,为全社会提供优质、高效、可及的医疗健康服务,守护亿万人健康。自成立以来,微医始终秉持"就医不难、健康有道"的使命,以科技赋能医疗,驱动医疗、医药、医保生态升级,旗下涵盖了微医云、微医疗、微医药、微医保四大业务版块。截至 2018 年 10 月,微医连接了全国 30 个省市的 2 700 多家重点医院、26 万名医生,实名注册用户数超过 1.81 亿,累计服务人次超过 6.9 亿。

同时,微医积极携手国内外上下游领域优质企业共同打造良性互动的健康医疗产业生态圈。微医先后获得腾讯、国开金融、复星医药、晨兴资本、友邦保险、新创建集团、中投中财等知名机构投资,截至 2018 年 5 月估值超 55 亿美金,是全球最大的医疗健康科技"独角兽"。2020 年 11 月 28 日,中国企业评价协会发布《2020 中国新经济企业 500 强榜单》,微医排名第 267 位。微医集团通过号源托管、HIS 直连、搜索链接三种方式聚合了全国超过 3 900 余家重点医院,600 家重点三级医院的预约挂号资源,拥有全国三级医院 30 万名医生的专长库,7 万多名专家的预约挂号服务,已成功地帮助了全国超过 1 200 多万用户"找对医生挂到号"。

总体来看,微医集团的市场广阔,已经覆盖 29 个省份,与 2 400 多家重点医院的信息系统实现连接,拥有超过 1.5 亿实名注册用户和 26 万名重点医院的专家,累计服务人次超过 8.5 亿。微医集团的技术领先,2017 年 11 月微医成立了乌镇互联网医院,所有活动都放在线上。如智能分诊依托 AI 技术,线上支付依托移动支付,全科中心依托的是大数据技术,电子处方、远程会诊等依托的是互联网技术。微医集团的服务多样化,微医提供诊间预约服务和家庭健康医疗终端服务。诊间预约服务会直接根据患者初诊的情况,确定与患者病情相匹配的专业医生,直接线上换诊,避免了二次排队。家庭健康医疗终端服务运用数据技术分析用户资料,定期为用户提供健康检查等服务。

26.1.2 微医的发展历程

1. 第一阶段——挂号网阶段

微医集团原名挂号网,由廖杰远 2010 年创立于上海。成立之初,廖杰远为上海申康医院发展中心旗下的医联预约平台提供互联网服务。2012 年医联预约平台改名为挂号网,成为医联预约平台指定预约网站,帮助医院优化就医服务流程,改善患者就医体验,是中国领先的移动互联网医疗健康服务平台。

2. 第二阶段——互联网医院阶段

早期微医集团以单一挂号业务为主,2015 年 9 月 24 日,挂号网更名为"微医集团",推出"微医集团"概念,提出"精准预约"和"团队医疗"。创立了中国首家互联网医院——乌镇互联网医院,开创了中国在线诊疗、处方流转、医保在线支付等新业态,实现线上线下诊疗一体化。推动成立乌镇互联网医院和乌镇互联网医院与浙一互联网医院的战略合作。公司定位为乌镇互联网医院的技术提供方,接入全国 1 600 多家重点医院。

2016 年 1 月,挂号网获得 E 轮 2 000 万美元融资。2018 年 8 月,微医确定分拆独立在 AH 股两地上市。2019 年 4 月 8 日,微医等企业共同参与出资设立规模达 200 亿元的"武汉大健康产业基金"。

3. 第三阶段——数字健康共体阶段

数字健康共体阶段,构建全新的数字健康基础设施,打通医疗、医药、医检、健保、数据服务闭环,提供一站式医疗和健保服务,助力"以人民健康为中心"医改目标落地。

26.1.3 疫情下微医的发展状况

新冠肺炎疫情期间,在线健康社区医患沟通数量剧增。"微医"平台是全国性的就医指导及健康咨询平台,是国内最大的预约挂号、就医指导、健康咨询、在线支付的医疗健康服务网站,在国际上也是处于领先地位的移动医疗服务平台。疫情激发了互联网医疗的巨大潜力,截至 2020 年 2 月 3 日 12 时,"微医"平台访问量达到 7 959 万,累计为 92.24 万人次提供了咨询服务。

新冠肺炎疫情的暴发引发全社会高度关注,很多地区相继出现医疗物资短缺、医务人员超负荷运转等问题,发热门诊、医院床位已严重超载,公众的焦虑和恐慌情绪也在持续发酵。基于此,为辅助医院和线下医疗机构更有效地抗击疫情,兼具远程、专业、便捷等优势的互联网医疗平台异军突起,开辟了此次疫情防控的"第二战场"。微医平台作为互联网医疗平台中的"战疫先锋",在快速响应疫情突变情境过程中展现出了独特优势,其进行快速响应的行为重心不断调整,表现为即时处理应对的应急响应和全面综合应对的预案响应两个阶段性特征。

在非常规突发事件暴发初期,微医平台在短时间内实施了应对当前困境的快速响应行为。为有效纾缓线下医疗机构的压力并减少患者赴医过程中的交叉感染风险,火速上线"新冠肺炎实时救助平台",面向全国患者提供 3 分钟内响应的极速问诊服务,给疫区和全国各地群众提供非常时刻的远程驰援,为医生和患者搭建了一个信任度高、便捷性强的互动"桥梁"。市场运营经理回忆说:"其实对于这次疫情的暴发,互联网医疗领域有着并不低的敏感度——春节前,在公众还没有对即将到来的疫情有所认知的时候,微医就已经有所反应。"

此后,微医平台先后上线了"心理援助专区""便民门诊""视频极速问诊"等服务,集聚科普知识和典型案例等资源信息出版《新型冠状病毒感染的肺炎防治知识问答》,并组建顶级专家团队,为基层卫生医疗机构提供免费新冠肺炎会诊指导。微医平台还通过接入第三方机构,为更广泛的用户带去专业、高效的义诊服务,使互联网平台资源的独特优势得以充分发挥。正如市场运营经理所言:"我们携手湖北广电长江云全面上线'空中火神山医院',开通了抗击疫情免费义诊活动……天津微医互联网医院还分别捐赠了价值300万元的'微医流动医院'至西藏自治区昌都市和新疆维吾尔自治区和田地区策勒县。"

由此可见,微医平台通过调动全国医生"随时随地"参与疫情防控,增加医疗资源的供给,充分发挥了互联网医疗平台"不接触"的优势,快速打破了医患交流空间限制,并为有效缓解防控的严峻态势助力。一方面,在非常规突发事件发生时,平台能够准确分析当前情景,快速、敏捷地捕捉情景中的需求要素,有效集聚平台资源并放大资源优势;另一方面,在非常规突发事件发展过程中,平台能够结合疫情发展态势特点,利用互联网医疗平台专业程度高、覆盖范围广等特点,充分发挥平台优势辐射更广泛的地区,实时跟进疫情态势以全面精准、综合高效地触达情景中的衍生需求,体现出了以即时处理应对为主的应急响应特征。

而随着对所处情境中情景要素的认知和应对经验不断增加,平台能够以更稳健的或更有计划性的组织行为响应环境变化。尽管疫情蔓延趋势并未减缓,但各行业的复工刚需迫在眉睫,微医平台为此充分发挥互联网医院和互联网诊疗的优势,联合《中国企业家》杂志社发起"员工免费在线问诊公益活动",助力中国企业防控疫情顺利复工复产。

同时,为充分贯彻国家医保局、国家卫生健康委《关于推进新冠肺炎疫情防控期间开展"互联网+"医保服务的指导意见》的政策方针,微医平台联合武汉市医疗保障局火速开通医保支付,为武汉市门诊重症(慢性)疾病的参保人员提供线上诊断、处方外配、在线支付和线下药品配送上门服务。作为中国最早提供抗击疫情在线义诊服务并挺进核心疫区武汉救援的数字健康平台,当新冠疫情在海外迅速蔓延之时,微医平台还上线了全球抗疫平台模块,向旅居海外的6 000多万同胞和亿万国际友人推出新冠肺炎实时救助服务。

微医平台在应急响应阶段重点关注通过提供一个专业、高效的连接渠道,为平台参与者提供解决问题的新途径,以激发平台价值。在对突变情境进行应急响应时,平台各类功能的上线和完善,为平台上的在线医生、用户及第三方机构等参与主体克服了结构性障碍,在微医平台提供的"支持性氛围"中,平台参与者通过与其他参与者之间的有效互动,在平台上"受益"或"贡献"资源,不仅参与者在平台中获取了所需资源,而且平台资源池的存量也进一步丰富,为平台的应急响应注入了巨大能量。通过对案例的分析发现,平台在对突变情境进行应急响应的过程中,主要通过结构赋能和心理赋能激发平台价值。

26.2　微医的产品服务

26.2.1　微医的主要业务

从挂号网起家的微医集团,经过 10 年深耕与发展,已经延伸出微医云、微医疗、微医药、微医险、微医检等业务板块。微医核心业务覆盖医疗、医药、医检、健保等领域,是覆盖"互联网＋医疗健康"全产业链的数字健康平台。

微医控股的主要业务包括两个方面,即医疗服务与健康维护服务。微医提供线上线下一体化的咨询及诊疗服务。此外,还建立了会员式服务模式,以提供数字慢病管理服务和健康管理服务,解决会员的长期服务需求,改善其健康状况。

其他业务板块涉及与预约挂号、线上线下的专科及全科诊疗、健康管理、体检、保险等各个医疗相关的环节。

后续发展中,微医逐渐拓宽业务范围,在消费端、政府端都有布局。在 C 端主要为会员提供保险和保健产品;B 端主要为金融和保险客户提供医疗服务,通过智慧医疗系统微医云接入医疗和政府,获得服务和技术收入;在 G 端主要与政府合建互联网医院。

26.2.2　微医的线下服务

2015 年 12 月,微医与浙江省桐乡市政府合作打造了国内首个互联网医院——乌镇互联网医院。有了线下实体医院为依托,微医集团打通"线上＋线下"商业模式。2017 年 11 月,在微医战略与业务带动下,华佗健康小镇在杭州正式启动。三年以来,浙大睿医人工智能研究中心、国家新药开发工程技术研究中心天然药物与免疫重点实验室、海西医药交易平台、香港利和、唐桥科技、康久医养等机构在小镇落地并取得突破性成果。

26.2.3　微医的泰安服务模式

2019 年 9 月,泰安市政府与微医集团签署战略合作,开启了慢病管理创新服务模式的探索。"泰安模式"即通过打造线上线下一体化的慢病管理体系,建设智慧中药房,为当地会员提供持续的数字慢病管理服务,包括复诊、慢病远程监测、配药和健康指导服务。同时推进医保智能监控和支付方式创新,从而形成"互联网＋医保＋医疗＋医药"慢病管理模式。

微医在泰安推出了国内首个市级层面接通医保的数字化慢病管理服务,将患者复诊购药时间大幅缩短,分担当地医院 20％左右的门诊量;同时提升当地医保基金使用效率,单次处方金额下降超过 12.7％。目前泰山慢病互联网医院前来咨询、挂号以及就诊的病人,均通过微医的线上平台导流至泰安市中心医院和泰安市中医医院,参与线下诊疗;医院目前只承接线上复诊购药、线上预约导诊的功能。

26.3 微医的盈利模式

微医集团的客户主要包括个人用户、企业用户及医疗机构。数据显示,2018—2020年,微医营收分别为 2.55 亿元、5.06 亿元、18.32 亿元,年复合增长率为 168%;三年分别亏损40.52 亿元、19.37 亿元、19.14 亿元,累计亏损超 79 亿元。其收入主要来源于医疗服务和健康维护服务两类主营业务,其中 2020 年数字医疗服务收入 7.06 亿元,占比 38.6%;会员式健康维护服务收入 11.25 亿元,占比 61.4%。同一时期,净亏损率分别为—163%、—150% 和—47%,逐年大幅收窄。微医目前财务稳健,公司处于快速增长之中,运营状况较为理想。中国人口老龄化造成医疗需求的急剧增长和医疗资源供给严重短缺,成为互联网医疗的本质推动力。随着国民医疗健康意识的日益提高以及居民收入的不断增加,互联网医疗因其便利化、个性化、精准化等特点,未来市场前景更加广阔。

26.3.1 线上线下融合的盈利模式

以自己发起的国内首个互联网医院——乌镇互联网医院为依托,微医得以摸索线上线下打通后的盈利模式,从单薄的挂号平台拓展到远程医疗、在线处方、医药电商、家庭医生等细分领域。在挂号业务积累的流量基础上,这些业务的拓展又能增强用户黏性。毕竟,挂号业务所能激发的用户活跃、留存都较为有限,在市场教育初期也很难唤起患者的付费欲望。同时,线下实体医院让微医具备了联合各层级大、小医院组成医联体的能力,可以更好地分配医疗资源,实现盈利链条的拉长。

26.3.2 多主体合作的闭环盈利模式

2016 年,微医又与众安保险合作,尝试完成从医疗服务到支付的闭环。彭博的一篇报道提及,微医通过医院医生录入的病患信息积累数据,在此基础上根据年龄、性别、地域等对用户进行分类,并为用户提供精准推荐。当然,这也是微医营销能力的体现,可以吸引险企及其他广告方为之付费。至此,微医的三大核心业务——微医疗、微医药及微医险已经初具雏形。2016 年年底,廖杰远公开表示,公司全年营收共计 12 亿元,这三项业务均实现全面盈利,营收占比依次约为 45%、20%、30%,利润约为 2.8 亿元。

26.3.3 底层建设的盈利模式

2017 年 11 月,微医在国际智能医疗大会上发布专注于智能医疗的云平台——微医云,并在此基础上完成了两款医疗 AI 产品的开发,分别是西医 AI"睿医"、中医 AI"华佗"。根据微医官方资料,前者可实现肺小结节、宫颈癌筛查等十余个专科的辅助诊疗;后者则将中医及中药方的经验喂给 AI,使其具备中医 AI 诊疗的能力。

除此之外,微医还着手打造了类似于亚马逊 Echo 的智能终端——微医通,让用户可以通过语音、视频交互实现预约、问诊、购药等服务。据动脉网介绍,到 2018 年,该终端已经售出 120 万台(此后无相关数据统计)。

廖杰远表示,作为开放的智能医疗平台,微医云不仅能够为医院提供互联网医院、云药房、医疗 AI 辅助诊断等云化解决方案,帮助医院与药企、保险公司完成链接,还能帮政府开展家庭医生签约服务。微医云收入的大头其实是来自政府。

26.4　微医的共享经济商业模式

26.4.1　服务对共享经济商业模式的驱动作用

微医平台构建的大数据支撑下的服务矩阵,正是面向用户、医生、行业的需求,以国家和地方政策为相应的指导方向。习近平总书记强调,"要运用大数据促进保障和改善民生,推进'互联网＋医疗'"。微医平台的"预约挂号""线上医保""线上支付"等服务能有效解决其他平台存在的二次排队问题,简化就医流程,提升用户体验,提高服务质量。服务质量既是用户需求也是企业的追求,企业的服务要以提升用户体验感和提高用户满意度为目标,体验感要求企业在提供服务的同时具有创新性,满意度更强调用户满意度及体验感以及再次选择的可能性,因此服务是共享经济企业持续发展的基础。

"药诊店"提供的基本健康服务能有效缓解医院资源紧张的压力。用户数据互通和信息实时传输一直是医疗行业的难题,微医现在正在打造的全科医院服务则依托大数据技术有效地实现用户信息资料在各级医院之间的传输,节约就诊时间,方便患者的转诊与精准就医。微医商保数据服务是微医与各保险公司联合打造的医疗保险服务,微医商保为医院输送不受地域限制的支付能力强、信用度高的优质患者。当然,微医服务项目的运营和拓展离不开企业投资。

基于此,可以看出服务是微医商业模式创新核心所在,服务可以连接其他四个主范畴,微医提供的服务直接决定了能否找准用户需求痛点,优化服务水平是提升用户体验的根本,而更高的用户体验是市场推广的核心动力。

26.4.2　技术对共享经济商业模式的驱动作用

微医作为共享医疗的先行者、见证者和参与者,从挂号服务开始,运用互联网搭建网络平台,以平台的推广和服务为起点,提供预约挂号、线上问诊、线上支付等一系列在线服务。目前已经拥有庞大的注册医生群体与注册用户群体,上线医生超过 26 万名,注册用户接近 1.5 亿人,累计服务人次超过 7.9 亿。例如,智能分诊依托 AI 技术,线上支付依托移动支付,全科中心依托的是大数据技术,电子处方、远程会诊等依托的是互联网技术。任何技术手段都离不开强大的技术团队,微医平台背后有庞大的技术团队支撑,2017 年 11 月微医成立了乌镇互联网医院,所有活动都放在线上。技术人员提供的服务包括技术开发、技术维护等。

微医不仅仅能够通过技术支持来满足用户需求,大数据技术还能精准记录各种服务数据,统计流量数据,针对服务情况重新定位用户需求,不断催生企业产生新服务。例如,微医提供的诊间预约服务和家庭健康医疗终端服务。诊间预约服务会直接根据患者初诊的情况,确定与患者病情相匹配的专业医生,实现患者直接线上换诊,避免了二次排队的麻烦,节约用户换诊时间,保证用户在更短时间内得到有效救治。家庭健康医疗终端服务是微医与一些高档小区开展的合作项目,其提供的服务是为用户建立电子医疗档案,运用数据技术分析用户资料,定期为用户提供健康检查等服务。

家庭健康医疗终端服务是大数据技术在共享医疗行业的重要突破,医院首次把从发现疾病治疗转换到关注人体健康上,从根本上防止疾病的产生。基于此,可以看出大数据、人工智能等新技术引领了共享经济创新发展,在优化产品服务、保障交易安全以及智能化辅助决策等方面发挥了重要作用,推动形成数据驱动型共享经济商业模式发展。

26.4.3　需求对共享经济商业模式的驱动作用

微医的服务模式基于用户需求,明确用户医生及行业需求,能够唤起这三方强烈的认同感。微医提供服务的前提就是挖掘真实的用户需求,以此确定服务方向,制定服务项目。同时微医服务充分考虑顾客细分,明晰顾客价值主张。在洞察顾客需求异质性的基础上,制定明确的企业战略,依据特定的用户的属性、行为、偏好等因素对用户进行差异化定位,尽量做到个性化服务,以提升客户体验。

医生需求保证了企业供给端的充裕。供给侧不平衡问题一直存在,而医疗问题一直以来都是中国百姓最棘手、最迫切的,微医打通上下级医院联系,实现部分区域医疗资源互通,能有效保证供给端来源。

行业需求也是企业的主要推动力,我国医疗行业弊病一直存在,如医疗资源短缺、医疗资源分配不均、医疗信息不互通等众多问题。在国外,一些发达国家早就实现了患者资料共享,而我国在此方向一直停滞不前。一方面是技术受限,另一方面是受政策限制。微医洞悉行业需求,利用先进的数据网络技术,打通了上下级医院之间的联系,打破了区域限制,实现数据传输以及医疗资源共享,能在一定程度上解决行业监管以及资源分配问题。

基于此,可以看出用户、医生以及医疗行业三方需求是驱动共享经济商业模式创新的重要驱动因素,服务是基于需求产生的,新的高质量的服务也能引导新需求,需求间接共同驱动共享经济商业模式创新。

26.4.4　政策对共享经济商业模式的驱动作用

在中国,经济环境与政策密不可分,任何经济形态的发展都离不开政策的支持和引导,共享经济作为一种新的发展模式,迫切需要新产业发展的政策环境。医疗行业本身就比较敏感,微医平台在推广过程中也面临不同地区政策管制问题。在"互联网＋"的大背景下,微医基于大数据与人工智能等先进技术与北京市联合打造的 114 挂号平台,覆盖北京全部医院,全面实现线上预约挂号,完全得益于北京市相关政策支持。此外,2017 年国家开始推行医联体改革,目的是改善医疗资源不足以及现有医疗资源分配不均的问题,也正是此项政策,促成了微医的迅速发展。同样的,四川省现在能实现全面线上医保也得益于四川省政府及相关部门的政策支持。

政策监管与政策引导同样重要。共享经济虽然刚刚兴起,但已经覆盖交通、住宿、金融、医疗等领域,受众之广、影响之大使其监管问题不容忽视。通过对微医的分析可以看出,政策导向对共享企业的影响尤为重要,特别是对涉及人群较多公共服务类行业,政策监管显得尤为重要。因此,企业应通过强化沟通影响政策、加强与医院的融合发展、充分利用互联网连接现有资源,在政策允许的条件下积极推动企业发展。

基于此,可以看出国家和地方政策支持是微医服务出现的重要前提,新政策驱动新服务,政策间接驱动共享经济商业模式创新。

26.4.5　投资对共享经济商业模式的驱动作用

投资既包括资金投入等有形资产,也包括技术、专利等无形资产的投入。微医作为共享医疗行业的佼佼者,目前已有腾讯、国开金融、高盛等许多重头公司为微医注资。微医能够顺利实现融资,首先得益于微医的定位为共享企业,受到国家政策的重点支持。微医的产业集中在医疗行业,医疗行业普及范围较广,是热点民生问题,共享医疗的出现能够有效解决我国医疗资源不足和医疗分配不均的问题。医联体建设政策出台以后,微医获得更充分的政策支持,吸引众多投资。另一方面微医本身有一个优秀的团队,有良好的企业文化,微医CEO具有计算机背景,熟悉大数据等先进技术,企业发展潜力巨大,因此企业争相与之合作。在企业发展过程中,雄厚的资本是企业持续发展的推动力。

同时,投资也是企业的压力,投资者之所以愿意投资,是看中企业发展前景,这也就反过来促进微医不断挖掘新的市场需求,优化服务项目,为社会及公众提供更好的医疗服务。

26.5　微医发展面临的问题

26.5.1　信息安全隐患

现阶段,我国医疗机构信息互联互通、资源共享尚不能实现,这是制约"互联网＋医疗"发展的一大软肋。同时,在互联网平台上,微医能掌握患者的身份证、手机、社保卡与私人病史等私密信息,病患的信息存在泄漏等安全隐患。诊疗行为是一个涉及患者隐私的问题,从医生的电子签名、院间检查信息的传输到患者健康档案的保存等各个环节,每一个环节都需要做好保密工作,而现在的技术能否有效地保护患者隐私仍然需要时间来检验。另外,由于可以通过手机预约挂号,众多"黄牛"纷纷上网抢占网上预约号源进行倒卖,也是资源的一种浪费。还可能会给部分不会或者没条件使用挂号网站的病患带来不便。

26.5.2　医院挂号问题

"挂号如春运,看病像打仗",这是过去传统医院给人的最直观感受。据统计,我国三级医院只有2 498家,却要承载14亿人口每年多达80亿人次的就医需求,这意味着医疗资源和诊断需求是不匹配的。

26.5.3　医疗市场竞争激烈

现在每个医院一般都会建立有自己的公众号来方便患者去查询病情和有需要的人挂

号预约,和微医集团的大多数功能有冲突,如何去维持平衡也是亟须解决的问题。

同时,由于现在互联网技术的兴起,越来越多的互联网医疗服务平台参与了这场竞争。很多互联网医疗公司都在线上挂号、在线问诊、医生服务、互联网医院、医药电商、保险等领域积极布局,业务模式相似。但相比之下,微医在核心资源上并没有优势。

26.5.4　医疗规范问题

在就医方面,由于互联网医院只能设置一级科目的科室,网上诊疗只能对常规病和慢性病进行复诊,而不能进行初诊,因此会存在医疗不规范的问题。

微医集团的各个业务因服务质量屡遭用户投诉,其中微医和微医保为"重灾区",同时,付费问诊医生不回复、医生资质虚假宣传以及保险无理拒赔等也成为微医集团的潜在"关键词"。在投诉平台上,类似事件并非个例。

26.5.5　医疗供需问题

医疗需求逐年增长,但因医疗资源分布不均匀问题,大量基层人员面临看病难、就医难的窘境,需要借助互联网医疗解决供需问题。除此之外,还存在缺乏对快速增长的大量慢性疾病患者的长期积极管理,且存在支付方式单一等问题。

"互联网＋医疗"因为资本的注入,很多企业盲目扩张,瞬间倒闭或者借互联网医疗的风口开始搞金融,导致很多负面新闻,这让很多人对互联网医疗产生了很多不信任感。

偏远地区,基础医疗不完善,互联网医疗的出现让本就弱势的地方传统医疗体系发展得更加不平衡。尤其是远程医疗的浅尝辄止,昙花一现,让人们对互联网医疗建立起来的信任感减弱。

26.5.6　盈利问题

① 盈利模式不清晰。现阶段"互联网＋医疗健康"类企业普遍缺乏清晰的盈利模式,尚未有哪家互联网医疗平台能独立盈利。

② 变现难。现在的在线医疗咨询领域仍然处于治疗建议为主,不能真正诊断治疗。这也就造成了用户于平台来说黏性不高,用户就医多靠传统医疗体系。

③ 运营成本高。团队为了维持平台的正常运转,投入推广提升影响,吸引更多专业医师入驻,所有的营销手段都要大量费用支出。

④ 盲目扩张。如果要达到投资者的要求,平台用户注册量及入驻医生都要达到一定量级。为了短期达到投资者认可的数据,势必要降低入驻医生的门槛,容易带来医疗纠纷。

26.6　微医的未来发展展望

在新冠肺炎疫情防控工作中,微医帮助各地落地互联网医院,打通在线复诊、在线医保、送药到家全流程,成为现有医疗服务的重要组成部分。未来,微医将继续携手政府、医疗机构、医生、医疗健康企业等合作伙伴,共同推动中国医疗健康服务体系智能化、数字化进程,为亿万用户的健康福祉奋力前行。

微医现在开始尝试发展互联网医院及定制化健康档案和全科中心。用医疗 AI 赋能,破局医疗供需难题。"人工智能＋辅助诊疗"潜在市场空间巨大,通过处理大量高质量医疗大数据,如病例、影像、基因,利用人工智能技术建立可验证、可重复的医疗标准。从问诊到检测结果与影像解读,从诊断辅助到慢病管理,医疗 AI 是 AI 技术的最佳应用场景。

医疗健康等领域的刚性需求呈爆发式增长,适时出台激励政策,增加高品质产品和服务供给,做长做细相关产业链,对拉动内需有很大帮助。让医疗 AI 为医生的诊断及治疗方案提供建议,辅助诊疗,这已经不再遥远。这对互联网医疗分流传统医疗体系、分担患者流量有着重要作用。

当前,"互联网＋医疗健康"行业正处于一个高速发展阶段,但最终会走向何方,是像某些互联网行业一样"其兴也勃,其亡也忽",还是真正地将互联网思维、互联网模式纳入医疗健康行业中,促进医疗健康行业的新发展,这取决于企业家开拓精神、行业自我改造、制度规范三方的角力。企业要拓宽服务盈利渠道,发展线下服务机构,增加各类合作方,加强信任机制建设。

讨论题

1. 微医集团的发展历程是什么? 一共经历了几个阶段?
2. 简述微医集团的主要发展模式。
3. 简述微医集团在发展中存在的问题。
4. 在疫情下,展望微医集团可能的发展前景。

参考文献

[1] 姜天一.从微医成长看中国数字化医疗之路[N].健康报,2021-07-09(006).

[2] 林晓晨.微医凭什么配得上"数字医疗第一股"[J].中国中小企业,2021(04):37-39.

[3] 喻真,胡德华,林超.基于"微医"平台的在线健康社区医患沟通有效性研究[J].中华医学图书情报杂志,2021,30(09):57-63.

[4] 多国专家倡议国际中医抗疫:微医华佗云开通海外义诊平台[J].世界中医药,2020,15(05):812.

[5] 高素英,马晓辉,张烨.共享医疗企业商业模式创新驱动因素及驱动机制研究——基于微医的案例研究[J].兰州学刊,2019(09):149-163.

[6] 粟灵,费子.微医:互联网医疗先行者[J].中国企业家,2018(12):99-102.

第 27 章　春雨医生

27.1　互联网医疗的发展背景

27.1.1　互联网医疗的产生与发展

随着移动互联网和数字技术的迅猛发展,许多行业传统的服务模式与商业模式都被颠覆,"互联网＋"的业态模式应运而生。而互联网医疗,则是"互联网＋"在医疗行业的具体体现。所谓互联网医疗,是指以互联网为载体、以信息技术为手段,与传统医疗健康服务深度融合而形成的一种新型医疗健康服务业态的总称。医疗机构以及具有医疗资质的人员运用信息和通信技术开展远程医疗和公共卫生服务,具体服务活动包括疾病问诊、治疗及预防、健康评估与教育和医疗信息的查询等。我国互联网医疗的实践活动已经有 20 年左右的历程,从早期单一的网络健康信息发布、网络问诊,到真正意义的远程医疗、互联网医疗平台,服务内容越来越多样化、多层次,服务供给方式也在不断创新。

27.1.2　互联网医疗的发展优势

随着我国经济的不断发展和中国特色社会主义进入新时代,我国的社会主要矛盾转变为"人民日益增长的美好生活需要和不平衡不充分的发展之间的矛盾"。在这样的大背景下,我国人民群众对健康水平的追求在不断提升,我国医疗服务的需求在不断地增长;尤其是新冠肺炎疫情暴发以来,网民对健康信息的关注程度大大提升。资料显示,通过互联网医疗平台获取健康信息早已是当今社会的常态。中国互联网信息中心(CNNIC)发布的第 49 次《中国互联网络发展状况统计报告》显示,截至 2021 年 12 月底,我国网民规模已达 10.32 亿人,互联网普及率达 73.0％,而互联网医疗用户规模达到 2.98 亿人。此外,互联网医疗作为医疗产业在"互联网＋"业态下的新型医疗服务模式受到了党和政府的高度重视,各项国家宏观战略与政策相继出台,极大地推动了我国移动医疗产业的良性发展。2016 年,国务院发布《"健康中国 2030"规划纲要》,标志着互联网医疗首次被提到了国家战略层面。2018 年,国务院办公厅发布了《关于促进"互联网＋医疗健康"发展指导意见》,允许依托医疗机构发展互联网医院,医师在掌握患者资料后可以在线开具部分常见病和慢性病处方;2019 年,国家更是将线上医疗服务纳入医保支付。由此可见,未来我国互联网和医疗健康服务的融合度会更高,互联网医疗产业发展也会迎来新的机遇。

互联网医疗能够突破时间和空间的限制,实现远程网络问诊、检查报告传输、药品配送等,使医生的诊疗效率和患者的就医体验得到同步提升,具有便捷性和及时性等特点。互联网医疗的产生,一方面优化了医疗资源配置,实现资源区域内流动,有利于提高医疗机构的效率和信息化水平,提供更加优质的医疗服务;另一方面产生了类似智慧医疗等新医疗模式,吸引大量新资本的进入,增加了医疗供给能力。目前我国基于安卓端和 IOS 终端的移动医疗 App 主要为 B2B 模式和 B2C 模式。B2B 模式是建立在医生和医生之间沟通的平台,B2C 模式则是建立在患者和医生之间的平台,主要用于患者的在线问诊、在线问答、网上挂号等。本文要介绍的春雨医生公司主要使用的是 B2C 模式。

27.2　春雨医生的基本情况

27.2.1　春雨医生的诞生

"春雨医生"成立于 2011 年,是我国最早成立的互联网医疗企业之一。公司的理念是致力于利用移动互联网的科技手段帮助人们掌握健康、治疗病痛,给整个医疗体制建立一个更自由的生态。从成立至今,春雨医生先后推出了在线问诊、空中诊所、家庭医生、开放平台、健康小站和互联网医院等创新医疗服务模式,通过互联网向用户提供自诊、健康咨询等服务。其中,在线问诊已经成为春雨医生最成熟的业务形态,用户可以通过电话、视频、图文等方式与医生进行沟通;而智能科室分诊匹配和春雨医助 AI 大脑辅助系统也是平台的一大特色,能有效提高诊断效率和准确率。截至 2021 年年底,春雨医生已积累 1.5 亿用户;超过 66 万公立医院执业医师入驻平台,覆盖所有科室,累计服务患者超过 4 亿人次,付费用户满意度超过 98%。在新冠肺炎疫情期间,春雨医生呼吸科、感染科、心理科等急需科室进行线上义诊,累计服务超过 153 万人,为我国疫情防控、保障人民身心健康做出了贡献。

托·富勒说,一个明智的人总是抓住机遇,把它变成美好的未来。春雨医生的创始人张锐便是这样的人,早在 2011 年,张锐便看到中国移动互联网医疗健康领域仍是空白,于是他辞去了网易副总编的职位,和有道词典首席工程师曾柏毅和中国伽马集团(香港)有限公司中国区总经理李光辉共同创建了春雨。作为最早探索互联网医疗的企业之一,春雨医生在刚创立的前 5 年,便完成了好几轮融资,但随着创始人张锐的突然离世,春雨曾一度陷入了困境。在有医疗背景、时任华润医疗信息管理部总经理张琨继任 CEO 后,春雨才有了新的契机。咨询背景出身的张琨,非常注重效率和 KPI,他将春雨的发展战略转变为 3EP 战略,即 Engage Patients(服务患者)、Enable Providers(赋能医院)、Empower Partners(助力伙伴)。张琨认为,他的贡献就是为春雨找到了合适的商业模式。到 2018 年年底,春雨实现了单月盈亏平衡,这在互联网医疗行业里并不多见。

27.2.2　春雨医生的发展历程

春雨医生从成立发展至今,已经有了 10 余年的历程。在成立的最初阶段,春雨医生是一款以网络诊疗为主要服务业务的移动医疗 App,推行的主要是"自诊+问诊"这两种轻问诊模式,并且用众包抢答的形式获取最初的流量和第一手健康大数据。当使用者在

App上点击模拟人体的不适部位,再输入自身症状,春雨医生会给使用者提供相关病症案例等信息,同时可以通过大数据分析给用户精确匹配相应科室以及擅长相关病情的医生,从而让患者免费与春雨平台上的医生进行线上问诊咨询。医生回答问题也可以获得平台的补贴。这属于市场初期纯赔钱积累用户的买卖。凭借这一形式,大概三个月春雨就获得了100万的下载激活用户量。

经过一段时间的发展,用户数量在逐渐增加。之后,春雨医生又推出了"空中医院"和私人医生服务。"空中医院"是一项定向问诊服务,让医生在春雨平台开店,向用户提供医疗服务,包括图文咨询、电话咨询、买断医生一定时间的私人服务等。医生可以对自己的服务自由定价,用户自行选择价位购买服务。

经过长期发展,春雨医生的规模不断壮大,提供的功能也更加多样化,产品体系更加全面。在完成一定用户积累后,春雨医生开始尝试推行线上和线下相结合的模式。2015年,春雨医生宣布将开设线下诊所,诊所的建设除了自建,还有合作模式、加盟模式、托管模式等。用户可以在线上App进行分诊,并预约线下签约合作的医生。但受到线上线下导流困难、医院合作模式和医保报销等问题的影响,多数难以实现实际运营。除了向用户收费,春雨还开始向企业收费,即推行保险盈利模式。2015年11月,春雨医生与中国人保财险宣布签订了产品创新战略合作协议,共同进入健康服务保险领域。根据人保财险客户群体的特点以及不同层级,春雨公司提供基于线上健康咨询、春雨诊所、权威医疗机构以及春雨国际的分级诊疗体系服务,提供分级别以及标准化的服务内容,支持人保财险进行健康服务型保险的产品创新。2021年,春雨医生还与未来保贝、国富人寿、前海再保险携手推出创新健康险产品"药安心",用随叫随到的问诊和送药上门服务守护广西人民健康。春雨医生与未来保贝联合推出的在线门诊险产品在十多个企业平台上线,为十几万职工提供 7×24 小时的健康守护。这是春雨医生以优质医疗服务升级保险产品、打通"医＋药＋险"的新成果。除此之外,春雨医生还将线上问诊和线下购物服务相结,形成O2O模式。医生在给出诊断建议后通常会推荐相应药物,用户可进入春雨医生合作的药店购买平台下单完成药物购买。

如今,春雨医生主要服务方式还是线上问诊,患者就病情通过线上平台与医生进行交流沟通,医生给出相应诊断。在此前推出的线上线下相结合模式遭到重创后,春雨医生痛定思痛,转换思路,通过与三甲医院合作推出"春雨健康小站"的新型门诊,重新探索线上线下双向拓展的模式。春雨健康小站是社区医疗和家庭健康场景下的创新模式,以线上优势赋能线下场景,线上线下联手打造全方位的数字诊疗与健康管理体系。

27.3　春雨医生的发展战略

27.3.1　互动服务模式与非互动模式相结合战略

互动服务模式主要是患者通过在线网络平台,对病情进行描述,与医生进行线上就医交流及咨询的模式。针对互联网不能面对面交流和触诊的局限性,春雨医生主要推行"轻问诊"模式,针对重症患者,医生将建议使用者就医,并匹配合适的医院和科室;针对轻症患者,医生将提出用药和调养建议。而非互动模式,指的是春雨医生的自诊功能和健康信息的科普功能。自诊功能主要是通过收录了大量临床案例的医疗数据库和算法使患者能在 App 中搜索到与自己一致的症状,这种功能主要是针对常见病和较轻的疾病。而健康信息科普功能则是春雨医生用专业数据和相关文献定时上线许多健康科普文章,分享各种治疗经验和健康知识,有助于人们形成健康的生活习惯或提前了解病情。健康科普的文章有理有据,有根植于日常生活常识的科普,甚至还有鸿茅药酒事件中《公然用濒危野生动物入药,鸿茅药酒底气何在?》之类的调查科普报道,用循证医学和专业知识对重大公共事件进行深度报道,揭露医药骗局,揭发医疗健康市场的乱象,不仅赢得了大众的共鸣,也有利于树立其科普品牌的形象。

27.3.2　推行个性化服务战略

通过搜集用户的健康信息,并录入用户的年龄、性别等个性化数据来给用户建立专属的健康档案,以捕捉用户个性化需求,用智能算法对比分析,为用户推荐个性化的健康教育信息。比如 2022 年 2 月春雨医生新推出的"血压精准管理"特色服务板块,付费用户在输入相关数据后,会有专属的健康顾问进行一对一的分析、跟踪、指导、督促,定时发送用药提醒和相关科普,帮助用户稳定血压,可谓是精准实施,全程陪伴。

此外,春雨医生还推出了私人医生服务。目前我国的医疗体系主要是模仿苏联的医疗体系,以组织为单位,医生属于医院,人们生病首先去医院就诊。但欧美国家的医疗体系却是以医生个人为单位,每个家庭可以选择一名固定的私人医生。当家庭医生无法提供治疗时,才会去医院治疗。而春雨医生的个性化策略便采取了私人医生的模式,用户付费后,私人医生会对个人健康状况进行采集,建立个人健康档案,并与患者保持一个长期点对点、持续稳定的信任关系,帮助其判断身体健康状况,给出相应的指导意见。用户可以拥有一个了解自己健康状况的医生,针对自身情况的特殊性,具体问题具体分析。

27.3.3　免费增值战略

免费增值模式是指免费服务与增值服务相结合的模式。针对用户的不同需求提供不同的消费服务,基本服务免费,附加服务收费,又可以看作是流量变现模式。春雨医生平台的自查服务和健康信息科普服务是免费提供的,但用户想得到医生的解答时则需要付费,并且根据医生的水平不同,收费也不同。通过免费服务吸引流量,等到用户在平台上的关系从弱关系转变为强关系之后,再通过增值服务来盈利便是这一模式的基本思路。当然,想要走免费增值模式也并非容易,优质的服务才是让免费使用的用户心甘情愿掏腰包的关键因素。

27.3.4　服务电商模式战略

电商模式是互联网行业的主要模式之一,近年来各大互联网平台都采用电商模式来增加盈利,在用户和第三方厂商之间搭建在线网购交易平台,可以向厂商收费。因此,电商模式在互联网领域已经发展得较为成熟。春雨医生也不例外,但与大部分互联网平台的流量电商模式不同,春雨医生采取了基于医患强关系为纽带的服务电商模式。

据张锐介绍说,他们的这个服务电商的模式是以私人医生服务为基础,此外还包括像健康产品和药品等物理产品,发挥的是医生在药品的采购流程当中的决策机制,基于医生的问诊咨询结果以及对用户健康情况的判断推荐健康商品、药品等物理产品,形成医药和健康产品持续的购买,建立良性的药品电商生态。春雨医生的首款基于服务电商的理念设计的"春雨妈咪宝盒"就是一个例子。但这一模式,还需要政策的支持。只有打通医保报销环节,消费者的消费积极性才会提高。

27.3.5　多元化激励机制

医患关系可以看作是委托—代理关系,这就很容易形成信息不对称,产生道德风险。传统医疗模式下的医患关系中,医生处于信息优势的一方,这就导致部分医生会为了自身利益(如开药拿回扣)而做出损害患者的行为,这也是导致我国目前医患关系紧张的原因之一。而春雨医生则通过各项措施形成激励机制,降低了医患关系中的信息不对称问题。春雨平台上"空中医院"的医生可以自主定价,收益全部归医生所有,医生的收益与其服务挂钩,形成了激励机制;其次,患者在就诊后可以"送心意",也就是额外给予一部分金钱作为感谢,"心意"公开透明,形成一定的激励作用;另外,患者在就诊后可以对医生的医疗服务进行评价,这是传统医疗模式很少做到的。优秀的医生能够获得更多的正向评价和认可,从而吸引更多患者向其付费就诊。

27.3.6　有效的约束机制

当发生医患纠纷时,患者往往认为是医生诊断的失误并对医生产生怀疑,而医生往往认为是患者无知或恶意纠纷。由于信息不对称,医患双方经常各执一词。如何解决医患纠纷也是互联网医疗的难题。春雨医生对此形成了相应的约束机制。一方面,作为互联网平台,春雨医生利用互联网优势,记录医患之间诊疗全过程的谈话以及相应文件文档,出现医患纠纷时,春雨医生会提供高资历医生仲裁和同行医生监督,患者也可以提取诊疗全过程的文档,申请第三方机构进行判断,以确定过失方,既保护了患者权益又保护了医生权益,对促进医患之间公平公正有积极作用。

27.3.7　跨界合作战略

1. 与品牌跨界

2018 年,春雨医生和眼镜界的品牌"星创视界"达成合作。星创视界董事长王智民介绍,星创视界已经布局了 AI 眼底筛查,与春雨医生打通数据接口后,当消费者在宝岛眼镜店完成 AI 眼底筛查,如果对自身健康有担忧,需要进一步问诊时,可以通过星创视界眼视力健康档案 Vision-iBook 接入春雨智能推荐的医生,享受 24 小时内免费咨询。春雨医生联合创始人、董事长曾柏毅介绍,眼镜店是很好的与眼健康相关的地方,从互联网角度来说,是很好的流量入口,通过与星创视界旗下 1 200 家宝岛眼镜店的跨界,春雨医生的线上咨询服务将获得更广阔、更优质的流量入口,并有望推动春雨医生平台眼科专科服务能力的挖掘与应用。

2. 与行业跨界

近几年,大健康与房地产行业的跨界融合创新正开展得如火如荼,利用大健康为房地产赋能成为越来越多企业的选择。尤其是在新冠肺炎疫情的推动下,广大居民的健康需求被彻底激发,健康住区已经从"改善型需求"转变为"基本刚需"。与其他企业不同,春雨医生创新地使用数字医疗服务体系和房地产联合,打造并落地了成熟的"互联网＋医养康"社区服务体系,在为社区居民提供高品质、便捷化的健康医疗服务的同时,助力房地产企业,加快推动"房企＋大健康"的融合创新。

27.3.8　大数据驱动战略

如今的春雨医生,早已经不仅仅只是把线下的诊疗搬到线上这么简单,而是通过一系列科技手段的加持,使得医疗的智慧化、自动化水平也在不断提升,医学 AI 机器人、中医面诊检测仪、AR 增强现实技术等都在春雨医生的线上医疗中有所应用。如今的春雨医生医疗服务平台正在逐渐发展成为医疗大数据人工智能研发平台。目前,三分钟智能接诊、春雨智能大脑辅助系统等已经取得发明专利级技术成果;此外,春雨医生还联合了中科院大学成立"春雨·中科院大学健康大数据联合实验室",致力于挖掘、分析、研究健康大数据。春雨医生 CEO 王羽潇表示,下一个十年,数字医疗将是创新发展的主战场,春雨将基于 AI 算法和大数据为患者提供系统化解决方案。

27.3.9　积极投身社会公益

作为一家从初创期就坚持"为人民健康服务"的公司,春雨医生始终致力于以科技创新造福民生、践行社会责任。自 2020 年新冠肺炎疫情期间第一时间上线网上义诊后,如今,每当再遇到疫情肆虐或者其他天灾时,"及时上线义诊"已经成为春雨人的习惯。而当观察到后疫情时代,大众心理普遍处于焦虑、抑郁的状态时,春雨医生又联手合作伙伴,共同发起"青心计划"公益活动。春雨医生 CEO 王羽潇说:"希望借本次活动唤醒全社会心灵之青春,尤其关注青少年心理健康,让我们一起给心灵减负,共建健康中国、和谐社会。"此外,春雨医生在践行互联网医疗规范化方面,也一直起着表率作用:春雨医生是首批加入《医疗健康网络数据安全自律公约》的企业,与社会大众共同呼吁抵制线上药品回扣等不合理行为。

27.4　春雨医生未来发展展望

随着医疗技术的进步和通信手段的革新,大数据、云计算、人工智能和移动互联网等高新科技与医疗领域跨界融合,新兴技术与新服务模式快速渗透到包括预防、诊断、治疗等在内的医疗各个环节,给人们就医习惯、就医方式等带来重大变化。在互联网医疗的不断发展和完善下,国民接受医疗服务的方式得到了拓展,互联网医疗的内容形式更加多样。未来,互联网与医疗健康服务的融合度会更高,健康产业发展将迎来新的挑战和机遇。在优化患者就医流程、提升患者就医体验、提高互联网医疗的品牌价值、延伸医院医疗健康服务范围、不断提高医疗服务水平和医疗信息化水平、推进医疗行为规范化管理、助推医疗服务的高质量发展等方面,都具有较为广泛的实践和推广意义。

在经历了 2014 年、2015 年互联网投资热潮后,资本开始回归理性,进入了谨慎观望期。因此,互联网医疗创业者们因融资问题也遭遇了前所未有的资本"寒冬"。但随着新冠肺炎疫情的发生,互联网医疗产业迎来了新的机遇。新冠疫情作为近几年最大的黑天鹅事件,在 2020 年突如其来地发生了,停工、停产、停学,街上一时空无一人,很多行业的发展被迫按下了暂停键,经济更是严重下滑。在生产、消费、贸易等活动都面临萎缩时,这疫情却为互联网医疗行业提供了新机遇。病毒使得健康在人们心中的地位上升到了一定的高度,并且疫情期间,很多宅家的人面临的一些健康问题并不能通过传统的线下医院、门诊部、社区卫生服务站以及线下药店等渠道得到及时的咨询、诊断和治疗,这导致在线医疗服务的需求骤然增加。此外,互联网医疗在缓解医生紧张、减少交叉感染和大数据检测上起到了积极作用。数据显示,2020 年春节期间,我国线上问诊的最高峰达到了 671.2 万人,与 2019 年同期相比,最大涨幅接近 160 万人,涨幅高达 31%。同时,线上平台注册医生也突破 100 万人,且医生在线非常活跃。数据显示,疫情期间共有 5 000 多位专家参加线上直播,总计时长突破 7 000 小时。疫情暴发初期,用户对互联网医疗关注话题关注度较疫情前增长超过 11 倍,随着疫情逐渐稳定,用户对互联网医疗的整体关注仍保持疫情前的 3 倍以上。在此基础上,政府不断出台利好政策,打通了此前制约互联网医疗发展的医保统筹、支付等关键环节。

近日,春雨医生更是完成了 E 轮战略融资,融资之后,春雨医生便有足够的资金展开沉寂了四年之久的"五芒星模型"。所谓"五芒星模型",即探索涉及医院、医生、患者、医药器械、保险这五个方面的一整套闭环系统。简单来说,春雨医生想从医患连接平台转型为一站式医疗全服务的平台。按照春雨医生的"五芒星模型",在五个端点之间任意连接两个端点就可以产生一种商业模式,比如连接患者和医生这两个端点,就形成了如今最主要的在线问诊服务;除了丰富商业模式外,"五芒星模型"还可以提升整体平台的容纳性。向生态平台的转型可以提供一站式服务,涵盖医疗服务的方方面面,满足用户在医疗方面的所有需求,实现用户流量的内循环。然而设想是美好的,但实际操作过程中,"五芒星模型"需要打通的环节过多,春雨医生要想利用好此次疫情和融资带来的机遇实现质的飞跃,可能还有很长的一段路需要走。

十年前,伴随着智能手机崛起的大潮,春雨医生开启了中国数字医疗的大航海时代。十年后,春雨医生当年点亮的烛火已经成为互联网医疗领域中的熊熊火炬。从刚刚成立的轻问诊,到专业医疗交流平台,再到家庭医生、春雨健康小站;从 App 到小程序再到开放平台、春雨智能大脑;从医到药,到数字化营销,再到健康险,春雨公司与众多医生一起,一路上顺着"互联网+"的思维,不断运用新模式,开发新功能,完善品牌定位,深耕行业,在机遇和挑战并存的互联网时代实现经济效益的攀升。虽然春雨医生作为移动医疗的代表性企业,具有巨大的市场前景,但在其迅速发展的背后,也存在着许多改进的地方,需要进一步完善。

27.4.1 强化用户隐私保护

随着社会文明的进步,人们的隐私意识逐渐加强,现代人都不希望自身的隐私遭到泄露,特别是涉及一些私密的身体问题或敏感疾病。相比于"面对面"形式的传统医疗,春雨医生作为互联网医疗,一方面发挥了互联网的匿名性特点,用户的账号为虚拟的社交账号而非真实身份,充分保护了用户的隐私,用户无须直面医生,极大地缓解了就医尴尬,可以没有顾虑地向医生咨询一些私密的或敏感性疾病。另一方面,春雨医生平台违规收集个人信息的问题还有待解决。据媒体报道,2020 年,北京春雨天下软件有限公司旗下的春雨医生(版本:9.1.7)App 因违规收集个人信息遭到工信部通报。值得注意的是,这并非春雨医生 App 首次因隐私问题遭通报。早在 2019 年 7 月,春雨医生(版本:8.5.26)就曾因无隐私政策遭到工信部通报。在 2020 年 4 月份的"净网 2020"专项行动中,春雨医生(版本:8.8.8)App 又因未向用户明示申请的全部隐私权限,被国家移动互联网应用安全管理中心通报。春雨医生掌握着大量用户的医疗数据,这些医疗数据有着高价值性。相比于传统医疗,由于互联网的本质属性,春雨医生平台上的患者信息还会在第三方平台、网络服务供应商等不同线上主体之间流转,患者信息更容易传播和泄露。因此,无论是在技术上、管理上还是在制度上,春雨医生的平台信息安全建设都留有很大的发展空间。构建覆盖全方位、多层次的信息安全管理体系对维护春雨医生平台上和谐有序的医患关系有着重要意义,若长期对用户数据安全缺乏保护,患者就诊隐私得不到保障,春雨医生将会降低用户黏性,并且流失许多忠诚用户。

27.4.2 挖掘潜在需求,探索盈利性商业模式

春雨医生虽然已经探索出一定的商业模式,但还未实现大规模盈利或上市。春雨医生的出发点在于"医",却不应该止于"医",在如今的形式下,春雨医生应该以"医"为入口,发展大健康的产业模式。"上工治未病",防大于治的理念已经日益深入人心,由此而延伸出的各种围绕着健康管理的需求日益丰富,健康知识查询与科普、食疗保健套餐和有机食品采购、健身体育服务、健康旅游服务等,都成了互联网医疗的延伸服务领域,与互联网医疗这一主要服务群体的需求密切相关。因此,春雨医生应该对使用者的需求进行深入的挖掘与研究,对其需求进行转化,丰富其盈利模式。

其次,春雨医生具有大量用户,但目前还未规模化接入广告来增加收入。如果有广告商的加入,通过向企业收费,春雨医生的盈利将进一步增加。

27.4.3 加强在线平台设计的视觉美感

春雨医生 App 的可视化设计缺乏美观性和层次性,界面比较凌乱,图标对齐方式不统一,布局比较拥挤,界面视觉方面做得不够好。此外,界面的主要功能和次要功能的图标设计在视觉上没有拉开差距,影响用户体验感。

值得一提的是,在春雨医生发展的这十年,竞争对手们的发展也是十分迅速。背靠平安集团的"平安好医生"在 2018 年 5 月登陆港股,如今市值已达到 1 187.9 亿港元。而"微医"在 2018 年宣布完成 2 亿美元 Pre-IPO 融资,估值达 55 亿元;另外,互联网巨头对医疗

的渗透也不断加深,阿里在 Double H(HAppiness and Health)的战略下成立"阿里健康",腾讯投资了"微医"等医疗平台,京东的"京东健康"平台也逐渐成长为一只庞大的"独角兽"。面对强劲对手,春雨医生能否借助此次融资在疫情红利中重回当年的地位依旧困难重重。而且,我国的移动医疗产业发展还未成熟,由于诊疗活动需要相关部门的严格批准,我国目前的移动医疗只关注于治疗前的初步诊断,并没有全过程的诊疗活动。春雨医生想要进一步发展,还需要政府相关政策和制度的完善。

由此看来,即便移动医疗有较大的市场前景,但由于中国特殊的体制和国情等原因,商业模式的运营仍需要不断探索。春雨医生要继续发展仍道阻且长,需行则将至、行而不辍。

讨论题

1. 简述互联网医疗。
2. 简述春雨医生作为互联网医疗,与传统医疗的不同之处。
3. 谈谈春雨医生目前的发展模式。
4. 谈谈春雨医生如今面临的机遇和挑战。

参考文献

[1] 张瑞利,王刚."互联网"医疗服务供给:模式比较及优化路径[J/OL].卫生经济研究,2022(03):32 - 37[2022 - 03 - 31].

[2] 刘梦祺.我国互联网医疗发展的现实困境及立法对策探析——兼评《互联网诊疗管理办法(试行)》等三份文件[J].西南大学学报(社会科学版),2022,48(02):37 - 48.

[3] 周静雅.春雨医生发展战略研究[D].天津:天津大学,2020.

[4] 张子豪,章红英.健康管理类应用软件国内外现状与前景分析[J].中国中医药图书情报杂志,2015,39(06):8 - 12.

[5] 丁毓.移动医疗 App 探索创新商业模式[J].上海信息化,2015(02):78 - 80.

[6] 文涛.互联网+健康背景下移动医疗商业模式研究[D].苏州:苏州大学,2017.

[7] 朱笑笑,钱爱兵.信息不对称视角下移动医疗 App 发展竞争力分析[J].医学信息学杂志,2020,41(01):26 - 30.

[8] 历秋晨.互联医疗信息可视化 App 设计研究[D].徐州:中国矿业大学,2019.

[9] 李秀芝.创始人逝于 30 个月前[J].中国企业家,2019(04):122 - 128+7.

[10] 曾小慧.App"春雨医生"健康传播研究[D].湘潭:湘潭大学,2019.

[11] 何小建.数字医疗产业 IP,提升房企产品力[J].城市开发,2021(08):48 - 49.

[12] 王弘宇.互联网医疗企业春雨医生体验营销策略研究[D].成都:西南财经大学,2000.

[13] 王砚波,何珊.春雨医生:互联网医疗的中国实践[J].清华管理评论,2016(11):82 - 92.

[14] 王浩涵.基于共享经济的移动医疗商业模式创新研究——以春雨医生为例[J].现代营销(下旬刊),2019(06):114-115.

[15] 张锐.移动医疗的资本盛宴[J].金融经济,2015(03):44-45.

[16] 曹力,汤少梁,许可塑."互联网+"时代智慧医院前景研究[J].合作经济与科技,2015(19):68-70.

第 28 章　平安好医生

28.1　引　言

目前我国的互联网健康市场处于起步阶段,具有广阔的发展前景,为平安好医生的发展提供了有利条件,具体原因有以下几点:

第一,我国医疗资源分布不够合理,还存在区域分布不均、总体资源紧缺等问题。三级甲等医院代表了我国的优质医疗服务,但在我国优质医院数量和就诊人次呈现不对等。根据弗诺斯特沙文报告,截至 2016 年年底,我国占比为 7.7% 的三甲医院诊治了 49.8% 的就诊人次,就诊患者更加愿意选择具有优质医疗资源的医院。互联网医疗则可以利用"互联网＋"、AI 技术与传统医疗结合,解决我国医疗行业资源短缺的问题。

第二,医疗健康行业缺口较大,互联网医疗行业包括在线医疗,消费型医疗、药品商城、广告营销、保险合作等多种业务。其中,在线医疗咨询数量被预测将从 2018 年的 3.72 亿次以 40% 的复合增长速度增长到 2026 年的 42 亿次。在线药品商城的网站成交金额被预测将从 2018 年的 350 亿元人民币,以超 40% 的复合速度增长到 2026 年的 6 723 亿元人民币。

第三,我国互联网医疗行业相关政策的相关落地,陆续颁布了若干与医疗健康市场相关政策。2016 年国家文件明确表示将医疗健康行业放置国家战略层面,表明该行业前景广阔。2017 年 1 月份颁布的《"十三五"卫生与健康规划》,明确提出将"互联网＋"、云计算等信息技术与健康管理结合。2018 年上半年颁布《关于促进"互联网＋医疗健康"发展的意见》表明国家鼓励医疗机构将互联网技术用于构建一体化医疗服务模式,优化在线诊疗服务及在线药品商城保障工作。2018 年 7 月《互联网诊疗管理办法》在互联网健康服务的进入程序、人员管理、相关服务规范与监管方面做出了细则化指示。2019 年 6 月国务院首次明确互联网医疗可以纳入医保支付,国家医保局完成在互联网诊疗收费和医保支付方面的规定。这些相关规定的落地表明国家对互联网医疗行业大力推动的态度,同时也为互联网医疗行业的发展增添了保障。

28.2　平安好医生的基本情况

平安好医生全称为平安健康医疗科技有限公司,是新兴行业互联网医疗中第一家上市的公司,主要在四个方面提供在线医疗健康服务:在线医疗服务、家庭医生服务、健康商城以及健康管理和互动。平安好医生秉承"信任、专业、便捷"三大理念,以构建专业医患沟通桥梁为使命;以"让每个家庭拥有一个家庭医生,让每人拥有一份电子健康档案,让每人拥有一个健康管理计划"为愿景,集"家庭医生、名医问诊、健康社区、健康评测、健康习惯、健康档案"六大特色服务于一体,为用户提供一站式健康咨询及健康管理服务。平安好医生上线100天,App注册用户就已经突破百万,平安好医生以医生资源为核心,利用移动互联网平台进行医患实时沟通,包括预防保健、导医初诊、预约挂号等诊前服务,以及复诊随访、康复指导、慢病管理、用药提醒等诊后服务。

公司于2018年5月4日在港交所挂牌上市,2020年7月获准纳入恒生科技指数。目前,公司融合了保险＋医疗健康、家庭医生会员制、O2O医疗服务三大模式,通过在线医疗、消费型医疗、健康商城、健康管理及健康互动四大业务板块,为用户提供有温度的医疗健康服务。截至2021年9月30日,平台累计注册用户数达4亿,累计咨询量超11.8亿次,自有医疗团队约2 000人,外部医生专家4.65万名。在"AI医生助手、驻司医生、外部医生、大咖医生"组成的四层医生网络体系赋能下,平台为用户提供全天候问诊、开方、用药指导、报告解读、随访关怀、预约挂号、在线购药等一站式医疗健康服务。线下网络方面,平台合作医院超4 000家(其中三甲医院占比约50%),合作药店数目超过18.9万家。

"平安好医生"发展多年来已经拥有极其丰富的业务体系,主要业务分为家庭医生服务、消费型医疗业务、健康商城业务、健康管理与互动四个板块。

28.2.1 家庭医生服务

家庭医生服务是"平安好医生"的主要产品,"平安好医生"可以通过移动App为用户提供家庭医生服务,人工智能辅助自有医生团队,以及外部签约医生、合作医院,为用户提供在线问诊咨询、预约挂号、医院间转诊、住院安排及复诊服务。在线咨询旨在以实惠方便的方式评估用户健康需求,用户通过文字、图片或语音描述其症状,平台依据智能路由系统进行分诊,并推荐医生,用户选择医生后,医生提供医疗建议。每次诊疗咨询持续15分钟(可延长),根据医生资历及客户评价收取0~60元的费用。转诊、挂号及住院安排是为用户提供医院推荐、预约及住院安排服务。二次诊疗服务则是服务已在三甲医院确诊患有重大或复杂疾病的用户,提供以前应诊医生外的二次诊疗意见,为用户做出进一步医疗决定提供更多的信息或见解。

截至2020年,"平安好医生"平台自有医疗团队已经拥有2 247名互联网执业医生和助理,这些医生和助理主要分布在青岛及合肥等地,并在自营机构进行检查和诊疗;当前已经与5 381名三甲医院机构的著名医生进行了深入的战略合作;此外该平台的服务网络覆盖3 000多家三级医院,其中有100多家医院是国内知名的三甲医院,还与多国建立战略合作伙伴关系,包括美国和澳大利亚等发达国家和地区的两百多家海外知名医院,通过多方合作提高了医疗技术和服务能力。此外,凭借集团技术支持,运用集团开发平安金管家插件程序,也可以为用户提供在线问诊服务,并且通过平安人寿保险来支付部分费用。

28.2.2 消费型医疗

消费型医疗主要是"平安好医生"为用户提供的集合多种医疗健康服务机构的标准服

务规范，以满足用户对疾病预防、整形美容以及其他与健康相关的内容需求，如健康检查及基因检测、医美。健康检查及基因检测是针对用户的个性化需求，提供差异化定制检查服务，如专注于女性健康的服务组合、专注于老年医学的服务组合等。医美服务则是标准化医美产品以及紧致除皱治疗，另外提供口腔卫生服务等。在 2020 年平安好医生已与国内外近 2 300 家健康检查中心、1 800 多家牙科诊所、430 多家中医诊所和 160 家医疗美容机构进行合作。

28.2.3　健康商城

"平安好医生"的健康商城主要为个人用户提供药品、保健品、医疗器械、健身产品及个人护理用品等在线销售服务。企业通过自营模式及平台模式经营健康商城。在自营模式下，企业向供货商采购商品并通过平台向用户销售商品。在平台模式下，企业促成平台供应商与用户的直接交易，平台销售采取收取"固定费用加 4%～10%"的佣金模式。截至 2020 年，平安好医生健康商城实现了近 2 000 家合作商户业务，成为"平安好医生"中最大的收入来源板块，在总收入中占比高达 55.7%。

28.2.4　健康管理与互动

健康管理和互动主要得益于大数据的发展，在权限范围内搜集和处理有关用户的各种健康信息的基础上，精准地筛选用户，并且为其提供适应的健康管理计划，比如减肥瘦身、增肌塑形、康复活动等。其发布的健康头条是专业医生提供的关于健康疗养、儿童保健、养生知识等文章，以吸引不同需求的用户。通过大数据的使用、关键字的抓取，平台挖掘不同用户的潜在服务需求。平台设计和优化治疗、测试和健康课程，内容与用户的产品和医疗保健的服务紧密相关，通过网页推送给更多的用户。健康管理收入来源主要是通过健康服务平台中产生流量来实现。该企业通过给合作方的优势产品和服务进行广告营销，然后从供应商那里获取广告费用。

截至 2020 年，该企业旗下的健康头条通过 20 多个频道发布涵盖多方面的内容，累计发布内容超过 100 万条。除了提供优质的服务，平安好医生还提倡社会各界提升对于健康的重要性认知，并且推出了一系列精心为用户准备的健康方案，包括利用金钱奖励的方式来培养大家的健康习惯，帮助更多的用户逐步形成健康的生活方式。用户可以通过常见的"步步夺金"活动以行走步数来换取"健康金"抵消一部分费用。就目前阶段来看，健康管理及互动板块主要通过广告来盈利。

28.3　平安好医生的发展阶段

借助时代的东风，"平安好医生"发展迅猛，从 2014 年成立到 2018 年上市仅用了 4 年不到的时间。与同行业相比，虽然"平安好医生"步入行业的时间比较迟，但是依靠赋有优势的背景，完成了短时间内注册用户的迅速积累，一跃成为互联网医疗 App 中排名第一的企业，夺取业界人士的眼球。回顾"平安好医生"历年以来的发展，其业务模式大致经历了三个阶段。

28.3.1 第一阶段——健康管理＋移动医疗

2015 年 4 月 21 日正式上线时,"平安好医生"的业务模式定位为"健康管理＋移动医疗"。借助互联网发展的热潮,"平安好医生"从传统的健康管理网络化和医疗产品线上化两个角度展开,通过互联网大数据挖掘客户在线咨询和诊断服务等各种健康需求,打造了不同于传统的线下医疗行业的商业定位。作为平安集团旗下的一员,集团的人力保障和资源支持,使得"平安好医生"比其他同业竞争者更容易引入客户群体,比同行业的竞争对手更能吸引客户,更容易推广自己的品牌。因此,早期"平安好医生"成长较快,发展迅速。在这种盈利模式下,客户在线上向知名医生问诊,然后引导患者到线下实体医院及时进行靶向治疗。从企业生命周期的角度来看,在萌芽期企业要关注的发展重点是引入客户流量,并不是快速变现。

"平安好医生"平台呈现的互联网医疗服务分为三个层次:第一层次由知名三甲医院的各个主治医生组成,这些医生为患者提供全天候一对一的问诊和咨询服务;第二层次主要由社会医生组成,为客户提供线下诊疗和线上随访等多种服务;第三层次主要是专家预约服务,用户可以在平台上选择自己满意的专家来挂号候诊。该平台主要运用大数据、云计算等多种新技术,结合上述三个层次为各种用户提供差异化的精准医疗服务,实现我国医疗资源的优化整合。

28.3.2 第二阶段——打造 O2O 的服务闭环

"平安好医生"运营一年多,发现第一阶段的运营模式有较大问题。其最大的问题就是没有满足用户的最终需求,现有技术和服务无法使其充分地渗透到医院以及医药治疗中。用户的主要需求没得到满足,平台营销也面临困难的境地,终端用户流失较为严重、缺少对于平台的依赖性。因此,需要构建新的经营模式,引入更丰富和优质的医疗服务资源,不断地优化平台各种服务功能。因此,第二阶段的各种措施是对第一阶段的战略升级和优化,开始着手来实现 O2O 服务闭环。创业初期,"平安好医生"着重关注在线咨询,在之后的成长期,企业开始关注医治和疗养结合的模式。"平安好医生"通过收购传统医药企业,完善产业链,拥有自己的产品生产制造公司,通过这种方式,用户可以直接在线上购买他们的药物,给用户提供了很大的便利。除此之外,"平安好医生"的另一个突出特色就是给予用户一站式服务的功能,与优质体检机构进行合作,通过线上预约和线下检查等服务为用户提供更多便利化服务,实现 O2O 服务闭环。为了促进闭环服务的运作,"平安好医生"与保险公司合作,创新传统保险支付方式,医疗在线快速支付得以落地运用。

28.3.3 第三阶段——构建完整生态圈

2018 年 5 月 4 日,"平安好医生"在中国香港正式挂牌上市。为搭建一站式的医疗服务平台,形成完整的医疗服务闭环,"平安好医生"通过建立开放的线上线下平台,将商业保险与医院等合作机构相互连接,三者合力打造完整的生态圈。

2019 年,"平安好医生"提出了建立医疗健康新生态的构想,以完善目前的生态圈建设,为推动互联网医疗的国际化发展,"平安好医生"着手打造出"医院云""诊所云""药店云"和"村医云"四大模块。"医院云"是指线下医院结合"平安好医生"的核心优势,共同构建互联网医院服务平台,从治病到健康管理,融合诊前、诊中、诊后环节,为患者提供线上线下一体化服务。"诊所云"则是为线下诊所赋能,提高诊所的诊疗能力,实现资源与信息的共享。"药店云"则是利用互联网信息技术为线下实体药店带来机遇,实现药店看病、药店买药的医疗服务闭环,使各项资源得到有效利用。"村医云"则旨在为江西、内蒙古、广西等省市的贫困偏远地区的乡村医生提供服务,主要包括乡村医生专属 App、常见疾病检测一体设备、多场景远程诊疗直播培训等助力产品,一方面提升村医医疗能力,另一方面完善乡村医疗服务。

下面是平安好医生自创始以来的简单发展历程:

2015 年 4 月,"平安好医生"App 正式上线。

2016 年 3 月 28 日,"平安好医生"与海南富力开展战略合作。

2016 年 5 月 19 日,"平安好医生"正式对外宣布,获得 5 亿美元的 A 轮融资,轮融资完成后估值达到 30 亿美元。

2016 年 8 月 15 日,"平安好医生"注册用户数首次突破 1 亿,成为国内覆盖率第一的移动医疗应用。

2017 年 12 月份,"平安好医生"获软银 4 亿美元注资,投前估值达 50 亿美元。加上本轮 IPO 融资,自 2016 年以来,"平安好医生"募得资金逼近 20 亿美元。

2018 年 5 月 4 日,"平安好医生"登陆港交所,创下 2018 年以来港股最大规模 IPO。

2018 年 10 月 23 日,"平安好医生"宣布,其自主研发的国内首个中医"智能闻诊"系统已正式上线。其融合 AI 医疗科技和传统中医理论精髓,通过采集用户声音并进行 AI 分析,识别其是否属于气郁、气虚、阳虚等中医体质,实现听音辨病。

2019 年 9 月 23 日,"平安好医生"(01833)宣布注册用户数破 3 亿,月活用户达 6 270 万。

2019 年 12 月 16 日,"平安好医生"(01833.HK)与泰国曼谷杜斯特合作拓海外医疗服务。

2020 年 4 月,总市值突破 1 000 亿港元。

2020 年 9 月,推出子品牌"平安医家",将旗下私家医生、医生工作台、医生队伍和保证保险四大服务整体升级,打造服务用户和医生的双平台。

2020 年 10 月,推出业内首个"在线医疗全程安心保障",直击医患之间的"信任"痛点,打造业内保障体量最大、范围最全的保障体系。

2021 年 1 月 27 日,伴随公司战略的全面升级,"平安好医生"App 正式更名为"平安健康"。

2021 年 2 月 2 日,宣布成立保险事业部,全面推进跟平安健康险的线上业务深度合作,通过联合开发定制化的"医疗健康＋保险"服务组合产品等方式,实现医疗健康服务与保险服务的相互赋能,为用户提供一站式、全方位、全流程的线上"医疗健康＋保险"服务。

28.4　平安好医生盈利模式

我国目前"互联网＋医疗"盈利模式主要有"免费＋增值服务"盈利模式、医药电商盈利模式以及平台盈利模式三种类型。"平安好医生"的盈利模式正是由"免费＋增值服务"盈利模式、医药电商盈利模式以及平台盈利模式三种类型组合而成。"平安好医生"的"免费＋增值服务"盈利模式为"轻问诊＋限时免费"模式,用户通过 App 中的快速问诊限时免费向医生咨询,医生给出相应治疗建议或者在平台上开出电子处方,用户可以在平台上进行购药实现一站式诊疗送药到家服务,诊疗结束之后用户可以选择性打赏医生,平台通过获取该项收入的分成从而获得收益。医药电商盈利模式即"平安好医生"的"健康商城"业务,通过线上售卖药品、保健品以及其他种类商品等获取利润。"平安好医生"的医药电商经营模式分为自营与平台两种(类似于京东商城的运营模式),一方面自建仓库进行药品进货再售卖;另一方面则是吸引药品商家入驻"平安好医生"的平台,商家借助该平台售卖药品,"平安好医生"从中收取平台使用费获取利润。平台盈利模式则是"平安好医生"通过为医生和患者提供平台,患者在 App 上选择免费咨询或者选择专家进行挂号付费咨询,同时还与医药厂商、医疗设备供应商等进行合作,提供平台供其售卖并从中获利。

平安好医生是中国在线医疗行业的领军者,背靠平安集团,建立医疗生态体系。该公司主要四大业务包括在线医疗、消费型医疗、健康商场与健康管理与互动。依据亚德里安·J.斯莱沃斯基五要素理论,应当从利润点、利润对象、利润源、利润杠杆和利润屏障五个基本点来分析平安好医生的盈利模式。平安好医生的核心优势是家庭医生服务,这是其区别于其他互联网医疗企业的不同之处,应当作为未来其发展的核心利润点。平安好医生的利润对象包括患者、医院、保险公司、医疗器械公司等,付费用户是其主要利润对象。尽管其用户注册数量庞大,但五大客户都来自平安系公司,平安系客户贡献大部分营业收入。因此,企业还应当发展其他潜在的付费用户。2019 年,以提供医药健康类商品为主的健康商城和提供体检、医疗、口腔等标准化健康服务为主的消费型医疗分别占其营业收入的 57.3％和 21.95％,是其主要收入来源。但相对来说,由于用户对体检等需求增加,这其中有很大的市场,所以消费型医疗能为企业带来更多的收益,应当作为主要利润源。此外,企业经过两次战略调整,从最初的移动医疗到涉足医药再到如今的医疗生态,已经建立起较为清晰完备的医疗生态体系,满足顾客多样和个性化的需求,可以提升利润杠杆。"互联网＋AI＋医疗服务"也是它诞生以来区别于其他传统医疗健康企业的主要特征,且如今平安好医生不断深化 AI 应用,提供辅助诊疗,提升诊疗效率,可以作为其利润屏障。

28.4.1　付费用户为主要利润对象

利润对象主要是指企业在经营过程中客户的范围。从需求上分析,"平安好医生"的客户对象主要有患者、医生、医院、药企、医疗器械公司、保险公司、银行等,其中与之合作的保险公司主要为中国平安集团下的平安保险。从客户分布分析,一类是平安集团用户,这部分用户数量占总客户数量的一般以上;另一类是其他用户,分布较散。从年龄上分析,"平安好医生"的主要客户主要有两类,一类是中老年人,这部分人大多数已经退休,有充足的时间和精力,年龄主要在 50 岁以上;另外一类是年轻人,一般是对兴起的"互联网＋医疗"的服务感兴趣,年龄主要集中在 20~40 岁之间。从职业上分析,"平安好医生"的主要客户是在校大学生、在职人员、离退人员等需要在线提供诊疗等相关服务的客户。在校大学生客户黏性较低,但对于新兴的"互联网＋医疗"感兴趣;离退人员由于对互联网医疗的接受性比较低,通常只是偶尔需要"平安好医生"提供服务;在职人员才是"平安好医生"应该重点关注的对象,企业可以根据对不同年龄段、不同职业的客户进行精准划分组合,开发更多的潜在用户。

28.4.2　家庭医生服务为核心利润点

利润点是能给企业带来利润的各项经营项目。"平安好医生"的招股说明书中显示,企业当前营业收入主要由家庭医生业务、消费型医疗业务、健康商城业务、健康管理和互动业务四大业务板块提供,其中明确表示家庭医生服务是企业的核心业务。该业务主要是通过"平安好医生"的自有医疗团队以及外部签约名医,辅助研发的 AI 诊疗技术为用户提供一站式服务,其中包括 7 天×24 小时的在线问诊咨询服务、在线挂号服务、医疗转诊服务、安排住院服务、复诊方式及一小时送药到家服务。家庭医生服务也是"平安好医生"的核心优势,目前其他互联网医疗服务企业暂未开启该项业务,这也是"平安好医生"的盈利模式与其他竞争企业不一样之处。但由于目前我国人民的医疗消费习惯仍旧停留在传统的医疗服务模式上,大多数的用户群体并没为自己或家人购买家庭医生的意愿,所以在目前的情况来看,"平安好医生"的家庭医生服务很难实现盈利。

28.4.3　消费型医疗是其利润的主要来源

企业在建立时就应该提前制定好相应的战略规划,比如企业获得收入的具体方式和渠道,企业的利润来源是什么,该来源是否能够让企业稳定且持续地获得盈利。"平安好医生"在成立之初就已提出企业的利润来源为家庭医生服务、消费型医疗、健康商城、健康管理与互动四大类。其中健康商城的年收入占比最高,健康管理与互动毛利率最高,但相对来说,消费型医疗为企业带来的效益更多。消费型医疗服务业务主要是通过"平安好医生"平台,将线上服务与线下资源进行有效整合,为客户提供满足用户需求的产品与服务,其中包括健康体检、医美整形、口腔及个体基因检测等服务。2018 年该项业务为"平安好医生"创造了近三分之一总收入的收益。2019 年消费医疗板块创造了大约 45.8% 的利润,而且这一板块业务收入在逐年增长。体检与互联网技术相结合是互联网医疗服务企业的发展态势之一,有很大的市场需求。消费型医疗业务通过查看用户上传至平台的诊疗结果以及电子健康资料,为用户提供以上增值服务的同时协助就诊结果的解读,帮助有需要的用户进行线下复诊,甚至为用户定制个性化的健康管理计划。

28.4.4　一站式医疗健康生态系统提升利润杠杆

利润杠杆是指企业针对其客户群体购买本企业的产品和服务,采用一些营销手段和措施来吸引更多的客户对企业的关注。企业吸引客户的方式主要有两类:一类是企业提供的产品与服务,是企业发展的基础,与企业的生产经营有关,通过为客户提供服务从而为企业带来利润;另一类是企业运营过程中起到支撑作用的活动,比如企业的知名度、企业的售前/售中/售后服务等,与企业的生产经营相关度不大,虽然不是企业发展的基础,但是在企业的未来发展过程中不可或缺。关于"互联网+医疗"服务企业,吸引客户的第一类方式为具有自身发展特色的产品与服务,第二类方式主要有企业的品牌度、与客户交流的服务态度等。"平安好医生"通过对互联网医疗市场进行分析,吸收同行业竞争企业的优质服务,拓宽企业的发展范围,为客户提供更多的增值服务,吸引用户参与"平安好医生"医疗健康生态系统开展的各类活动,构建一站式的医疗健康生态系统。该生态系统给用户带来了从问诊到送药到家的一站式闭环体验,对于一些常见病而言,已经可以取代传统的医疗服务模式。

而且,目前"平安好医生"已着手进一步的战略布局,在增值服务方面,发展慢性病管理,通过与相关配套的可穿戴设备生产商合作推荐用户购买从中获得佣金分成;在拓宽就医区域层面,"平安好医生"逐渐与海外知名医院进行合作,患者可以不出国门便获得国外医生的诊疗。"平安好医生"的健康医疗生态系统逐渐清晰,系统覆盖范围广,满足客户个性化需求。

28.4.5 "医疗+保险"设立利润屏障

利润屏障是指企业为了保证其市场占有率不被其他竞争企业争夺而采取的各种应对措施,即企业的核心竞争力。一直以来,我国的医疗与保险密不可分。传统的医疗服务体系主要是与基本医疗保险挂钩,很少与商业保险进行合作,少部分个人购买商业保险在医院就医后前往商业保险公司报销。然而在医疗费用的控制角度以及提升相应医疗服务质量方面,商业保险在医疗服务中起到的作用是显而易见的。基本医疗保险主要依靠政府支持,报销项目有限且报销数额不多,而商业保险多种多样,依据消费者购买的产品细则报销,报销项目多且赔偿金额大。"平安好医生"通过与关联公司平安保险进行合作,控制医疗费用的同时避免发生患者过度医疗的现象。"平安好医生"的"互联网+保险"结合一方面优化了患者"看病难"的问题,完善了医疗保障体系;另一方面解决了患者"看病贵"的痛点,拓宽了互联网医疗"谁来买单"的报销渠道,控制医疗费用的同时改善了医疗服务质量。

"平安好医生"通过与平安保险和线下实体医院进行合作,在互联网医疗行业中首次推出"商保直赔"服务系统,改变了传统医疗保险的先治病再赔付的模式,患者可以先赔付再治病,这是中国 HMO(Health Maintenance Organization)管理式医疗模式发展的新亮点。"平安好医生"通过构建互联网医疗健康管理平台,利用互联网信息技术将医院与保险公司连接,将三方的内外部资源进行有效整合,搭建出以医院为核心,电子处方以及上报赔付等为一体的互联网医疗生态模式。在"医疗+保险"的发展形势下,"平安好医生"逐步走进基本医疗保险市场,将商业保险与社会保险之间障碍清除,优化互联网医疗服务体系,促进企业"互联网+医疗"的健康发展。

28.5　平安好医生未来发展展望

虽然"平安好医生"发展迅速，是我国"互联网＋医疗"新业态下的"独角兽"企业，但是目前发展仍然不成熟，存在很大的改进空间。

它依托于平安集团，收入都来自平安系用户，所以尽管用户数量在业界最为庞大，但仍然不容乐观。并且"平安好医生"的采购过度依赖于平安集团，也依托与平安系企业协同销售，使得企业在销售过程中缺少话语权，挤压了盈利空间。所以"平安好医生"要加强平台内外部的合作，降低对平安集团的依赖度。可以与更多企业进行合作，继续发展新产品"私家医生"，继续利用互联网医疗服务平台，在完善利润对象的同时，将大量的客户资源和渠道引入盈利模式。同时还要优化产品内容与服务的质量，增加用户黏性。

平安好医生的核心竞争力是其"互联网＋AI＋医疗服务"，但是由于在线问诊技术并未完全成熟，顾客对其诊疗结果仍然持有怀疑态度，因此付费咨询的意愿较低，企业只能依靠健康商城这种医疗电商来贩卖产品、获取销售利润，并未与其他互联网医疗产品形成差异。消费者也很容易被其他企业吸引，转而使用其他产品。对于平安好医生而言，首先应当挖掘潜在用户，拓展新客户。目前，潜在顾客对于互联网医疗的疑虑主要在可靠性、响应性等方面。由于在线医疗难以满足问诊时"望、闻、问、切"等需求，且医生多是利用碎片化时间在线问诊，难以及时响应，所以，拓展新用户首先要攻克这些技术难题，探索在互联网医疗行业能够增加客户黏性、问诊结果准确性、医疗服务质量的差异化经营模式。

其次，应当努力探索自己的核心竞争优势，将资源进行有效配置，而不是盲目跟风。"平安好医生"的核心为家庭医生的线上问诊服务，将线下与线上的资源进行整合，构建线上线下一体的智慧社区。将线下医院、线下诊所以及药店紧密联系起来，为用户创造多场景覆盖、全流程诊疗的服务，提升顾客满意度。还可以探索挖掘高素质的医生团体，并且将这些医生培育成能适应互联网问诊节奏的高等级医生。通过营销、广告等多种手段培育客户线上问诊的消费习惯，并建立客户对平安好医生的信任机制。

最后，要顺应"分析诊疗"的社会趋势，促进优质资源纵向流动，为用户创造多场景覆盖，提升顾客的消费体验满意度。

讨论题

1. 简述平安好医生的主要发展历程。

2. 简述平安好医生的主要业务体系。

3. 简述平安好医生的主要盈利模式。

4. 通过对平安好医生平台的分析并结合 SWOT 分析，简述其成功发展的经验以及存在的问题和风险。

5. 谈谈平安好医生当前面临的挑战以及未来发展展望。

参考文献

[1] 张婧颖.平安好医生 VIE 模式搭建过程及上市绩效分析[D].南昌:江西财经大学,2020.DOI:10.27175/d.cnki.gjxcu.2020.000713.

[2] 徐婷."互联网＋医疗"新业态下"平安好医生"盈利模式探析[D].南昌:江西财经大学,2020.DOI:10.27175/d.cnki.gjxcu.2020.000203.

[3] 谢莉莎."互联网＋医疗"新业态下平安好医生盈利模式研究[D].南京:南京邮电大学,2021.

[4] 徐蕾,赵悦."互联网＋医疗"行业影响因素及盈利模式研究——以"平安好医生"为例[J].经济研究导刊,2021(20):22－25.

第 29 章　好大夫在线

29.1　好大夫在线平台的基本概况

好大夫在线创立于 2006 年,是中国领先的互联网医疗平台之一。经过 15 年的诚信运营,好大夫在线已经在医院/医生信息查询、图文问诊、电话问诊、远程视频门诊、门诊精准预约、诊后疾病管理、家庭医生、疾病知识科普等多个领域取得显著成果,受到了医生、患者的广泛信赖。

好大夫在线拥有数量众多的优质医生群体。截至 2021 年 10 月,好大夫在线收录了国内 9 780 家正规医院的 86 万名医生信息。其中,24 万名医生在平台上实名注册,直接向患者提供线上医疗服务。在这些活跃医生中,三甲医院的医生比例占到 73%,具有很高的医疗服务权威性。

用户可以通过好大夫在线 App、PC 版网站、手机版网站、微信公众号、微信小程序等多个平台,方便地联系到 24 万公立医院的医生,一站式解决线上服务、线下就诊等各种医疗问题。截至 2021 年 10 月,好大夫在线已累计服务超过 7 400 万名患者。

29.1.1　好大夫公司的简介

好大夫在线成立于 2006 年,是互动峰科技(北京)有限公司运营的互联网医疗平台,致力于合理分配医疗资源、帮助患者找到好大夫,是中国最可信赖的院外医疗服务平台。好大夫在线逐渐形成"线上咨询、预约转诊、线上复诊、远程专家门诊、家庭医生签约后服务"等多种服务形式。

基于分析中国患者的需求,好大夫在线创建了第一个实时更新的互联网医生数据库、第一个专业的网上分诊系统、互联网院后疾病管理和线上复诊服务、第一个远程专家门诊服务等。好大夫在线平台拥有 23 万实名注册的医生,其中 73% 来自三甲医院。截至 2021 年 4 月,好大夫在线平台已服务全国患者 7 000 余万人,每日医患沟通次数超过 20 万次。

2016 年 4 月,好大夫在线在西部地区的宁夏回族自治区建立了网上诊疗试点——银川智慧互联网医院,大力推进社区惠民工程,进一步深化医改、推动分级诊疗制度建设,提高当地群众就医可及性,缓解看病难问题。好大夫在线在宁夏创新地建立了远程专家门诊、家庭医生服务平台,推动了西部地区的"互联网+医疗"健康探索。2018 年 4 月和 6 月,李克强总理、孙春兰副总理亲临宁夏,调研了"远程专家门诊",并给予了充分的肯定。

好大夫在线始终恪守社会价值优先,坚持以提供优质线上医疗服务为主要商业模式,追求良性发展,鼓励医生向患者提供优质服务,推动患者为医生的优质服务付费,倡导医生用优质服务获取阳光收入。

好大夫在线平台的运营公司——互动峰科技(北京)有限公司,是高新技术企业,现有员工 600 名左右,总部坐落于北京市朝阳区 DREAM2049 国际文创产业园,在上海、广州、银川设有分支机构。

好大夫在线持续受到资本市场的支持,其公布的投资方包括雷军、联创策源、DCM、挚信、崇德、腾讯。

好大夫在线一直秉承"诚信、社会价值优先"的理念,提供优质的互联网医疗服务,期待与医生携手打造最值得信赖的医疗平台,"让行医简单,看病不难"。

2020 年 2 月,好大夫在线启用新 Logo"双手赞",借此表达公众对医生的认可和赞扬。

29.1.2 业务介绍

1. 图文咨询、电话咨询

患者可以通过好大夫在线,与医生在线沟通或电话沟通,获得基于病情的专家建议,减少患者(尤其是外地患者)的就医成本。

2. 远程专家门诊

全国知名专家的视频门诊。患者在当地医生的帮助下,找北京、上海等地的专家,网上视频看病,由专家为患者出具诊疗方案,并由当地医生在本地实施治疗。

3. 预约转诊

好大夫在线拥有强大的分诊系统和专业的分诊团队,帮助患者在线找到最合适的医生。平台上大量的全国顶级专家还开通了预约转诊服务,病情符合要求的患者可以预约医生的门诊。此项服务为免费业务,好大夫在线不收取任何费用。

4. 诊后疾病管理和线上复诊

在患者离开医院以后,还能够利用好大夫在线的平台,接受自己主治医生的长期管理。在病情允许的情况下,可以直接在网上复诊,医生可以开出续药的电子处方,由第三方配送公司送药到家。

5. 好评医生推荐

好大夫在线拥有全国第一个中立客观的就医经验发布平台。患者可以对自己就诊过的医生进行投票、撰写感谢信、发表评价和就医经验,为其他患者提供参考;同时,好评医生的推荐权重还包括医生的专业能力、所在医院科室的医疗水平等。

6. 门诊信息查询

好大夫在线是全国领先的医院、医生门诊信息查询中心。截至 2021 年 4 月,好大夫在线收录了全国近 1 万家正规医院的 79 万名医生,详尽展现了每位医生的专业方向和门诊信息。针对重点医院,可以做到每天 20 点发布第二天停诊预报,是全国质量高、覆盖全、更新快速的门诊信息查询中心。

7. 疾病科普知识

专业的疾病知识科普平台。由全国正规医院的医生,为患者提供图文、语音、视频等形式的科普内容,保障科学性。截至 2018 年,好大夫在线上共有 5.5 万名医生撰写了 100 多万篇疾病科普文章,发布专家访谈、疾病专题等共计 700 余期。

8. 家庭医生

由多个专科专家支撑下的县乡村一体化家医服务团队。帮助专科医生和基层全科医生建立慢病管理的协作关系,组成"专科＋全科"的团队,向基层患者提供规范、专业的慢病管理服务。遇到专科医生解决不了的问题,则通过远程专家门诊继续向上级专家寻求诊疗建议。

29.1.3　融资情况

2007 年年中,好大夫在线获得了来自天使投资雷军和联创策源 300 万元的第一笔风险投资。2008 年夏天,好大夫在线获得了 DCM 第二轮约 300 万美元的投资。2011 年,好大夫在线获得联创策源、DCM 资本和挚信资本第三轮 1 500 万美元投资。2017 年 2 月,腾讯对好大夫在线领投的新一轮投资到账。好大夫在线向《每日经济新闻》记者提供的数据显示,公司在 2007 年获得雷军(微博)和联创策源 300 万元人民币的天使投资后,已经历 5 轮累计 2.73 亿美元融资。好大夫在线相关人士表示,将持续扩大在医疗资源上的投入,目前诊后业务已成为全行业唯一一个规模化运行的网上疾病管理系统。

29.2　好大夫在线的发展历程

2006 年,聚集基础数据;建成覆盖全国的医院/医生数据库;推出医生点评、投票系统。

2008 年,进入院前服务领域;推出首个面向医生的个人网站平台;建成中国首个网上分诊平台;推出中国第一个"按病情分配"的网上预约转诊服务。

2010 年,开始诊后管理服务业务;建立多疾病领域的诊后管理平台;研发科学规范的诊后管理工具。

2013 年,进入移动互联网时代;推出独立 App,独立品牌快速成长;用户规模迅速扩大。

2016 年,开始线上诊疗试点,成立智慧互联网医院。

2017 年,创立远程专家门诊服务,助力分级诊疗。

2018 年,上线家庭医生签约服务系统;帮助医疗资源下沉。

2018 年 4 月,孙春兰副总理调研好大夫在线银川智慧互联网医院的基地医院——银川市第一人民医院,指出"互联网＋医疗健康"是解决医疗资源供给不平衡不充分的重要举措,要认真落实党中央、国务院决策部署,加快发展"互联网＋医疗健康"。

2018 年 6 月,李克强总理来到好大夫在线银川智慧互联网医院的基地医院——银川市第一人民医院,听取"互联网＋医疗健康"工作的汇报,并对远程门诊、远程诊断等创新给予了肯定,称银川要打造国家级的"互联网＋医疗"示范区。

2021年1月25日,在李克强总理主持召开的教科文卫体界人士和基层代表座谈会上,好大夫在线公司创始人王航就发展"互联网＋医疗健康"提出建议。李克强说,医疗卫生战线为防控疫情做出了特有贡献。要继续加强公共卫生体系建设,守护好群众健康。依托"互联网＋"等新技术,扩大优质医疗资源延伸服务范围,缓解群众看病难问题,同时探索与此相适应的监管模式。

29.3　好大夫在线的管理模式

"好大夫在线"的管理模式为扁平化管理。扁平化管理是指通过减少管理层次、压缩职能部门和机构、裁减人员,使企业的决策层和操作层之间的中间管理层级尽可能减少,以便使企业快速地将决策权延至企业生产、营销的最前线,从而为提高企业效率而建立起来的富有弹性的新型管理模式。它摒弃了传统的金字塔状的企业管理模式的诸多难以解决的问题和矛盾。

扁平化管理是企业为解决层级结构的组织形式在现代环境下面临的难题而实施的一种管理模式。当企业规模扩大时,原来的有效办法是增加管理层次,而有效办法是增加管理幅度。当管理层次减少而管理幅度增加时,金字塔状的组织形式就被"压缩"成扁平状的组织形式。

在员工的眼中,好大夫的管理风格是"一杆插到底",非常扁平化,公司的两位创始人能叫出公司大多数员工的名字,对各项产品和服务也非常熟稔。这种习惯也许来自王航创业之初跑医院的经历,那时他一个个地去谈科室,一个接一个地去找医生,吃过闭门羹无数。到现在,他还是喜欢和一线医生保持紧密联系,去了解当前的问题。每年的管理层团建他总会留出一天,组织大家去当地医院分头拜访。

29.4　好大夫在线的商业模式

"好大夫在线"有三不做原则:一是不做医疗广告。二是不自建线下医院,也不投资线下医院。自己办医院,平台就会"忍不住"想把流量引到自己的医院里,来追求自己的获益;完全没有自己的医院,平台才能真正站在患者角度,帮他们对接到合适的医院去。三是不卖药获利。新医改以来一直强调医药分开,如果医和药在线下必须分开,那么在线上也同样需要分开。如果"好大夫在线"既做诊疗又卖药,那老百姓看病的公平性将很难得到保障。

3W2H模型的理论研究框架由5个要素组成,可以清楚地解释医疗分享的内涵和机制。在3W2H模型的主要结构中,客户(Who)是认可并为企业的产品和服务付费的人,消费群的选择是进行市场细分。产品和服务(What)是指医疗分享企业为客户解决问题或根据顾客需求所提供的产品。这是企业能够提供给消费者群体的价值所在,通过产品和服务满足消费者需求。目标市场(Where)是指医疗分享企业期望并有能力占领和发展的市场。通常考虑的因素是地理位置,可以根据不同的区域界定自身的业务空间。如何实现价值(How)是医疗分享企业为客户创造价值所必须进行的最重要的活动。如何实现盈利(How)是医疗分享企业向消费者提供产品和服务时所产生的成本结构和收入来源。企业只有实现盈利并拥有健康的资金链才能生存,这是企业如何进行价值创造、创新和价值实现的内在逻辑。

29.4.1　产品用户要素

好大夫在线吸引了更多年龄在 23 岁至 30 岁用户,年轻白领用户是主要的消费群体,他们的收入跨度较大,这一年龄段人群对使用移动互联网获取医疗服务、在线问诊和健康管理的意识相对较高。

29.4.2　产品服务要素

好大夫在线的业务范围则相对集中于单一的在线咨询轻问诊服务,用户向医生提问,寻求答案,并支付一定费用。医生出卖相关知识、经验,提供解决方案,同时获得相应的报酬。该产品专注于找医生和问医生,平台上提供的所有服务如在线问诊、预约挂号、健康建议和患者交流、知识付费服务等,都是为了一个目的:让用户快速准确地找到他们想要的医生。好大夫在线利用自身大量的在线医生资源,为用户提供专业高效的服务,解决用户的健康问题,并对是否去医院就医提出建议,分流患者以缓解医院的压力。同时,尤其对于慢性病患者而言,更便于医生与用户进行长期的实时管理。

29.4.3　地理市场要素

好大夫在线在地理位置的分布上,呈现高度集中化的特征,北京和上海两地的用户总共占比接近过半,其在一、二线城市的用户数最大。这是由于一、二线城市在移动互联网普及率及使用率、医疗资源和人均收入水平等方面具有更多的优势。人均收入水平较低的城市配套的资源水平相对越低,使用在线问诊的医疗分享用户就越少。

29.4.4　价值实现要素

好大夫在线利用上千家丰富的医院资源,通过在线咨询的轻问诊服务,将患者用户与医生用户联系起来,不仅使行医变得简单,而且实现了看病不难,同时可以提高患者和医院的效率,节约患者和医院的时间。医生在好大夫在线上提供轻量级的用药或治疗方案,患者可以根据结果判断自己是需要进一步去就诊,从而实现早期的预防治疗。此外,在平台上好医生和好医院的口碑传播,为患者了解医生或医院提供了途径,在相同疾病的患者之间建立了一座沟通桥梁。

29.4.5　平台盈利要素

好大夫在线的盈利模式是以广告、流量分享以及增值服务为主。广告和流量分享是典型的线上平台变现方式,而增值服务则更多地依赖在线诊断服务以及线上和线下端的打通,如通过衔接起挂号、导诊、支付和诊断信息推送等一系列流程,好大夫在线可以收取佣金盈利。就成本而言,两家企业主要的成本投入项目都是平台的维护成本和营销推广费用等。根据目前的发展模式,可以创建一个集医疗保险和医疗服务于一体的商业体系。该模式旨在整合患者、医生、医疗机构和保险机构。在这种模式下,被保险人通过全额预付款的方式将资金给予医疗分享平台成为会员,并按照不同的保险等级享受相应的医疗服务,商业医疗保险或许将成为一个重要的盈利渠道。

29.5　好大夫在线的盈利模式

29.5.1　好大夫在线的盈利模式

"好大夫在线"成立的前几年时间主要通过电话预约分成来盈利,随着互联网医疗的发展,"好大夫在线"的盈利模式逐渐以广告、流量分享以及增值服务为主。

广告和流量分享是典型的线上平台变现方式,而增值服务则更多地来自在线诊断服务以及线上和线下端的打通,如通过衔接起挂号、导诊、支付和诊断信息推送等系列流程,好大夫在线可以收取佣金盈利。增值服务也包括会员费和服务费等,会员费主要是家庭医生会员服务,包含无限次的图文交流、电话回拨;(紧急时)每月2次拨打医生的私人电话;如果遇到疑难问题,家庭医生会通过邀请专科医生电话为患者免费解答疑问。按签约时间和会员等级,会员费由几百到几千不等。服务费主要针对海外就诊,包含海外医学专家远程咨询和赴国外权威治疗,海外远程咨询服务,服务收费:人民币42 000元起;归国后国内权威医学专家预约等,服务收费:人民币78 000元起。

就成本而言,"好大夫在线"主要的成本投入是平台的维护成本和营销推广费用等。同时"好大夫在线"线下的广告变多了,而且大多投放在客流量大的黄金地段。机场、地铁、写字楼,好大夫的灯箱广告醒目易见。根据目前的发展模式,可以创建一个集医疗保险和医疗服务于一体的商业体系。该模式旨在整合患者、医生、医疗机构和保险机构。在这种模式下,被保险人通过全额预付款的方式将资金给予医疗分享平台成为会员,并按照不同的保险等级享受相应的医疗服务,商业医疗保险或许将成为一个重要的盈利渠道。

目前来看,"好大夫在线"虽然页面整洁,几乎没有任何广告,但是它的盈利模式较为传统单一,至今还处于亏损阶段。而在未来,从医疗服务的完整流程来看,医、药、保险三者密不可分。线上诊疗不是一个能有收益的模式。而"药"这条路也不行,王航便把目光瞄向更远处的"保险"。比如中产阶层,他们需要商业化的多层次服务的话,商业公司可以从中多赚一点利润,当然也要对应着提供更好、更优质的服务。王航认为,理想的医疗服务模式一定是保险制或会员制。同时,医保资金的使用对商业保险资金产生导向作用。比如说哪些药品和服务是被认可的、可报销的,报销规则如何,等等。医保动一动,整个商保都会去跟着改变。言外之意,互联网医疗的真正支付方是商业保险。

29.5.2　好大夫在线与竞争者的盈利模式比较

"好大夫在线"的竞争对手选择"平安好医生"作为参照,进行对比分析。

"好大夫在线"的平台盈利模式是指患者咨询医生时先支付一定的费用,医生通过自身的专业知识以及诊疗经验为患者提供相应的治疗建议,从而获取应得的报酬。"好大夫在线"利用早期发展的优势以及多年积攒的名医资源,为用户提供优质且专业的产品与服务,保障用户的健康。已有的大量在线医生资源,为用户提供专业且高效的服务,解决用户的健康问题,并在有限的范围内对用户是否需要前往实体医院进行诊疗提供建议,在一定程度上分流了部分患者,缓解了线下医院的诊疗压力。同时,"好大夫在线"通过与线下实体医院进行合作,使医生入驻平台,患者在医院进行就医之后医生可以将患者相关信息录入平台,医生可以在平台中进行线上复诊,但是问答次数有限制,超过次数则会要求另行收费。

"平安好医生"的"免费+增值服务"盈利模式为"轻问诊+限时免费"模式,用户通过App 中的快速问诊限时免费向医生咨询,医生给出相应治疗建议或者在平台上开出电子处方,用户可以在平台上进行购药实现一站式诊疗送药到家服务,诊疗结束之后用户可以选择性打赏医生,平台通过获取该项收入的分成从而获得收益。医药电商盈利模式即"平安好医生"的"健康商城"业务,通过线上售卖药品保健品以及其他种类商品等获取利润。"平安好医生"的医药电商经营模式分为自营与平台两种(类似于京东商城的运营模式),一方面自建仓库进行药品进货再售卖,另一方面则是吸引药品商家入驻"平安好医生"的平台,商家借助该平台售卖药品,"平安好医生"从中收取平台使用费获取利润。平台盈利模式则是"平安好医生"通过为医生和患者提供平台,患者在 App 上选择免费咨询或者选择专家进行挂号付费咨询,同时还与医药厂商、医疗设备供应商等进行合作,提供平台供其售卖并从中获利。

相比之下,"平安好医生"的平台盈利模式在一定程度上不同于"好大夫在线","平安好医生"大多数是线上就诊,推广至线下就医,而"好大夫在线"已经做到患者于线下就医后可以远程进行线上复诊。

29.6　好大夫在线存在的问题

29.6.1　盈利难

一直以来,好大夫在线紧紧拽住的,是国内数一数二的医生和患者资源。但不卖药、不开线下医院,仅靠线上诊疗模式,带来的直接问题就是很难获得收益。事实是直到现在好大夫在线也一直处于亏损状态,没有什么主要的盈利点,没有确定的盈利模式。

29.6.2　回复不及时

医生在好大夫上有了账号,但医生并不是平台上的全职医生,碰上确实很忙的时期,比如在手术室无暇他顾、眼前的看病人数增多等,平台又不能干预他在医院的工作流程,就产生了回复不及时的问题。此外还伴随有医生回答敷衍、态度不好等问题。在网上,有很多人反映医生回复不及时、态度不好等问题。

29.6.3 引流

由于没有线上的商城,患者拿到处方后只能去其他平台或线下的药店进行买药,这无异于是在给其他的竞争对手引流,不太利于打造闭环,也使用户体验感下降。

29.6.4 会员付费问题

现在在医疗服务上面,大家为服务付费的意识还没有那么强。毕竟连开视频会员、外卖会员这种生活必不可缺的项目也是近几年才开始兴起的,更何况是可能一年才去一两次的医院。所以医疗服务会员收费并不能取得太多利润。

29.6.5 合作医院较少

真正跟医院合作的并不多,主要是跟医生合作,医生们在平台上去开设他个人的网上诊室,而医生的网上诊疗行为也给他所在的医院产生了贡献。但同时也一定程度地影响了医生在医院的本职工作。同时,单户的医生不如集体的医院易于管理,与同个医院的个别医生合作也不利于医院各部门之间信息的打通与流动。

29.6.6 信息不对称

"好大夫在线"有专业的运营团队负责医生资质审核,对于每一位开通网站的医生,都会人工与医生所在医院的科室进行核实,确保医生信息属实,同时会有专人在卫计委官网查验医生的"执业医师资格证",核对医师资格及执业地点。虽然"好大夫在线"平台上的医生资质真实有效,但还是存在信息不对称的问题,如有些医生会让初级及中级医生帮忙刷单。同时"好大夫在线"并未要求患者实名认证,任何人都可以使用微信登录或手机号注册登录,缺乏患者身份识别机制,导致医生无法提供精确的医疗服务,如果发生医疗纠纷,责任无法划分。

29.7 好大夫在线的未来发展展望

"疫情推动之下,国家要求各级特别是二级以上的公立医疗体系的实体医院建立线上的互联网医院,这是整个行业发生的最重要的一件事情。"好大夫在线创始人兼 CEO 王航表示,公立医疗机构到互联网领域中去做服务,对医疗行业是一个很好的信号,行业主体行动起来了,行业的规模、服务的维度就跟以前不一样了。

国家卫健委数据显示,目前全国已建成互联网医院超 1 100 家,7 700 多家二级以上医院提供线上诊疗服务,三级医院网上预约诊疗率已达 50% 以上,90% 以上的三级公立医院实现了院内信息互通共享。在用户和医疗市场的需求下,不少医疗服务平台也化身为"线上的基层诊疗机构",其中就包括好大夫在线等医疗服务平台。在医疗商业模式的创新发展上,王航指出,根本问题在人们缺乏对服务价值的认可,医疗服务市场也是服务市场,当前中国消费者为服务买单的社会观念有所欠缺。"很多患者的观念是愿意为药付钱、为医疗检查付钱,但并不愿意为医生给他的医疗服务付钱。"王航认为,未来当医生在线上提供更多有价值的服务之后,整个社会的观念会逐渐发生转变,大家会更认可服务对他的价值,更愿意支付线上的医生服务费。随着医生在线上提供越来越多有价值的服务之后,这种价值最终会被估量为消费者为医生的服务买单,这将是未来在医疗行业里最值得期待的新商业模式。

疫情的出现为线上诊疗带来机遇,王航表示,疫情进一步促进了互联网医疗的广泛应用,加强人们对互联网医疗的了解和认可,很多患者和医生在疫情期间开始尝试线上诊疗,这一次的跨越帮助整个行业节省了很多用户教育的成本。

艾媒咨询数据显示,74.4%的中国网民在疫情期间参与过在线问诊、医药电商或互联网健康咨询等互联网医疗服务,67.1%的网民表示对互联网医疗接受程度有所提升,超过七成的网友认为互联网医疗在疫情期间起到了减少人群聚集、接触,避免交叉感染,减轻门诊压力、分诊分流的作用。未来互联网医疗可能会诞生更多的新型服务、新型应用,从医疗转向健康,从单点转向全流程,从治疗疾病转向整个的健康管理,新业态和新的服务模式、新的产业都会逐渐诞生出来。

医疗共享具有广阔的市场需求。目前大量优质医疗资源过度集中在几个大城市的少数三甲医院,基层医院的诊疗水平薄弱,无法满足人们对优质医疗资源的需求。长期以来,大医院人满为患、小医院无人问津的现象普遍存在。现在医疗分享可以解决优质医疗资源短缺、分布严重失衡的问题。医疗分享的快速发展,也显现出一些问题。首先,制约医疗分享发展的重要因素是大部分医疗分享活动并不纳入基本社会医保体系。其次,多点执业的实现难度较大,医生的职称评定、晋升、工资福利与所属医院密切相关,这就导致在多地执业的医生数量有限。最后,现有的医疗政策法规多是针对传统医疗机构制定的,在执业类别和资质审批等方面不适用于新的医疗分享模式。

随着移动互联网、人工智能、大数据、云计算和可穿戴设备等科技的发展,以及消费者需求个性化、多样化的驱动,医疗分享平台的商业模式将会继续演变和创新。医疗共享需要寻找价值实现和利润增长的新途径,摆脱单一的盈利模式,创造健康可持续的盈利模式。未来医疗共享将更多地依靠科技创新来提升用户体验。医疗分享平台应继续深化线上线下的融合,使平台企业与传统医疗机构的结合越来越紧密,调动各方面的优势和积极性,实现一体化的商业生态。

讨论题

1. 通过对好大夫在线平台的分析,简述其快速发展的成功经验与存在的问题。
2. 简述好大夫在线平台的业务及融资情况。
3. 简述好大夫在线的管理模式和商业模式。
4. 简述好大夫在线的主要盈利模式。
5. 谈谈好大夫在线当前面临的挑战以及未来发展展望。

参考文献

［1］刘莉娜,李立威.分享经济背景下医疗共享的商业模式研究——以名医主刀与好大夫在线为例[J].科技促进发展,2019,15(07):692－696.

［2］李秀芝,史小兵.王航现在只想做"好大夫"[J].中国企业家,2019(11):62－67.

［3］连特女.互联网医疗监管问题及对策研究——以好大夫在线为例[D].咸阳:西北农林科技大学,2019.

［4］邵双,刘芬,袁玉婷,杨中华.我国在线医疗信息服务平台现状分析——以39健康网、寻医求药网和好大夫在线为例[J].现代商贸工业,2014,26(07):162－164.

图书在版编目(CIP)数据

电子商务案例分析 / 李陈华,杨以文,王红霞主编.
—南京:南京大学出版社,2023.1
ISBN 978 - 7 - 305 - 26253 - 1

Ⅰ.①电… Ⅱ.①李…②杨…③王… Ⅲ.①电子商
务—案例 Ⅳ.①F713.36

中国版本图书馆 CIP 数据核字(2022)第 213384 号

出版发行 南京大学出版社
社　　址 南京市汉口路 22 号　　　　　邮　　编 210093
出 版 人 金鑫荣

书　　名 **电子商务案例分析**
主　　编 李陈华　杨以文　王红霞
责任编辑 武　坦　　　　　　　　编辑热线 025 - 83592315
照　　排 南京开卷文化传媒有限公司
印　　刷 南京玉河印刷厂
开　　本 787 mm×1092 mm　1/16　印张 17　字数 413 千
版　　次 2023 年 1 月第 1 版　2023 年 1 月第 1 次印刷
ISBN 978 - 7 - 305 - 26253 - 1

定　　价 48.00 元
网　　址:http://www.njupco.com
官方微博:http://weibo.com/njupco
微信服务号:njuyuexue
销售咨询热线:(025)83594756